L'HYPNOTISME

REVENU A LA MODE

TRAITÉ HISTORIQUE, SCIENTIFIQUE, HYGIÉNIQUE
MORAL ET THÉOLOGIQUE

PAR LE R. P. J.-J. FRANCO, S. J.

TRADUIT PAR

L'Abbé J. MOREAU

CURÉ A HULSONNIAUX

*Sur la troisième édition italienne
enrichie de nouvelles observations et de faits récents
avec un appendice sur les travaux
des docteurs Guermonprez et Venturoli
et sur la claire-vue hypnotique*

St-AMAND (Cher) | PARIS
IMPRIMERIE | Vic et Amat
Catholique St-Joseph | Libraires-Éditeurs
Rue du Pont-du-Cher | 11, Rue Cassette, 11

SOCIÉTÉ BELGE DE LIBRAIRIE CATHOLIQUE
RUE TREURENBERG
BRUXELLES
—
1891

L'HYPNOTISME
REVENU A LA MODE

TOUS DROITS RÉSERVÉS

L'HYPNOTISME
REVENU
A LA MODE

*Traité historique, scientifique, hygiénique,
moral et théologique*

par le R. P. J.-J. FRANCO, S. J.

Traduit par l'abbé J. MOREAU

CURÉ A HULSONNIAUX

*Sur la troisième édition italienne
enrichie de nouvelles observations et de faits récents
avec un appendice sur les travaux
des docteurs* GUERMONPREZ *et* VENTUROLI
et sur l'Hypnotisme clairvoyant

St-AMAND (Cher)	PARIS
IMPRIMERIE	VIC et AMAT
CATHOLIQUE ST-JOSEPH	LIBRAIRES-ÉDITEURS
Rue du Pont-du-Cher	Rue Cassette, 11

1890

UN MOT AU LECTEUR

Nous assistons depuis douze ans (depuis 1878), à une véritable invasion de ce qu'on appelle l'Hypnotisme. On le rencontre fréquemment sur la scène ; dans les cliniques des hôpitaux ; au sein des familles privées, employé soit comme remède médical, soit comme amusement de salon. Si nous cherchons des faits semblables dans l'histoire, nous en trouvons le pendant parfait dans le Mesmérisme ou Magnétisme qui eut la même fortune à la fin du siècle dernier, et dans le Spiritisme qui prévalut en Amérique et en Europe, vers la moitié de ce siècle. Magnétisme et Spiritisme se présentèrent d'abord comme de nouvelles forces physiques et, sous cet aspect, troublèrent et trompèrent beaucoup d'esprits légers et même de gens instruits.

Mais une fois discutés par de vrais penseurs et passés au crible de la science et de la religion, ces deux phénomènes apparurent peu à peu comme du pur charlatanisme ; funestes à la santé, à la civilisation, à la foi, à la morale. Ils restèrent désormais le partage exclusif des aveugles volontaires et des impies. L'Hypnotisme parcourt aujourd'hui une carrière analogue : Nous l'avons vu naître, se développer, s'agiter absolument de la même façon que les deux erreurs susdites. Nous nous proposons dans cet ouvrage d'en montrer la nature perverse et dangereuse. Selon nous, il a les mêmes causes et produit les mêmes effets. Espérons qu'il aura aussi le même résultat final que le Mesmérisme et le Spiritisme avec lesquels il a une telle parenté, qu'il s'en distingue à peine.

Nous croyons notre travail opportun et nos conclusions conformes à la science, témoin la faveur que cet ouvrage a rencontré en Italie et au dehors, les traductions diverses en langues étrangères et le débit qui s'en est fait pour répondre aux nombreuses demandes des médecins, des ecclésiastiques et des savants à qui il tardait d'avoir sur l'Hypnotisme des données complètes et des critères assurés pour l'admettre ou pour le rejeter.....

AVANT-PROPOS

I

POURQUOI CE TRAITÉ ?

Qui a entendu parler du bruit extraordinaire excité naguère à Turin et à Milan par les pratiques mesmériques de Donato (Belge, dont le vrai nom est Alfred d'Hondt), croirait facilement qu'il est tombé en ces parages un coin du ciel perdu de vue et que c'est à ce prodige qu'il faut attribuer l'éveil de la curiosité populaire. Et pourtant rien de semblable ne s'est produit. Donato n'a fait voir aucune nouveauté qui méritât l'empressement des spectateurs. Il faut plaindre et même blâmer ces malheureux, à quelque rang qu'ils appartiennent, qui, par leur présence, ont augmenté la renommée d'un bouffon, d'un habile mais vulgaire faiseur de tours, prestidigitateur à sa façon, dangereux en lui-même, indigne de l'attention des honnêtes gens et surtout des chrétiens.

Nous aurions volontiers fait le silence sur cet affolement de la place et sur le bruit que fit à ce propos la presse quotidienne, s'il ne s'agissait que d'un fait isolé. Mais nous savons que des faits analogues se multiplient en Italie : grâce au professeur Zanardelli à Rome, au professeur Rummo à Naples, au professeur Rattone à Sassari, au professeur Jean Miroglio, nous ne savons pas bien où, mais dans de telles conditions que ce dernier a fini par se faire condamner à un mois et plus de prison. Et ce qui arrive en Italie n'est qu'un faible écho de ce que nous apprenons chaque jour de l'Angleterre, des Etats-Unis, de la France, de la Belgique, de la Hollande, de l'Espagne, de l'Allemagne et de la Russie. Il nous arrive une avalanche de lettres d'honorables personnages d'Italie et d'ailleurs qui veulent bien nous demander sur ce réveil des phénomènes mesmériques, magnétiques et hypnotiques, des explications et des conseils. Voilà pourquoi nous voulons prendre occasion des représentations de Donato pour traiter, dans une courte et claire discussion, les principaux points de cette question.

Nous parlerons donc des phénomènes magnétiques provoqués le plus ordinairement par les magnétiseurs modernes et nous discuterons tout spécialement l'hypnotisme et ses causes supposées, c'est-à-dire la fascination, la suggestion, et la prédisposition. Nous ferons toucher du doigt que ces prétendues nouveautés, loin d'être une découverte dans le domaine du magnétisme animal vrai et physiologique, se rattachent au contraire à une phase déjà ancienne et passée de mode du merveilleux de mauvaise aloi, laquelle a été condamnée en grande partie par la science humaine et par la science divine. Nous démontrerons que ces pratiques n'aboutissent qu'à avilir la dignité humaine, à mettre en danger la santé et à dépraver la conscience ; nous démontrerons qu'elles sont en elles-mêmes immorales, anti-sociales, irréligieuses, et que, par conséquent, il n'est pas permis (du moins dans la mesure et la manière souvent usitées) de provoquer dans autrui les phénomènes hypnotiques, qu'il n'est pas prudent de s'y prêter passivement soi-même, et qu'on est blâmable quand on s'en rend complice en y assistant en personne.

II

DOCTRINES ET THÉORIES RÉCENTES DE L'HYPNOTISME.

Pour donner quelque idée théorique de l'hypnotisme à ceux qui pourraient en avoir besoin, nous allons effleurer rapidement l'Introduction, ou, si l'on veut, le Programme de la *Revue des sciences physio-psychologiques présentant le tableau permanent des découvertes et des progrès accomplis, publiée par Donato.* Num. 1, Paris, 10 février 1886.
Nous ne choisissons ce programme ni comme le plus autorisé, ni beaucoup moins encore comme le plus vrai; nous ne le citons que comme une des hypothèses qu'on rencontre dans la bouche des hypnotiseurs: il nous ouvrira la voie pour comprendre comment ils entendent la genèse et la nature des phénomènes hypnotiques. Nous avons d'ailleurs des raisons de croire que les 29 pages de *l'Introduction à la Revue*, sont dues à une main beaucoup plus expérimentée dans les choses du magnétisme que celle de Donato. Celui-ci est surtout un empirique et un vulgaire praticien. Ce travail, au contraire, accuse un savant à la moderne qui aurait, selon nous, accommodé son écrit aux phénomènes hypnotiques les plus communs de notre temps et spécialement à ceux que produit Donato, à la façon d'un archéologue qui dicte une légende pour un cicerone de place. Raison de

plus pour attribuer quelque poids au programme de Donato comme représentant les idées les plus communes parmi les hypnotiseurs. Nous discuterons en leur lieu ces théories et d'autres fabriquées dans le but d'assigner une cause aux effets merveilleux que tous voient de leurs yeux dans les séances de magnétisme.

Venons-en au programme. Donato se déclare simple disciple de Mesmer. Plus d'une fois il proteste que ses expériences doivent s'appeler mesmériques ou magnétiques et non hypnotiques. Mais il faut avouer que leur caractère les classe évidemment parmi celles que beaucoup de savants appellent hypnotiques. Le mot *Hypnotisme* en soi répond à *Dormition* ou même *action d'endormir*. C'est un mot inventé par le docteur James Braid, il y a une quarantaine d'années, pour indiquer le *sommeil nerveux* (comme il l'appelait), sommeil qu'il excitait par des moyens qui lui étaient propres, protestant que le fluide magnétique n'y entrait pour rien. Mais ce sommeil était accompagné de phénomènes tout à fait semblables aux phénomènes magnétiques (1). Quelques-uns leur donnèrent le nom de *Braidisme*. Néanmoins c'est le nom donné par l'inventeur qui a prévalu et qui prévaut encore et nous aussi nous les appellerons *Hypnotisme*.

Laissons de côté la question de nom et parlons des choses. Personne n'ignore la théorie d'Antoine Mesmer, fameux hiérophante de la médecine magnétique vers la fin du siècle dernier. Il imagina un fluide universel parcourant l'univers créé et reliant tout l'ensemble de la création de façon à ne laisser aucun espace vide et à servir de moteur à tous les mouvements, notamment aux impressions

---

(1) James Braid. *Neurypnologie.* — *Traité du sommeil nerveux ou hypnotisme* Traduction de l'anglais par le docteur Jules Simon, etc., Paris 1883, p. 18.

nerveuses. S'emparer de ce fluide, lui mettre un frein et s'en servir pour le bien de l'humanité, spécialement de l'humanité souffrante, tel était le grand but, vrai ou apparent, poursuivi par Mesmer. De là les cuvettes inventées par lui, les passes et les mouvements magiques et tout l'assortiment des tours charlatanesques qu'il mettait en œuvre. L'invention de Mesmer n'était pas entièrement neuve, et après lui, elle fut accueillie par beaucoup de magnétistes jusqu'à nos jours.

Donato, bien que son disciple, met de côté la théorie du fluide mesmérique et même la rejette carrément (1). Il ne s'inquiète pas non plus d'autres succédanés du fluide, imaginés dans la suite pour expliquer l'influence d'homme à homme. Néanmoins, il cite volontiers les opinions de divers hommes illustres qui lui semblent avoir devancé ou les doctrines mesmériques ou les pratiques de l'hypnotisme moderne. Il n'a pas de honte de lancer ce blasphème : « Jésus fut le plus prodigieux des « magnétiseurs... Jésus guérissait les malades en « les magnétisant (2). » Quant à lui, sans vouloir rechercher la cause génératrice du magnétisme dans l'homme et professant même de l'ignorer (3), il se contente d'affirmer les effets, c'est-à-dire l'existence du magnétisme et de ses phénomènes. Il distingue exactement le magnétisme minéral, le magnétisme terrestre et le magnétisme animal, c'est-à-dire humain, et ce dernier, il le fait consister dans *l'influence mutuelle des êtres organisés* (4).

Il est manifeste, continue-t-il, qu'une telle influence ne peut agir parmi les hommes, sans le libre vouloir de celui qui l'exerce et de celui qui

---

(1) *Introduction,* dans la *Revue* citée plus haut, p. 13.
(2) Ibid. p. 7.
(3) Ibid. p. 14.
(4) Ibid. p. 11.

la reçoit. Citons ses paroles, car elles ont leur importance dans la discussion que nous établirons en son lieu. « Les phénomènes du magnétisme humain ne peuvent donc se manifester sans le concours simultané de deux volontés concordantes, l'une active pour provoquer le fait, l'autre passive qui s'y prête comme instrument. Il semble indispensable qu'un être humain se livre à l'expérimentateur, au moins pour un instant, afin que celui-ci puisse l'influencer efficacement. Pour cette raison, s'il est facile de se servir du magnétisme pour faire le bien, il est presque toujours impossible d'en abuser pour faire le mal (1). » C'est la même réponse que donnait Braid à ceux qui lui objectaient que l'Hypnotisme était immoral. Il déclarait que : « l'état (hypnotique) ne peut se déterminer ni se produire dans aucune de ses périodes, sans le consentement de la personne opérée (2). » Il est vrai toutefois que Bertrand, grand magnétiseur, avouait déjà en 1826 qu'il magnétisait quelquefois sans le vouloir! Il y a d'ailleurs de nombreux cas de gens hypnotisés malgré eux.

Autre doctrine de Donato. Les faits magnétiques produits par une même action peuvent, suivant les différents sujets, varier de mode et même être opposés entre eux, ce qu'il attribue à la diversité des opérateurs et des opérés (3). Doctrine qui revient à dire, en langage vulgaire, qu'un même regard magnétique adressé à une personne, l'attire ; tourné vers une autre, la repousse ; le même attouchement qui brûle Pierre, glace Paul de froid.

Du reste, « quel est le résultat le plus général « et le plus constant du magnétisme humain?

---

(1) *Introduction.*, p. 12.
(2) Braid, op. cit. *Prolégomènes.*
(3) *Introd.*, op., cit., pp. 14 et 15.

Une attraction invincible, morale ou physique, « peu importe (1). » Or, ce résultat d'attraction n'est rien autre, suivant Donato, qu'un cas particulier de la gravitation universelle et de l'influence que tout corps exerce sur les corps placés dans sa sphère d'action (2). Seulement, tandis que l'influence des corps sur les corps est matérielle, l'influence de l'homme procédant d'un être intelligent doit être intellectuelle. Voici la formule de Donato : « Logiquement, le magnétisme « humain, étant d'essence humaine et intel- « ligente, doit produire des effets humains et « intelligents, et non pas des effets *physiquement* « *constatables* (3) ». Cette doctrine extravagante, pour ne pas dire autre chose, n'empêche pas Donato de compter parmi les résultats du magnétisme beaucoup d'effets purement physiques, comme nous verrons bientôt, et déjà il avait reconnu lui-même, un peu auparavant, comme résultat général, *l'attraction physique*. Contradiction manifeste !

Nous ne savons de quel droit Donato prétend que les doctrines de Mesmer aient produit l'électrothérapie, la métallothérapie et la magnétothérapie (4). Il nous semble, au contraire, que ces médications n'ont rien de commun avec le magnétisme mesmérique et humain dont nous parlons maintenant. Les cures électriques s'obtiennent par voie de courants électromagnétiques, produits par des machines *ad hoc*; beaucoup de médecins les pratiquent aujourd'hui, mais sans prétendre influencer le malade par l'électricisme personnel. Les applications de métaux ou d'ai-

(1) *Introduction*, p. 15.
(2) Ib., p. 16.
(3) Ib., p. 14.
(4) Ib., p. 19.

mants, mises en vogue récemment par Charcot, par Burq et d'autres docteurs, quelle qu'en soit la valeur intrinsèque, méritent bien, ce nous semble, d'être expérimentées et étudiées, mais en tout cas, elles retombent dans la thérapeutique ordinaire et tout au plus dans le magnétisme minéral.

Nous reconnaissons volontiers avec Donato qu'au magnétisme mesmérique et humain se rapportent comme parties intégrantes ou spécifiques : 1° La *fascination* que Donato professe d'exercer par son seul regard irrésistiblement attractif et impérieux; 2° le *sommeil artificiel* qu'il amène dans le patient volontaire et qui est commun à tous les magnétiseurs; 3° tous les phénomènes de *suggestion*, c'est-à-dire les actes que fait durant le sommeil magnétique le magnétisé, parce qu'ils lui sont suggérés ou imposés par le magnétiseur. Les phénomènes suggestifs sont ceux qui s'appellent plus proprement aujourd'hui *hypnotiques*.

Résumons-nous. Selon un grand nombre de magnétiseurs, surtout empiriques, et certainement selon Donato, il existe ou non un fluide transmis du magnétisant au magnétisé, il existe en tout cas une influence d'homme à homme, qu'on peut appeler magnétisme humain. Cette influence ne peut se transmettre sans la volonté de l'opérant et sans celle du sujet opéré. D'un côté, elle est tellement dépendante de la volonté du magnétiseur, qu'un seul acte posé par lui peut, sur différents sujets, produire des effets différents et contradictoires. D'autre part, plusieurs nient la nécessité du consentement chez le sujet opéré. L'influence magnétique est en outre, d'une certaine façon, humaine et intellectuelle.

Naturellement, beaucoup de médecins, en traitant des phénomènes hypnotiques, ne s'inclinent pas devant les théories des magnétistes et croient de l'honneur de leur profession de n'y voir que de simples cas d'épilepsie, de catalepsie, de haut hystérisme. Ils ne font pas attention que quand on hypnotise par douzaines des personnes bien portantes, il manque absolument les causes génératrices ou, comme ils disent, l'étiologie propre à la maladie hystérique, ou à toute autre semblable. Ils ne réfléchissent pas que la guérison des crises hypnotiques est toute différente de celle des névroses; ils s'attachent exclusivement à quelques points d'analogie qu'ils découvrent entre les phénomènes hypnotiques et certaines crises nerveuses. Nous ne citerons qu'un témoignage : celui du célèbre Paul Richer dans son important ouvrage : *La grande Hystérie* qui est peut-être la plus vaste galerie de faits hystériques publiée de nos jours. Cet ouvrage in-8° compte près de mille pages en caractères très fins et est orné de figures. Or, arrivé à la fin des phénomènes hystériques les plus élevés, il entre dans la question de l'hypnotisme et parle ainsi: « La question de « l'hypnotisme touche de près aux faits rangés « dans le cadre du magnétisme animal. Convient-« il d'établir entre l'hypnotisme d'une part et le « magnétisme de l'autre, une séparation nettement « tranchée ? Nous ne le pensons pas, du moins « quant à présent (1). »

Pour lui donc les phénomènes magnétiques sont tout au plus une variété de la grande hystérie. De fait, dans le cours de son ouvrage, il essaye d'expliquer beaucoup de phénomènes du magnétisme animal par l'hypnotisme hystérique, et ceux qu'il ne peut expliquer, il en met en doute l'existence.

(1) Paul Richer. *Etudes cliniques de la Grande Hystérie ou Hystéro-Epilepsie,* etc. 2e édition, Paris 1885, p. 505.

Nous pourrions citer de semblables opinions de beaucoup de médecins italiens. Qu'il nous suffise de citer seulement Henri Morselli, ancien directeur de l'hôpital des fous de Macerata et aujourd'hui de celui de Turin. Pour Morselli, le magnétisme animal tel que l'a pratiqué à Turin Donato, « est un ensemble de procédés destinés à provoquer dans le corps humain des phénomènes insolites, dérivant d'un état particulier et anormal du système nerveux. (1) » Nous n'attaquerons pas ici les opinions des psychiâtres et des médecins névrologistes et névropathologistes. Du reste ces définitions descriptives ne s'éloignent pas beaucoup de celles du premier hypnotiste, qui fut le docteur James Braid, dans son livre intitulé *Neurypnologie*, publié à Londres en 1843. Il définit l'état hypnotique: « Un état particulier du système nerveux
« déterminé par des manœuvres particulières. »
Ou encore: « Un état particulier du système ner-
« veux, produit par la concentration fixe et abs-
« traite de l'œil mental et de l'œil physique sur
« un objet qui n'est pas excitant de sa nature. »
D'où il suit que l'intervention de l'hypnotiseur n'est pas toujours nécessaire et que chacun peut s'hypnotiser soi-même. Nous en citerons des exemples. Un peu plus loin, il donne pour synonyme d'hypnotisme ces deux mots: « Sommeil nerveux, » comme dans le titre de son ouvrage (2). Qu'il nous suffise pour le moment d'avoir rappelé l'opinion de divers hypnotistes pour donner une certaine idée des phénomènes dont nous traitons.

(1) Docteur Morselli. *Le magnétisme animal et la fascination de Donato*, dans la *Gazette littéraire, artistique et scientifique de Turin*. 1ᵉʳ mai 1886.

(2) Braid. *Neurypnologie*. Trad. française citée plus haut. p. 13 et p. 19.

III

PROGRAMME DES HYPNOTISEURS

Nous devons maintenant exposer les phénomènes que les magnétiseurs ou hypnotiseurs regardent comme propres au sommeil magnétique produit par eux dans leurs sujets. Richer qui les considère tous comme des faits spéciaux de névrose provoquée, les divise en quatre degrés : 1° la *léthargie* ou sommeil profond produit artificiellement dans le sujet ; 2° la *catalepsie* ou sommeil dans lequel le patient perd totalement ou en partie le mouvement et la sensibilité; 3° *l'état suggestif*, durant lequel le cataleptique se laisse imposer par l'opérateur divers mouvements et actes qu'il exécute sans pouvoir résister au commandement reçu. Il est vrai que ce dernier degré, Richer le supprime ensuite dans la deuxième édition de sa *Grande Hystérie*, et n'y voit plus qu'une simple modification ou subdivision du degré précédent; 4° le *somnambulisme*, dans lequel le magnétisé agit en guise d'automate, dirigé par le magnétiseur, bien que son intelligence reste extrêmement active et que ses sens s'exaltent avec une énergie prodigieuse. Cette quatrième phase et les deux précédentes, c'est-à-dire la catalepsie et l'état suggestif, sont exposées aux hallucinations même les plus étranges, aussi bien spontanées qu'inspirées par la volonté du magnétiseur.

Il est à noter que ces quatre degrés n'observent pas de limites bien définies et ne se succèdent pas toujours régulièrement les uns aux autres. Un malade ou un magnétisé, peuvent se trouver par exemple, dans des états moyens entre une phase et une autre ; ils peuvent entrer dans le somnambulisme sans passer par la léthargie et la catalepsie. Il est vrai toutefois que la seconde phase semble remplacer la première insensiblement et ainsi de suite, quoique un peu confusément. Le docteur Conca les classe et les décrit chacune à part et conclut ensuite : « Les types morbides *nettement* dis-« tincts n'existent que dans les livres de patholo-« gie ; mais il est rare et même très rare de les « rencontrer, dans la pratique, *identiques* et *égaux* « à leur description théorique (1). »

Les magnétistes de profession ne feront peut-être pas grand cas des classifications médicales, mais ils prétendent connaître et pouvoir produire les symptômes des divers degrés hypnotiques et plus encore. Nous empruntons à Donato, qui ne promet ni plus ni moins que les autres magnétiseurs, le programme des phénomènes de l'hypnose exposé dans son *Introduction à la Revue* citée plus haut. L'homme devenu somnambule par la vertu du magnétiseur, dit-il, perd la conscience de sa propre personnalité, et avec elle il perd la mémoire, la raison, l'usage des sens ; il arrive au délire et aux hallucinations extravagantes. Par contre, le somnambulisme peut produire des effets opposés : une extrême délicatesse des sens, une mémoire très vive, des perceptions mentales très lucides, un esprit exalté, des hallucinations logi-

---

(1) Cf. Richer, op. cit., pp. 774. et seqq. ; Docteur Campili : *Il Grande Ipnotismo*, etc., Turin, 1886, p. 2 ; Docteur Crescenzo Conca : *Isterismo ed Ipnotismo*. Manuel à l'usage des étudiants et des médecins praticiens. Naples, 1888, p. 130 et p. 48.

ques et cohérentes. Voilà des phénomènes que le magnétiseur peut éveiller par son commandement dans le cas où ils n'apparaîtraient pas d'eux-mêmes.

Il peut encore, dans l'ordre physique, provoquer à son gré, chez le patient, des contractions musculaires, la paralysie, la catalepsie partielle ou totale, l'anesthésie (insensibilité des organes tactiles), l'analgésie (insensibilité à la douleur), le sommeil plus ou moins profond. Il peut modifier chez lui le sentiment du froid ou du chaud et la circulation du sang; il peut paralyser les sens et les remettre en activité, lier et délier la langue, la voix, l'odorat, l'ouïe, le goût.

Il peut inversement aiguiser les facultés sensitives et en accroître l'excitabilité de façon à leur faire saisir des sons, des saveurs, des contacts qui, dans l'état normal, resteraient imperceptibles. Il peut pervertir ces mêmes facultés jusqu'au point de faire prendre des sons, des saveurs, des couleurs imaginaires pour des réalités et nier les sensations vraies et objectives; il peut faire entendre ce qui en réalité ne se dit pas.

Le magnétiseur peut encore (c'est toujours Donato qui parle), priver son sujet de toute force physique et le réduire à l'hébêtement dans l'intelligence. Il peut lui suggérer des actes qu'il ne voudrait pas faire et qu'il ne peut cependant éviter. Il peut le forcer à imiter ses gestes comme une machine inconsciente et à répéter ses paroles. Il peut amener en lui l'illusion de sensations qu'il n'éprouve pas en réalité et transférer (réellement ou en imagination) les organes des sensations, par exemple, le forcer à lire avec les genoux.

Dans l'ordre intellectuel, poursuit Donato, on regarde comme phénomènes magnétiques les suggestions trompeuses et les hallucinations contraires à la vérité et aux lois naturelles tant physiques que psychiques (spirituelles) et physiologiques. Ainsi l'altération de la personnalité provoquée par le magnétiseur (se croire changé en une autre personne, et même en bête) ; les ordres donnés au magnétisé d'actions à faire immédiatement ou à échéance fixe, par exemple, le jour suivant; les illusions morales, les songes accompagnés d'actes; les inspirations logiques ou illogiques, l'exaltation des idées et des sentiments ; les prévisions, l'instinct des remèdes (connaître les médicaments propres à guérir certaines maladies); la double vue interne ou externe (vue des choses lointaines) que Donato explique par une clairvoyance *ultra-lucide* ou hypnoblepsie, (synonymes qui n'expliquent rien) et qu'il dit attestée et pratiquée par d'illustres médecins. D'autres définissent la clairvoyance : la pénétration des pensées d'autrui (1).

(1) Pour mettre mieux en lumière le sens des pompeuses promesses des magnétiseurs, nous citons le texte de Donato rappelant encore une fois qu'il ne dit rien de nouveau, rien qui ne soit commun à tous ses semblables. « Les manifestations du somnambulisme, quel que soit le procédé employé pour les provoquer, présentent une extrême variété ; mais on peut les résumer toutes en quelques classifications générales. Il importe d'abord d'établir deux catégories de manifestations essentiellement distinctes : 1° Celles qui sont inhérentes au somnambulisme ou qui en naissent spontanément; 2° celles qui sont provoquées (*par le magnétiseur*) pendant cet état.

« Les manifestations naturelles ou spontanées du somnambulisme parfait peuvent se décomposer en 1° : Un effet constant, l'inconscience ou abolition morale de l'identité humaine ; 2° des effets variables et opposés, qui sont : d'une part la paralysie des sens et l'absence de raison, la perte de la mémoire, le délire, les hallucinations incohérentes, etc. ; d'autre part, l'acuité des sens, de la perception mentale, de la mémoire, l'exaltation de l'esprit, les hallucinations logiques, etc. Ces manifestations peuvent être provoquées quand elles ne se présentent point d'elles-mêmes.

« Les manifestations provoquées sont de l'ordre physique ou de l'ordre spirituel. Dans l'ordre physique, nous distinguons : Les contractions et les contractures musculaires; les paralysies et les catalepsies partielles ou totales, l'anesthésie, l'analgésie, un sommeil normal plus ou moins profond ; les modifications thermales et de la circulation ; la paralysie des sens; la déparalysation; l'aphonie, l'aphasie, la mutité, la surdité, la privation du goût ou agheustie, l'hypergheustie, l'hyperesthésie, l'oxycoïe ou sensibilité extrême de l'ouïe, la paracousie, l'asthénie, la cophose, etc., etc. Les mouvements invo-

A ce programme déjà trop riche viennent maintenant s'adjoindre des phénomènes plus étranges encore. Des médicaments et des poisons opérant à distance sur les hypnotisés qui en ignorent parfois la présence, et qu'on tient renfermés dans un flacon de cristal (1). Dans le récent congrès médical de Pavie, en 1887, le docteur Lombroso soutint l'influence des médicaments à distance comme un effet physiquement certain. Le docteur Morselli, au contraire, l'attribuait à la force de l'imagination et de la suggestion. Quoi qu'il en soit, ces expériences furent de nouveau tentées à Florence en mars 1888. Nous reproduirons plus loin (2) quelques cas remarquables du docteur Luys, qui semblent prouver l'existence de semblables phénomènes : pour le moment, nous ne nous arrêterons pas à en chercher les causes.

Les docteurs névrologistes, qui prétendent rencontrer tous les phénomènes du magnétisme, spécialement dans les fous et dans les femmes hystériques, restreignent naturellement le cadre des merveilles magnétiques et nient certains phénomènes plus élevés, pour la simple raison qu'ils ne les ont jamais rencontrés dans leurs cliniques. Ainsi, Morselli que nous avons cité tantôt, après avoir dressé un catalogue des phé-

---

lontaires et incoërcibles suggérés, les illusions sensorielles, la transposition (réelle ou supposée) des sens etc., etc.

« Dans l'ordre spirituel, nous distinguons : les sensations trompeuses et hallucinatoires contraires à la vérité ou à la nature, tant physiques que psychiques et physiologiques, au nombre desquelles les altérations provoquées de la personnalité ; les suggestions d'actes immédiats ou à échéance plus ou moins lointaine, etc., etc.; les illusions morales, les rêves en action, les inspirations logiques ou illogiques, l'exaltation des idées et des sentiments, la prévision, l'instinct des remèdes, la double vue interne ou externe, la clairvoyance ultralucide ou hypnoblepsie, affirmée et pratiquée par les docteurs Pigeaire, Hublier et Teste (1840), mais non établie jusqu'à nos jours. » Donato, *Introduction*, dans la *Revue* citée plus haut, pp. 24 et 25.

(1) Docteur Gaëtano Rummo, dans la *Riforma medica*, Naples, livraison de décembre 1887.

(2) Chapitre I, § 3.

nomènes magnétiques qui semble emprunté à Donato, les compare avec les états analogues de névropathies spéciales et les accepte comme indubitables, parce qu'ils se rencontrent souvent chez ses fous et autres malades. Il nie par contre catégoriquement les phénomènes magnétiques qui n'ont pas leur pendant dans les phénomènes morbides. « Dans certains cas, observe-t-il, il
« y a hyperesthésie des sens, par exemple de la
« vue, et alors l'hypnotisé lit dans une demi-
« obscurité, il voit des caractères typographiques
« au travers d'un corps semi-opaque ; mais tous
« les prétendus *clairvoyants*, qui liraient au
« travers de corps opaques, par exemple au travers
« d'une enveloppe, sont des charlatans, ou du
« moins on n'a pas encore de données scientifi-
« ques sûres pour affirmer l'existence de l'état de
« clairvoyance. Ainsi en est-il de la transposition
« des sens (lire avec les genoux, etc.) ; je suis con-
« vaincu que c'est une supercherie... Jusqu'ici les
« cas de clairvoyance, de transposition des sens,
« de transmission de la pensée pure et simple, ou de
« la volonté pure et simple du magnétiseur à travers
« les distances, se sont montrés devant la science
« comme des faits exagérés ou mal interprétés (1). »

Il en est de même du docteur Richer, déjà cité. Il déclare n'admettre que les faits hypnotiques qui ne requièrent « l'intervention d'aucune force in-
« connue, ni d'un fluide mystérieux et nouveau. »
Mais il récuse l'existence des phénomènes extraordinaires tant vantés par les magnétiseurs, comme seraient « la communication de la pensée, la trans-
« position des sens, l'action à distance ou au tra-
« vers des obstacles, la divination, etc. (2).

---

(1) Enrico Morselli. *Il Magnetismo animale e la Fascinazione del Donato*, dans la *Gazetta letter. artist. scientif.* de Turin, 1er mai 1886.
(2) Richer. *La Grande Hystérie*, p. 506.

D'autres névrologues, ouvertement matérialistes, acceptent au contraire comme réels les phénomènes extraordinaires, parce qu'une nuée de témoins dignes de foi les force à les admettre. Mais ensuite, ils essayent d'expliquer la vision des pensées d'autrui et la divination de l'avenir, sans l'intervention d'êtres spirituels. Parmi eux se trouve le célèbre professeur Lombroso, qui a publié récemment beaucoup de choses sur l'Hypnotisme. Il est difficile de s'imaginer les paradoxes absurdes qu'ils avalent à plaisir, pour parvenir à exclure de la nature, les âmes, les démons, les anges et Dieu. On peut en voir un échantillon dans Campili qui en résume les doctrines et nie, de gaîté de cœur, le libre arbitre : et cela dans un livre de Jurisprudence (1). Avec de pareils principes, on pourrait aussi édicter un Code pénal pour les montres traîtresses qui s'arrêtent et pour les locomotives meurtrières qui déraillent. Pauvre science ! Nous reviendrons sur les faits de clairvoyance et nous en discuterons l'étiologie, la genèse, la valeur. En attendant, nous avons suffisamment éclairci le programme, ou, si on veut, l'ensemble des faits que promettent d'effectuer les magnétiseurs et les hypnotiseurs qui exercent à peu près le même métier.

(1) Docteur Giulio Campili. *Il grande Ipnotismo, nei rapporti col diritto penale*, etc. Turin, 1886, p. 27 et seqq.

IV

BUT QUE SE PROPOSENT LES HYPNOTISEURS

Comme complément de ce que nous venons de dire, on pourrait nous demander : dans quel but les hypnotiseurs exercent-ils le magnétisme ? Nous répondons : Abstraction faite des charlatans qui s'en servent pour amuser le public et des fripons qui s'en prévalent pour concerter des crimes, nous disons que les magnétistes cultivés, spécialement les médecins, professent les mêmes intentions qu'annonçait, il y a une centaine d'années, Mesmer : guérir les maladies. Le fluide universel, prédisait le docteur allemand, peut devenir un agent universel de thérapeutique salutaire. Ce que tentait Mesmer avec ses fameuses cuvettes magnétiques, les modernes essayent de l'obtenir avec tous les moyens si variés de magnétisation inventés pendant le siècle écoulé depuis Mesmer jusqu'à nous. Tel est aussi le but de l'Hypnotisme professé par Braid qui regarde le sommeil magnétique comme un simple *sommeil nerveux*. Il offrait son invention aux médecins comme moyen thérapeutique et se flattait de guérir spécialement le tétanos et l'hydrophobie (1). Donato, dans son manifeste, affirme sans hésiter que la thérapeutique doit au magnétisme des guérisons signalées (2) et que la chirurgie trouve dans l'anesthésie magnétique un

---

(1) Braid, *Neurypnologie*. Voir tout le chapitre des *Prolégomènes*.
(2) *Introduction* (op cit.), p. 22.

moyen préférable au chloroforme, quoique des médecins distingués nient la valeur d'un tel anesthésique. Il se vante d'avoir obtenu lui-même d'heureuses guérisons au moyen de la *suggestion* hypnotique (1).

Dans beaucoup d'écoles de médecine, on discute la question de l'Hypnotisme, comme d'un nouveau secours offert par la science aux médecins et aux chirurgiens. C'est un fait notoire. Beaucoup de médecins s'en servent au lit de leurs malades, et malheureusement plusieurs en abusent pour des fins criminelles.

Dans certaines cliniques d'hôpitaux publics, on hypnotise les malades à tout propos. On connaît la célèbre clinique de *la Salpétrière* à Paris et l'hôpital de *La Pitié* où triomphe l'école du docteur Charcot et de ses disciples et où l'on provoque les phénomènes de la haute hystérie pour guérir les femmes atteintes de névroses hystériques (2). De même qu'à Paris, cet usage est reçu par certains docteurs de notre pays, dans les hôpitaux et les asiles d'aliénés à Milan, à Turin, à Florence, etc. et on le rencontre également partout ailleurs, en Europe et hors de l'Europe.

Pour l'Italie, en particulier, nous en avons une preuve dans les Mémoires publiés par les docteurs Tamburini et Seppili dans la *Rivista sperimentale di Frenijatria e di Medicina legale,* cités par Richer. Une autre preuve directe nous est fournie par une lettre du docteur Edouard Gonzales, directeur de l'asile d'aliénés provincial de Milan. Le savant écrivain déconseille aux pères de famille de permettre à leurs fils d'assister aux séances magnétiques de Donato, parce que, dit-il, on doit

(1) Voyez la lettre publiée pour sa propre défense, laquelle fit le tour de journaux italiens sur la fin de mai 1886.
(2) Voyez Richer, op. cit., passim.

éviter non-seulement les épidémies de choléra, mais encore les épidémies d'hystérie, c'est-à-dire les crises nerveuses excitées par les expériences magnétiques. Puis il se fait à lui-même cette objection : « Quelques-uns me demanderont ainsi qu'à
« l'illustre professeur Tebaldi, à Lombroso et à
« d'autres de mes collègues : Et vous, pourquoi
« hypnotisez-vous ? Je réponds : parce que la vraie
« science indique que l'hypnotisme est utile dans
« certaines maladies graves et qu'il permet parfois
« de substituer à un état pathologique un état
« qui soulage et adoucit des phénomènes morbides
« préexistants (1). » Nous avons en outre des faits d'hypnotisation pratiquée par des médecins, tels que ceux rapportés par le docteur Silva et le Docteur Mosso (2), par le docteur Raphaël Vizioli et le docteur Rainaldi. Ces deux derniers ont publié divers opuscules où ils décrivent en détail leurs opérations. Le docteur Conca, d'heureuse mémoire, en rapporte d'autres faites par lui (3). Nous ne discutons pas la convenance de cette thérapeutique, mais nous recueillons les aveux d'illustres professeurs, qui affirment l'usage de l'hypnotisme comme admis dans le but de guérir certaines maladies.

Donato ajoute ensuite, comme si le but médicinal du magnétisme animal fût peu de chose, que quand même l'action curative n'aurait pas lieu, cependant les expériences magnétiques contribueraient au but très élevé d'arracher de nouveaux secrets à la nature et d'agrandir les horizons de la science. Il termine par un oracle semblable à celui de Mesmer : « Du côté philosophique, le magné-
« tisme nous révèle un nouveau monde. Personne

---

(1) Dans *l'Osservatore catholico* de Milan, 27-28 mai 1886.
(2) Doct. Mosso, dans la *Nuova Antologia*, 16 juin 1886, p. 648.
(3) Doct. Cr. Conca. *Isterismo et Ipnotismo*, Naples, 1888.

« ne peut prévoir quel avantage en retirera l'in-
« vestigation scientifique. Le magnétisme nous pré-
« pare peut-être les plus grandes surprises du dix-
« neuvième ou du vingtième siècle (1). »

Nous venons d'exposer le programme des magnétiseurs et le but qu'ils poursuivent, aussi bien charlatans que médecins : voyons si les faits répondent aux promesses. Après cela, nous soumettrons à l'examen la valeur scientifique et la moralité des faits que nous aurons reconnus vrais et existants.

(1) *Introduction* cit., p. 25.

L'HYPNOTISME
REVENU A LA MODE

CHAPITRE I

LES FAITS

§ 1. — *Faits hypnotiques de Donato à Turin et à Milan*

Quant aux faits hypnotiques en général, nous pourrions choisir non pas entre des milliers, mais entre des millions de cas qui se renouvellent tous les jours, sous les yeux d'innombrables spectateurs et sont attestés par des témoins à l'abri de tout soupçon. Pour abréger, nous pourrions copier la liste que donne le docteur Conca, dans son *Isterismo ed Ipnotismo*, de phénomènes vérifiés et rapportés par les médecins à propos de leurs cures (1). Il est vrai qu'ils ne diffèrent pas de ceux qui se produisent sur la scène devant le public. Sans vouloir mettre de côté les relations médicales, commençons par raconter les faits publics. Nous pourrions en citer quelques-uns

---

(1) Docteur Cr. Conca, *Isterismo ed Ipnotismo*. Naples, 1888, pp. 150, 190.

du célèbre magnétiseur Hansen, qui pendant ces dernières années émerveilla l'Allemagne et donna fort à faire à l'imagination des médecins allemands, surtout à Breslau.

Mais nous devons choisir. Nous nous en tiendrons donc plus spécialement aux faits italiens et tout récents, qui ne diffèrent nullement, de tous ceux qui se présentent partout ailleurs. Commençons par Turin où le magnétiseur Donato a hypnotisé en 1886, à peu près *trois cents sujets*, tous de sexe masculin, comme il l'écrit lui-même, dans des séances solennelles au théâtre *Scribe*, pendant un mois environ, et devant un peuple de curieux de toute condition sociale.

Un gentilhomme d'environ trente ans, de bonne santé, d'un esprit cultivé, de sentiments franchement religieux, avait assisté à ces expériences. Il nous rapporte comment, sans s'exposer à la magnétisation personnelle, il avait toutefois observé minutieusement les procédés dont l'opérateur se servait pour fasciner les sujets qui se présentaient volontairement à lui et pour les faire entrer dans l'état du sommeil magnétique. Il leur pressait d'abord les poignets pendant quelques instants, puis il leur lançait à l'improviste un regard sauvage, fixe, pénétrant. Rien que par là, beaucoup d'individus tombaient en son pouvoir, endormis. Il arrivait parfois que l'action magnétique n'obtenait pas son effet ou ne réussissait qu'imparfaitement. Donato jugeait le sujet réfractaire et ne s'occupait plus de lui. Quant à ceux qui témoignaient ressentir les effets de ses procédés, il les réveillait immédiatement et les laissait retourner librement d'eux-mêmes à leur place.

Après en avoir pris au piège quelques-uns par ce premier essai, il en rappelait un ou plusieurs ensemble et les réduisait d'un signe ou d'un mot à l'état hypnotique, c'est-à-dire, dans la léthargie du somnambule; il leur commandait des gestes à plaisir, des tours de gymnase étranges, des attitudes de peur, de joie, de prière; des mouvements de sauteurs, de joueurs, de tailleurs, de danseurs, de rameurs, etc.; il éveillait en eux des sensations très vives de froid ou de chaud, que les patients manifestaient, par leur attitude, ressentir réellement. Il était clair que les sujets se rendaient à une force entraînante et impérieuse; leur obéissance paraissait purement passive et ils ne pouvaient opposer de résistance efficace. On aurait dit qu'ils suivaient par derrière le magnétiseur comme de petits chiens et, à un signe de lui, ils s'agitaient comme des automates mus par un jeu de ressorts. Quand, par leurs singeries, ils avaient suffisamment amusé les spectateurs, Donato les éveillait de leur sommeil en soufflant sur leur visage, avec la même facilité qu'on éteint une chandelle allumée. Et les pauvres niais qui avaient servi de jouets à l'assemblée, se montraient plus que jamais reconnaissants, obséquieux et affectueux envers le magnétiseur, ou pour ainsi dire, envers leur maître. Tel est le récit de notre ami.

Les relations de la presse quotidienne de l'endroit concordent parfaitement avec lui. Nous admettons bien que dans des séances académiques, Donato ou tout autre faiseur de tours, ait parfois un comparse pour embellir la cérémonie (comme dirait Machiavel); il n'en reste pas moins d'innombrables faits réels et incontestables. Aucun homme sain d'esprit ne pourrait en douter ou les attribuer, du moins dans leur totalité, à une espèce d'accord préétabli. Parmi ces hypnotisés, il y avait beaucoup de jeunes gens honorables, des gentilshommes, des officiers de l'armée; il serait absurde de les soupçonner de complicité fraudu-

leuse avec un charlatan. D'ailleurs les savants qui assistèrent à ces séances, non-seulement n'attaquèrent pas la réalité des phénomènes, mais s'en déclarèrent pleinement convaincus. Qu'il nous suffise de citer le témoignage irréfragable du professeur Henri Morselli, directeur de l'asile d'aliénés à Turin. « Les expériences de Donato sont con-
« duites, à mon avis, avec une rare sincérité et
« une grande simplicité, sans apparat ni fourberie,
« et ses sujets, que nous connaissons tous du reste,
« ne sont pas des trompeurs. » Ainsi parle Morselli dans un article d'ailleurs déplorable, qui déplut beaucoup aux Turinois honnêtes et instruits (1).

Du théâtre *Scribe* de Turin, Donato se transporta au *Philodramatique* de Milan. Il renouvela là les expériences déjà faites en Belgique sa patrie, en Hollande, en France, en Russie, etc. Toutefois le public milanais se montra moins empressé et beaucoup plus sensé que les Turinois.

Le vent qui gonflait les voiles de Donato, après très peu de soirées, tourna au calme et finit en bourrasque. On dit qu'à lui casser les œufs au panier, contribuèrent les observations de plusieurs médecins aliénistes et de directeurs d'asile qui jetèrent la suspicion sur les expériences donatistes.

En tout cas, sur les premiers jours, on vit se multiplier les représentations. Nous en recueillons quelques détails rapportés par l'*Italia* qui en a fait un compte rendu fidèle d'après le témoignage des spectateurs et conforme au récit des autres journaux. Nous en conserverons souvent le texte même, comme on le verra par les guillemets. Seulement nous prenons la liberté d'y mettre de l'ordre comme nous pourrons.

« Donato n'a pas une apparence particu-

---

(1) *Gazzetta letteraria* de Turin, 1er mai 1886.

« lièrement séduisante. Il est trapu; il a le
« visage rond et joufflu, les yeux petits, arrondis,
« mais d'un noir très vif de charbon. Il est vêtu
« très correctement de noir (1).

« Il essaie un à un une trentaine de jeunes
« gens, avec son système habituel et particulier :
« il leur serre les poignets pour en tirer la force
« musculaire des bras, puis les fixe rapidement
« dans les yeux. Presque tous répondent immé-
« diatement à la fascination en se raidissant
« dans toute leur personne. Leur visage prend
« un aspect contracté, halluciné, parfois cadavé-
« rique. Ils sont à la merci du fascinateur et en
« suivent les mouvements comme le fer suit
« l'aimant. Sur vingt il n'y en a que quatre ou cinq
« qui soient réfractaires ou peu sensibles, du moins
« à ce moment précis. Les autres, dès le premier
« instant, sur un signe de Donato, tombent à
« terre comme frappés d'épilepsie; ils se tordent
« dans des convulsions irrésistibles. Il y a quelque
« chose de pénible, de spasmodique dans leurs
« traits et de macabre dans leurs gestes. Il y en a
« qui sont haletant, râlant, gémissant. Un souffle
« sur le visage : et les voilà qui rentrent en eux-
« mêmes. Ils se frottent les yeux comme s'éveil-
« lant d'un songe, ils regardent autour d'eux,
« étonnés, puis retournent tranquillement à leur
« place.

« Après ce premier choix et les premières résis-
« tances vaincues, Donato les a tous en son pou-
« voir; il les attire à trois, à six, à dix à la fois,
« rien qu'en les fixant rapidement dans les yeux,
« malgré leur ferme volonté et leurs efforts
« obstinés pour résister à la suggestion. Cette
« lutte entre la volonté impuissante et la force

(1) On nous a dit à Turin, que son aspect est troublé et son regard sauvage, pendant ses expériences.

« extérieure qui les subjugue malgré eux, se
« révèle par des attitudes comiques ou tragiques
« qui causent de la peine et de la surprise, qui
« excitent le rire et la pitié.

« Donato, durant ses opérations, ne dit pas un
« mot : il pense, il veut, il fait signe.

« Il paraît que, au cours de l'expérience, la
« conscience des sujets est très confuse. Telle
« était du moins l'impression que nous avions en
« en interrogeant quelques-uns. Ils ne voient que
« Donato, bien plus, que *les yeux de Donato*, ils
« les voient encore quand il se met derrière
« eux. Ils savent vaguement qu'ils se meuvent,
« qu'ils sautent, qu'ils courent, qu'ils tombent,
« mais tout cela comme en songe, et, comme en
« songe, ils voudraient résister, mais il y a
« solution de continuité entre le vouloir et
« le pouvoir. A quelques-uns d'entre eux il reste
« un peu d'étourdissement, de céphalalgie, de
« vertige, de brisement des os, mais ce n'est que
« passager.

« Quand Donato annonce qu'il fera sentir à ses
« *sujets* le chaud et le froid, la scène semble
« changée en une salle de fous furieux, dans un
« asile.

« Ils sont tous soufflant, s'essuyant le front,
« s'éventant le visage avec leur mouchoir et
« finalement avec un merveilleux crescendo, ils
« se déboutonnent, ils s'arrachent leurs paletots
« et leurs gilets avec leurs montres et les jettent
« par terre, puis l'un ou l'autre comme saisi d'un
« frisson subit, ramasse les habits qu'il peut
« trouver, les enlève aux compagnons, se les
« passe autour du cou, etc., etc. C'est la scène
« culminante : on applaudit à tout rompre. »

« Ce matin j'ai visité les étudiants hypnotisés
« du Polytechnique et de l'Académie. Pagini,

« Furia, Mooni, et plusieurs autres ont éprouvé
« hier soir des sensations très vives de chaud ou
« de froid, au gré de Donato. Ils tremblaient de
« froid, ou haletaient, soufflaient de chaud. Tour
« à tour ils devaient s'ôter la jacquette, se dé-
« pouiller, se déboutonner la chemise, ou bien
« claquant des dents, courir à la recherche de
« leurs habits et s'en disputer un à l'envi entre
« cinq ou six.

« M. Albini ne voulait pas tourner, craignant
« le vertige, mais il dut se plier à la volonté de
« fer du magnétiseur. Alors il se mit à faire des
« pirouettes, des tours accélérés de tarentelle, de
« valse et de polka. Donato lui imposa de fixer
« un point en haut et il tournait, tournait, tour-
« nait toujours, les yeux dirigés en haut vers ce
« point là et la bouche tout ouverte. Il paraissait
« fou. M. Brolis fut contraint de se jeter par terre
« et il ne pouvait plus se lever sur pied. M. Levi,
« étudiant d'agriculture, dansait comme une
« toupie. M. Furia ne pouvait absolument pas
« monter sur un escabeau. Si Donato le lui
« commandait, alors cessait l'impossibilité, mais
« il restait immobile dans les positions les plus
« étranges, quand l'hypnotiseur le voulait.

« A d'autres jeunes gens très sensibles,
« MM. Henri Gramigna, Pecchia, Zanoni, Albini,
« Boselli, tous de l'école polytechnique, il fit
« exécuter des mouvements d'ensemble comme
« un caporal à une escouade. En somme une
« séance merveilleuse qui enchanta les specta-
« teurs comme s'ils avaient été hypnotisés eux-
« mêmes. »

Tel est le compte rendu de l'*Italia*, dans plusieurs numéros de mai.

Dans une correspondance envoyée de Milan au *Fieramosca* de Florence, n° du 1er juin, nous

lisons : « Un type splendide d'hypnotisable était
« allé de Turin à Milan. C'était M. Tourin,
« commis-voyageur et beau-frère de Mme Pozzi,
« ancienne maîtresse à l'Ecole supérieure de
« filles de Milan. C'est un jeune homme grand
« et gros, bien bâti, d'une force redoutable. Il
« suffisait que Donato le regardât, il en recevait
« une impression rapide comme la foudre. Il y
« avait parmi les nouveaux hypnotisés MM. Pani-
« gatti et Montini.

« Trois sujets tombés en catalepsie durent
« chanter sur la volonté de Donato qui se con-
« tentait de leur chatouiller la gorge avec les
« doigts. Il en résulta un trio, un triple miau-
« lement de chat, une criaillerie de voix de
« fausset qui faisait mourir de rire.

« Après cela vinrent des pantomimes très amu-
« santes. On dansait, on se rasait la barbe, on
« arrachait des dents, et tous ces exercices avec
« une ponctualité parfaite de la part des meilleurs
« sujets de Donato. Un pauvre diable mangea
« une et jusqu'à deux pommes de terre crues et
« fut éveillé avec la bouche pleine de cet ali-
« ment réservé au bétail.

« Deux ou trois prirent leur voiture et se
« mirent à faire galoper le cheval qu'ils se figu-
« raient avoir devant eux. L'un chevaucha sur sa
« chaise jusqu'à ce qu'elle se renversa ; un autre
« fit des cabrioles telles qu'il semblait vouloir se
« mettre la tête en bas sur la scène et aller retom-
« ber sur ses pieds dans l'assemblée. Le public
« impressionné hurla : *Assez !*

« Ce furent Tourin et Montini qui fournirent
« la meilleure scène. Donato leur suggéra une
« promenade champêtre de bon matin. Tous deux
« se mirent à cheminer lentement et pathé-
« tiquement. Le magnétiseur leur avait mis sur la

« tête un cylindre défoncé digne d'un ramoneur.
« A un certain endroit, ils se heurtèrent, ne
« s'excusèrent point, se regardèrent de travers...
« Donato les fit se heurter de nouveau ; alors
« Montini lança un bon coup de poing en pleine
« poitrine à Tourin. Celui-ci lui répondit par un
« coup de bâton sur son tube ; le premier riposta
« de même. Eveillés au plus beau de la lutte, les
« deux combattants restèrent dix minutes la bou-
« che ouverte, précisément comme le public. »
Tel est le récit du correspondant milanais.

Dans une autre séance au théâtre Philodramatique, après avoir écarté quelques sujets comme
réfractaires, il endormit ceux qui lui paraissaient
plus faciles, leur fit flairer des fleurs de papier,
avec une vive sensation de l'odeur comme si
c'eût été des roses parfumées ; il les fit pleurer et
prier autour d'un cadavre supposé ; il les fit rire,
les fit venir à lui, en les attirant, par la seule
puissance du regard, de la scène où ils étaient
jusqu'au fond de la salle où il se trouvait.
(*Italia*.)

Donato poursuivit ses expériences. Il obligea
Regis à faire le barbier, il endormit six sujets
d'abord sur la scène, ensuite de ci de là dans la
salle ; il fit parler malgré eux trois individus
endormis. Dans les premières séances hypnotiques, au Philodramatique de Milan, Luiggi
Cettuzzi avait été le jouet principal des expériences. Celui-ci, au sortir du théâtre, traversait
la galerie de Cristoforis, lorsqu'il rencontra
Donato, celui-ci le reconnut, l'hypnotisa du regard
et lui fit faire je ne sais quel mouvement étrange,
aux applaudissements enthousiastes de la foule.
(*Ibidem*.)

Il fit sentir à l'étudiant Brogi (hypnotisé bien
entendu) le mal de dents et le mal de ventre ; à

un autre il fit coudre un habit comme s'il fût tailleur ; à Furia il fit écrire son testament. Le pauvret tout désespéré comme s'il souffrît à la pensée d'une mort prochaine, écrivit : *Je laisse tout ce que je possède à mon bon frère...* et quelques autres mots inintelligibles. On lui mit ensuite en main un numéro de l'*Italia* roulé en cornet, lui faisant accroire que c'était un poignard : l'hypnotisé se le plongea dans la poitrine et tomba comme mort. (*Ibid.*)

« Cinquini, étudiant à l'Académie scientifico-littéraire, menaçait du bâton Donato, lui montrait le poing, et paraissait vouloir se jeter sur lui avec furie ; mais à un signe, il s'arrêtait tout à coup. Barbieri également était envahi par une impulsion instinctive d'en venir aux mains. Il était évident que Cinquini et Barbieri auraient assommé qui Donato aurait voulu. (*Ibid.*)

« Quand Donato veut obtenir une hypnotisation plus complète et plus prompte, il appuie une main sur la nuque du *sujet*. Ainsi fit-il dans une maison de Turin avec une petite fille. D'accord avec la famille qui était au fait, bien entendu, il lui mit en main un poignard et lui ordonna de tuer sa propre mère. L'enfant pleurant à chaudes larmes s'avança pour accomplir cet horrible commandement. Elle aurait voulu mais ne pouvait se révolter contre cette mystérieuse volonté qui la subjuguait puissamment tout entière et elle aurait exécuté l'ordre de Donato, si celui-ci ne l'eût retenue. (*Ibidem.*)

« Parmi les réfractaires d'hier soir, Benoît Voltolina et Virgile Ramperti ne le furent pas absolument... Ramperti disait après coup que des yeux de Donato partent deux rayons convergeant vers un globe lumineux semblable à du verre ; il ne sut résister à le fixer et il avoue que, s'il n'avait pas regardé ailleurs, il aurait été immédiatement fasciné lui aussi.

« Tous ceux qui ont subi l'action hypnotisante de Donato affirment que la volonté est subjuguée malgré tous les efforts qu'on peut faire. On est forcé à le regarder dans les yeux. Quelques moments après, on a la vue obscurcie et éblouie, on finit par ne plus remarquer qu'un point lumineux, resplendissant comme un brillant éclairé à la lumière électrique. Même si Donato s'éloigne et se met derrière l'hypnotisé, ce point brillant est toujours vu par le patient. Donato disparaît, on ne le voit plus, même s'il revient se mettre devant le sujet. En même temps disparaît la vision de tout autre objet. On ne remarque plus que le point lumineux, toujours le même... L'intelligence est offusquée, mais pas entièrement. On a une vague conscience, comme dans un demi-sommeil, des phénomènes qui se passent tout autour. Après l'expérience, on reste épuisé de fatigue comme après un grand travail, avec une lourdeur, une sorte de mal de tête, au front. Quelques-uns conservent un tremblement nerveux. (*Ibid.*)

« Ce matin (rapporte un témoin), j'ai visité les étudiants du Polytechnique et de l'Académie. Ils étaient totalement enthousiasmés de Donato. (*Ibidem.*) »

Nous pourrions multiplier les citations au sujet des représentations de Donato, mais peut-être nous sommes-nous déjà trop étendus. On voudra bien nous excuser, car il fallait bien donner une idée exacte des phénomènes hypnotiques et nous avons cru devoir choisir plutôt ceux-ci, parce qu'ils sont récents, connus et hors de doute. Maintenant nous donnerons quelques exemples d'autres hypnotisateurs.

§ II

Faits hypnotiques de Zanardelli à Rome

C'est le professeur Zanardelli, de Rome, qui nous fournira le premier exemple. Nous tirons le fait d'une relation du docteur Albert Battandier, publié dans le *Cosmos* de Paris le 7 juin 1886. Le sujet sur lequel Zanardelli opère est sa femme Mme Emma. Elle affirme qu'elle se sent bien après les séances et mal quand elles lui manquent. Son mari l'hypnotise ou l'endort en la regardant fixement et en lui pressant en même temps les pouces avec force. Cependant on commence une mélodie musicale. Après quelques instants la patiente cligne des yeux, la poitrine est violemment haletante, la personne s'échauffe, le pouls bat jusqu'à 120 pulsations à la minute. On voyait, dit le docteur Battandier, comme une lutte de la somnambule qui résistait à se rendre, mais enfin elle était vaincue et retombait assoupie sur son siège. Le magnétiseur lui demandait alors si elle dormait vraiment et il ne cessait d'agir magnétiquement sur elle, si elle n'affirmait pas être endormie.

Alors commençaient immédiatement les phénomènes hypnotiques. La main d'Emma soulevée sur sa tête par l'opérateur y restait clouée, si bien que les assistants ne pouvaient l'en arracher; on voyait plutôt se lever le corps tout entier à la suite de cette main fixée que de la laisser se détacher du contact de la tête. Le magnétiseur au contraire détruisait en un instant ce phénomène de catalepsie excessive, en soufflant sur la jointure des bras. Zanardelli explique le ramollissement du bras en disant que la chaleur est nécessaire à la catalepsie et que le froid la combat; ainsi un simple mouchoir mouillé obtiendrait le même effet que le souffle ; si les muscles raidis n'obéissaient pas au froid, il suffirait de les toucher avec une baguette de métal, spécialement de cuivre, mais jamais de fer. Mme Emma est d'ailleurs presque insensible, comme toute autre cataleptique; elle ne voit pas les chandelles allumées sous ses yeux, elle ne sent rien quand on la pique avec une épingle.

Mais tandis que l'anesthésie se manifeste en elle si clairement, d'un autre côté il existe une hypéresthésie d'odeurs, de couleurs, de sons, de températures, qui échapperaient aux sens de toute autre personne et qu'elle perçoit distinctement. Cette sensibilité excessive est produite (c'est notre avis du moins, car Zanardelli ne le dit pas) par la volonté impérieuse du magnétiseur. Sans cela, comment pourraient coexister en même temps l'anesthésie et l'hyperesthésie, c'est-à-dire la plus grande insensibilité et la plus grande sensibilité du système nerveux ? Or l'opérateur pourrait, à sa guise et suivant l'expérience qu'il en a, ordonner l'anesthésie d'une sensation excessive et l'hyperesthésie d'une sensation très faible.

Autres expériences. Mme Emma hypnotisée, si peu qu'on la touche du doigt, ou avec une barre de métal, ou avec une bande de papier, repousse celui qui est d'un tempérament magnétique antipathique et serre fortement la main à celui qui lui est sympathique. Celui-ci pour se dégager de sa main n'a qu'à lui souffler sur les articulations du poignet. L'individu sympathique est d'ailleurs reconnu par l'hypnotisée parmi tous les assistants, quand même il voudrait la tromper et s'il la touchait cent fois différentes avec la bande de papier, cent fois elle lui serrerait la main sans jamais se tromper, encore qu'elle fût au comble de la catalepsie magnétique et en pleine anesthésie.

§ III

Divers faits hypnotiques remarquables

L'autohypnotisme est peut-être rare, mais pas tant qu'on le pense. Le docteur Sylva qui publia, en 1885, à Turin quelques études sur l'hypnotisme, raconta au docteur A. Mosso qu'une de ses malades se faisait souvent hypnotiser pour soulager les douleurs qui la tourmentaient. Un jour la malade découvrit qu'elle pouvait s'hypnotiser elle-même en fixant le pommeau de cuivre qui était au pied de son lit. Depuis ce jour, chaque fois qu'elle commençait à sentir des maux de ventre, elle se couchait et, fixant le pommeau brillant du lit, elle perdait la connaissance et la sensibilité (1). Voilà un phénomène d'autohypnotisation. Braid raconte qu'un certain Walcher voulant hypnotiser une autre personne, resta lui-même profondément hypnotisé. Il parle de deux personnes qui s'hypnotisèrent l'une l'autre en même temps ; il affirme qu'on peut s'hypnotiser soi-même et il en propose la méthode (2). Tous les auteurs qui traitent d'hypnotisme parlent beaucoup des faquirs et des jongleurs de l'Inde qui, de temps immémorial, s'hypnotisent en regardant fixement le bout du nez ou un point quelconque du corps ou même un objet imaginaire ; il en est de même de

(1) Docteur A. Mosso, dans la *Nuova-Antologia* de Rome, livraison du 16 juin, 1886, p. 648.
(2) Braid. *Neurypnologie*, pp. 41, 36, 37.

certains moines schismatiques du mont Athos et des sorciers et des saltimbanques d'autres pays. En un mot, il est certain qu'il y a des cas d'auto-hypnotisation. Ceci répond directement aux théories de beaucoup de magnétistes (Braid, Faria et les médecins en général), qui nient l'influence du magnétisant sur le magnétisé et attribuent les phénomènes hypnotiques qu'ils admettent comme réels de tous points à la force d'imagination et à la volonté du sujet.

Cas de révélation de sa propre conscience. — Le docteur A. Voisin hypnotisait une jeune fille de vie débauchée, devenue à moitié folle. D'abord elle résistait, elle crachait au visage du médecin, elle ne voulait pas regarder l'objet qu'on lui présentait pour l'endormir. A la fin, on obtint comme par force le sommeil. « Elle resta assise, raconte Voisin, sur un siège, la tête renversée en arrière et appuyée sur un lit. Les mains pendantes bleuissent, les membres sont absolument déliés, l'anesthésie est parfaite. Elle ne sentit pas une grosse épingle qu'on lui enfonça dans la peau. Nous commençâmes dans cette séance par l'interroger et elle nous donna sur sa vie des détails qu'elle nous avait cachés jusque-là. » Le docteur tente quelques suggestions sur la malade et elles réussissent parfaitement. Il lui ordonna de dormir vingt-quatre heures : elle dormit vingt-quatre heures. Il lui prescrivit divers actes à des heures déterminées et elle les accomplit. Il lui enjoignit de rester tranquille et décente ; elle le devint (1). En somme on obtint une espèce de confession que nous appellerons civile, où le médecin fit les fonctions de confesseur.

---

(1) Docteur A. Cullerre. *Magnétisme et Hypnotisme*, Paris, 1886, p. 338. Voyez la même relation dans tous ses détails, dans le docteur Conca, op. cit., p. 201.

Cas de résistance à l'hypnotisateur. — Les sujets rebelles ou réfractaires à l'action hypnotique ne sont pas rares. Cela provient ou d'un manque de disposition physique, ou de l'énergie d'une volonté contraire. A Rome, par exemple, Donato ne trouvait que des réfractaires : pour ne pas faire fiasco, il dut appeler de Turin des sujets moins indociles. Voici un cas curieux de résistance pendant le sommeil hypnotique, rapporté par le docteur Féré. (Tous ceux qui traitent de l'hypnotisme et notammant Richer, observent que durant ce sommeil, le patient devient ordinairement le *sujet* de l'hypnotisateur et agit sans le sens moral.) « Une de nos malades portait une
« vive affection à un homme qui l'avait fait beau-
« coup souffrir : mais la passion n'était pas éteinte.
« Si pendant son sommeil on lui suggérait la
« présence de cet homme, elle donnait immé-
« diatement des signes de grande affliction
« et cherchait à fuir. Mais il était impossible de
« la faire consentir à aucun acte qui fût nuisible
« à cet homme qui l'avait maltraitée. Elle obéis-
« sait du reste comme un automate à tout autre
« commandement (1). »

Cas singuliers de remèdes opérant à distance et à l'insu du patient. — « Le docteur Luys, dans
« la séance de l'Académie de médecine tenue à
« Paris le 3 août 1887, lut une relation à jeter
« réellement dans la stupéfaction les auditeurs.
« C'est une suite d'expériences démontrant, d'une
« manière irréfutable, l'action à distance de cer-
« taines substances sur des sujets hypnotisés. Non-
« seulement ces substances produisent des effets
« médicinaux ou toxiques sans être absorbées ou
« respirées, sans que le sujet en puisse connaître

---

(1) Richer. *La Grande Hystérie*, p. 756.

« la nature ou soupçonner la présence, mais
« encore il semblerait qu'à chaque substance
« correspond une espèce particulière d'hallucina-
« tion. L'une est gaie, l'autre triste, d'autres con-
« sistent en des scènes de vol, de brigandage,
« d'assassinat, de fuite, etc... et le sujet paraît y
« prendre part avec un naturel, une intensité de
« passion et une puissance mimique qui dépasse
« toute imagination.

« Mais ce qui est plus grave dans ces expé-
« riences c'est qu'elles démontrent la possibilité
« d'empoisonner quelqu'un sans lui faire prendre
« réellement aucun poison : de là la possibilité
« d'être accusé d'empoisonnement sans pouvoir
« démontrer sa propre innocence. C'est pourquoi
« l'Académie délibéra, séance tenante, sur la no-
« mination d'une commission de cinq membres
« chargés d'étudier à fond cette question (1). »
Nous savons que les expériences de cette espèce
deviennent fréquentes même en Italie. Nous en
avons eu récemment (mars 1888) des exemples
à Florence. Déjà auparavant le docteur Conca,
les avait décrites minutieusement, en dix belles
pages (2).

---

(1) Skepto. *L'Hypnotisme et les Religions ou la Fin du Merveilleux*, 2ᵉ édition Paris, 1888, p. 28.— Ce Skepto nous paraît être un pseudonyme. D'après son livre, nous le croyons juif ; ce qui est sûr, c'est qu'il est d'une impiété et d'une audace qui tiennent du diabolique.

(2) Docteur Crescenzo Conca. *Isterismo ed Ipnotismo*. Naples, 1888, pp. 94-104.

Voici un fait analogue rapporté par le Docteur Lefebvre, professeur à l'Université de Louvain.

Une jeune personne était sujette (en 1844) à des crampes d'estomac et à des vomissements nerveux ; en la magnétisant, je calmais ces petits accidents « avec la plus grande facilité, mais ils se reproduisaient en mon absence. J'eus « un jour la pensée de magnétiser de l'eau ; je tins pendant deux ou trois mi-« nutes les doigts étendus au-dessus du verre sans toucher le liquide ; quand « les crampes ou les vomissements se représentaient, on faisait boire à la ma-« lade quelques gorgées de cette eau ; les vomissements ou les crampes cessaient « immédiatement.

M. Crocq. — La malade ne savait-elle pas que l'eau était hypnotisée ?

M. Lefebvre. — « J'ai pris toutes les précautions possibles pour éviter une

Cas très rare d'immobilité sans sommeil, avec lucidité d'esprit. — Plusieurs médecins attestent que certains phénomènes hypnotiques peuvent avoir lieu même sans être précédés du sommeil et en laissant une certaine lueur de conscience dans l'hypnotisé. Mais le cas que nous allons raconter est mémorable à cause de ses circonstances. En 1847, mouillait, en vue de Naples, une escadre française. Un jeune ecclésiastique breton nommé Leray, vint visiter le *Friedland*, magnifique navire de 120 canons, et y rencontra un officier de son pays. On lui fit fête et on l'invita à la table des officiers. Il disait avoir étudié le *magnétisme* pour s'en servir médicalement quand il serait prêtre. (Le nom d'*hypnotisme* n'était pas encore en vogue, quoique Braid eût publié son *Hypnotisme* en 1843.) Il affirmait pouvoir produire certains effets d'insensibilité au moyen de quelques passes. Le médecin en second, M. Gardrat, fit mine d'en douter. M. Leray lui proposa d'en faire l'essai sur lui-même. On convint des conditions. Après quelques passes sur les flancs, Leray devint maître de tous les mouvements du médecin qui néanmoins conservait la pleine lucidité de son esprit et racontait ses impressions. Le pauvre docteur fut cloué sur le plancher par le magnétiseur et mis dans l'impossibilité de bouger d'un pied. Peu après, avec une autre passe, Leray lui fit lever en haut une jambe presque horizontalement, et l'hypnotisé

« supercherie... Je magnétisais l'eau à l'insu de la malade ; la mère même igno-
« rait que sa fille fût soumise à un traitement exceptionnel, d'ailleurs à peu près
« ignoré à cette époque. Au moment où les vomissements ou les crampes se pré-
« sentaient, cette dame offrait souvent un verre d'eau ordinaire à la malade, qui
« n'en éprouvait aucun effet. Le frère, un homme respectable, digne de toute
« confiance, allait chercher *de l'eau fraiche* : c'était de l'eau préparée ; la ma-
« lade en buvait avec délices ; les crampes ou les vomissements s'arrêtaient
« toujours immédiatement. (Discours prononcé à l'Académie royale de méde-
« cine le 21 avril 1888.)

ne pouvait plus la baisser ; il lui fit lever les bras en croix et les lui raidit au point qu'il ne put s'en servir pour ôter de sa bouche une cigarette qui était presque finie ; il dut prier les assistants de la lui enlever pour ne pas se brûler les lèvres.

Il y avait plus fort que cela. Leray réglait ces mouvements à distance. Étant sorti, en compagnie d'un officier, hors de la chambre où se faisaient ces expériences, il en fit fermer la porte et les assistants restés avec l'hypnotisé le virent marcher autour de la table, s'avancer, rétrograder malgré lui à reculons, s'arrêter, tout à fait comme le lui commandait l'hypnotisateur qui se tenait au pied du grand mât et donnait ses ordres mentalement, non pas à son gré, mais suivant ce que lui suggérait l'officier qui l'accompagnait.

Quand il revint dans la salle d'expériences, un officier (celui-là même qui raconte le fait) fit remarquer à Leray que Gardrat était très sensible au chatouillement et qu'il suffisait de faire mention de le chatouiller pour qu'il s'enfuît. Leray lui fit quelques nouvelles passes et Gardrat devint insensible au chatouillement comme il l'avouait lui-même en riant. Il analysait très bien ses sensations et il fut obligé de convenir qu'il avait changé ses idées sur le magnétisme. Nous reproduisons ce fait d'après une relation autographe que nous a envoyée gracieusement l'Amiral Marquis Gicquel des Touches, de Versailles, le 20 mars 1888. Il a été lui-même, en 1847, spectateur et acteur dans ce fait, étant à bord du *Friedland* en qualité d'aide-de-camp du contre-amiral Tréhoüart. On voit que ce pauvre ecclésiastique qui devint plus tard mauvais prêtre et finit mal, opérait, il y a déjà quarante ans, ni plus ni moins que Donato et les autres hypnotisateurs modernes ; seulement il avait sur eux cet avantage qu'il n'amenait pas le sommeil comme base des phénomènes et ne privait pas ses clients de l'usage de la raison.

§ IV

Faits hypnotiques des médecins italiens

Nous parlerons plus loin des hypnotisations pratiquées hors de l'Italie par de nombreux médecins qui se sont fait une grande réputation dans ce genre de cures. Donnons une idée de ce qui se passe en Italie et que beaucoup ignorent. Déjà, dès les premières pages de ce traité, nous avons parlé des expériences hypnotiques du docteur Édouard Gonzala, directeur du *Manicomio* de Milan, lequel affirme que le professeur César Lombroso, à Turin, hypnotise comme lui ses fous. Nous avons encore l'exemple du docteur Tebaldi, illustre psychiâtre et professeur de Neurypnologie à l'Université de Padoue. Après les expériences de Donato sur le jeune Cetuzzi (nous en avons parlé au § Ier) il renouvela sur le même sujet les mêmes expériences, de la même façon et avec les mêmes résultats (1). Il est vrai que le docteur Tebaldi blâma ensuite publiquement et à juste titre le magnétisme comme spectacle populaire (2). Nous pourrions citer ici également le docteur Sylva et le docteur Mosso, dont nous parlerons plus loin, le docteur Seppili qui a publié des volumes sur les expériences faites par lui-même, le docteur Rainaldi de Filottrano, qui nous a gracieusement envoyé un opuscule où il

---

(1) Cf. *Italia* de Milan, 22-23 mai 1886.
(2) Cf. *Osservatore cattolico* de Milan, 26-27 mai 1886.

raconte ses expériences, le docteur Raphaël Vizioli, dont nous avons également un long mémoire imprimé et d'autres encore en grand nombre dans toutes les villes d'Italie, particulièrement à Florence et à Rome. Nous savons également avec certitude que certains médecins abusent fréquemment de l'hypnotisme avec les femmes, dans un but inavouable.

On a pu lire dans tous les journaux, au temps où Donato opérait à Milan, une lettre du docteur Jean-Baptiste Verga, secrétaire, premier médecin du *Manicomio* provincial de Milan, à Mombello. Il y est dit : « Je puis déclarer, après des
« études répétées que j'ai faites de concert avec
« mon directeur, le docteur chevalier Gonzalez,
« sur un sujet très favorable que nous avons à
« l'asile, que je reste convaincu de l'existence de
« cet état spécial qu'on appelle *hypnotisme* et des
« phénomènes surprenants qu'on obtient dans cet
« état. Bien plus, mon directeur aujourd'hui même,
« a reproduit en ma présence presque tous les phé-
« nomènes que Donato avait amenés au *Philodra-*
« *matique*, dans la personne que nous avons à notre
« disposition. On a toujours constaté que l'hypno-
« tiseur agit sur le sujet au moyen des sens spé-
« cifiques, surtout de la vue et de l'ouïe, attendu
« qu'il ne s'agit que de phénomènes physiques,
« naturels, dans des individus dont le système
« nerveux est prédisposé à en ressentir l'influence.
« L'hypnotiseur (*nous prions nos lecteurs de noter*
« *ces affirmations*) au moyen des sens, réduit
« l'hypnotisé à être l'exécuteur passif et incons-
« cient de tout ce qui lui est ordonné, sans qu'il
« conserve naturellement le souvenir de ce qui
« est arrivé. »

Il ne sera pas inutile de citer également quelque exemple des leçons hypnotiques du docteur

Rattone, professeur à l'Université de Sassari. Nous lisons dans le *Fieramosca* de Florence, 31 mai 1886 : « Les expériences hypnotiques du
« professeur Rattone se font ordinairement chez
« lui, sur des personnes parfaitement *saines* (le
« plus souvent de jeunes étudiants) choisies par
« lui dans quelques-unes des conférences pu-
« bliques qu'il donne de temps en temps à l'Uni-
« versité Royale, où il enseigne la pathologie
« générale. Alfred Menci raconte une de ces
« expériences dans le *Capitan Fracassa*. Voici
« en quels termes. Le vaillant professeur, voulant
« démontrer les effets de la musique dans l'hyp-
« notisme, tint sa séance, non comme d'habitude
« chez lui, mais chez l'excellent maître de mu-
« sique Bruto Giannini et il obtint des résultats
« vraiment merveilleux. D'abord il fit asseoir en
« demi-cercle autour d'un piano, dix jeunes
« hommes déjà rendus très sensibles par d'autres
« épreuves hypnotiques mais parfaitement *sains*
« et parfaitement éveillés. Il pria ensuite le maître
« de musique de vouloir bien exécuter un mor-
« ceau pathétique.

« Après quelques notes, sept des jeunes hommes
« étaient déjà hypnotisés ; ils étaient là dans les
« attitudes les plus curieuses et les plus étranges.
« Les uns paraissaient profondément chagrins,
« d'autres ravis en extase, d'autres en proie à
« d'atroces pensées. Dans une seconde expérience,
« on joua de la musique gaie.. Les hypnotisés
« s'agitaient dans des convulsions et se tordaient
« sur leurs sièges. L'un deux par suite d'agitations
« nerveuses excessives, tomba par terre. Le pro-
« fesseur Rattone courut pour l'éveiller en le
« soufflant comme d'habitude sur le visage ; mais
« tant que le maître de musique continua à jouer,
« les convulsions hypnotiques durèrent.

« On ne saurait décrire l'étonnement des assis-
« tants devant ce prodigieux effet de la musique
« sur des personnes saines et éveillées, mais déjà
« rendues très sensibles, comme je l'ai dit, par
« des expériences répétées d'hypnotisme.

« Dans la troisième épreuve, le maître de mu-
« sique joua l'*Hymne de Garibaldi*. Dès les pre-
« mières notes commença dans la salle une scène
« de possédés. Tous ces jeunes gens déjà profon-
« dément hypnotisés par ces sons guerriers,
« s'élançaient avec furie les uns contre les autres.
« Ils allongeaient les bras comme pour tirer des
« coups de fusil ; ils prenaient des poses de
« désespoir délirant ; ils grinçaient des dents ;
« ils roulaient des yeux effarés ; ils se jetaient par
« terre en se frappant avec force le dos et la tête,
« puis ils se tordaient avec rapidité et lançaient
« des coups de pieds aux jambes des assistants
« qui s'enfuyaient effrayés dans les salles voisines.
« C'était un enfer. Le professeur Rattone réussit,
« dans cette mêlée, à en saisir deux des plus endia-
« blés ; il les tenait par le collet de leur habit. A
« la fin, au moyen de son souffle, il remit l'ordre
« dans ce camp horriblement bouleversé.

« Ces pauvres jeunes gens s'éveillant et se
« voyant par terre dans les plus étranges posi-
« tions, tout couverts de poussière, riaient
« comme des fous et se moquaient les uns des
« autres. Au milieu de leurs rires et de leur gai
« bavardage, le professeur Rattone remercia vi-
« vement le maître Giannini qui déclara que ce
« soir, il lui était arrivé deux choses toutes nou-
« velles : de voir s'affoler à la lettre son audi-
« toire et de recevoir des coups de pieds dans sa
« propre maison. Après cette déclaration, l'assem-
« blée se sépara. »

§ V

Faits de suggestion persistant après le sommeil magnétique

Dans les faits rapportés jusqu'ici, il intervient naturellement une certaine *suggestion*. Expliquons-nous. La *suggestion*, d'après les auteurs en la matière, est une impulsion que reçoit l'hypnotisé de l'hypnotisateur ; elle le pousse à faire un acte qu'il ne veut pas librement, et qu'il oublie d'ordinaire complètement quand il redevient maître de lui-même. Cette impulsion peut être un ordre verbal donné au sujet, ou un signe de la main ; elle peut consister à lui présenter un ustensile ou un objet quelconque, par exemple une aiguille, pour qu'il se mette à coudre ou un poignard pour qu'il tue quelqu'un ou qu'il se suicide. Que le lecteur se rappelle, pour avoir une idée plus claire de la suggestion, l'ordre suggéré à une petite fille de tuer sa mère, le testament qu'on fit écrire à Furia, le suicide qu'on lui imposa sur la scène et les autres faits que nous avons rapportés au chapitre I, §§ 1 et 2. Nous passons maintenant à un degré de suggestion supérieur ou du moins plus extraordinaire ; nous voulons parler des suggestions qui conservent leur vertu après le sommeil.

Le docteur Richer présente une série de cas de suggestion en vertu de laquelle le sujet ressent un changement physiologique qui persiste même après la déshypnotisation. Voici par exemple une dame B. hystéroépileptique : on l'hypnotise, on lui affirme pendant l'état cataleptique que sa main se raidit et se ferme : immédiatement la main se raidit et se ferme. On l'éveille et il n'y a pas moyen de lui faire desserrer la main : la contracture est réelle et indubitable. On dut l'hypnotiser de nouveau et lui affirmer que la main se détendait et de fait la main se détendit. On peut lire les détails minutieux et singuliers de cette expérience dans l'auteur. Le fait est du 10 avril 1883. De même le 12 et le 15 mai, on affirme à la même malade que son bras droit est paralysé. La paralysie se manifeste immédiatement et on ne peut la faire disparaître sinon par une nouvelle hypnotisation et une affirmation contraire (1).

Une dame Witt... est endormie du sommeil magnétique ; l'hypnotisateur lui affirme que, quand elle s'éveillera, elle ne pourra plus écrire mais pourra très bien se servir de la main pour tout autre usage. Et voilà qu'en effet, la dame une fois éveillée, s'efforce en vain d'écrire ; ses doigts se détendent malgré elle, son poing s'ouvre, sa main se soulève. Elle cherche alors à retenir la main droite en la pressant avec la gauche sur le papier : mais c'est en vain, elle n'arrive pas à former un mot. D'autres fois, toujours dans le sommeil magnétique, on lui suggéra ou on lui affirma différentes paralysies partielles : aussitôt elles se réalisèrent et se continuèrent à l'état de veille et on ne put les faire disparaître qu'en endormant de nouveau la paralytique et en lui faisant des suggestions contraires qui lui firent mouvoir les membres paralysés dans l'hypnotisation précédente (2).

Ces expériences, continue Richer, furent répétées plusieurs fois. Il s'ensuivit que la dame Witt... devint tellement sensible au commandement du

---

(1) Richer. *La Grande Hystérie*, page 742 seq.
(2) Ibidem, p. 748.

magnétiseur que, même à l'état normal et parfaitement éveillée, on pouvait lui paralyser un bras, rien qu'en lui disant d'un ton d'assurance : « Witt... votre bras est paralysé... vous ne pou- « vez le mouvoir. » En peu d'instants le phénomène se produisait, avec tous les symptômes propres à cet état morbide. Une nouvelle suggestion guérissait la paralysie (1). Richer cite le témoignage de deux fameux médecins hypnotisateurs, Bernheim et Dumontpallier, qui affirment avoir renouvelé avec succès complet sur des sujets éveillés les suggestions déjà pratiquées sur eux pendant leur sommeil hypnotique (2).

« Il affirme encore que les hallucinations provo-
« quées (dans le malade) pendant le sommeil
« hypnotique, peuvent également persister après
« l'éveil. Celles-ci constituent dans l'ordre psychi-
« que (spirituel) un phénomène comparable à la
« contracture dans l'ordre somatique (corporel).
« *L'idée fixe* suggérée par l'expérimentateur et qui
« prend corps dans une hallucination, peut en
« certains cas survivre au sommeil hypnotique...
« Ainsi la patiente continue à voir par exemple un
« oiseau dont on lui a imprimé l'idée fixe pendant
« le sommeil hypnotique. Sur tout autre objet,
« son intelligence et ses sens ne divaguent point,
« mais en dépit des affirmations de ceux qui l'en-
« tourent, elle voit l'oiseau et, d'après elle, qui ne
« le voit pas se moque d'elle (3). »

---

(1) Richer. *La Grande Hystérie*, p. 772.
(2) Ibidem, p. 773.
(3) Ibidem, p. 770.

§ VI

Faits de suggestion à échéance

« Les impulsions données pendant le sommeil
« *hypnotique* peuvent obtenir leur effet immédia-
« tement, observe Richer, ou même après le som-
« meil, dans un délai plus ou moins prolongé,
« sans rien perdre de leur fatalité. Revenus à eux-
« mêmes, les sujets exécutent l'ordre reçu au jour
« qui leur a été prescrit. Si alors on leur demande
« le motif de leurs actes, ils répondent ordinaire-
« ment qu'ils ne savent pas pourquoi ils agissent
« de telle façon. Mais il n'est pas rare qu'ils allé-
« guent des motifs spécieux pour expliquer leur
« propre conduite, pour justifier un acte qu'ils
« imaginent être spontané mais qui, en réalité,
« leur a été imposé et dont la raison est la volonté
« d'autrui (1). »

Donato lui aussi, à Milan, imposa récemment à un sujet d'écrire à heure fixe une lettre à un tel. Et, à l'heure indiquée, il voulut l'écrire, et il l'écrivit (une lettre sans rime ni raison) bien qu'il fût par hasard en conversation avec la personne à qui il devait écrire et que celle-ci naturellement lui demandât de lui dire de vive voix ce qu'il désirait lui écrire par lettre.

Nous-même nous pourrions rapporter un fait semblable de notre connaissance. Un jeune homme, dont nous ne voulons pas citer le nom, hypnotisait parfois une de ses parentes par manière de récréation. Une fois, il lui imposa pendant le sommeil magnétique, d'aller déjeûner chez tels de

---

(1) Richer. *La Grande Hystérie*, p. 773.

leurs parents. Le jour venu, l'enfant tout à coup semble se rappeler l'ordre reçu. Elle met son chapeau et sans admettre aucune observation, elle dit qu'elle doit, qu'elle doit absolument aller en cet endroit. Elle y va à la grande stupéfaction de tous, stupéfaction qui grandit encore quand on connut la cause de sa démarche. Il est à remarquer que dans la suite le même jeune homme voulant une fois déshypnotiser ou réveiller cette parente, eut bien de la peine à la tirer du sommeil magnétique. Il y réussit non sans fatigue en lui chatouillant la joue avec sa barbe. De ce fait étrange il soupçonna que la cause de l'état magnétique pouvait bien n'être pas entièrement naturelle et dépendante de lui seul et il abandonna pour toujours ce dangereux amusement.

Voici d'autres cas. « Un des faits les plus mer« veilleux, observe le docteur Louis Bufalini, parmi
« ceux qui se rangent sous la dénomination
« d'hypnotisme, est ce qu'on appelle la *suggestion*
« *magnétique*. Elle se pratique à l'état de veille
« et à l'état de sommeil. Il faut observer, avant
« tout, que les hypnotisables sont sujets ou déjà en
« proie à des névroses ou du moins dans un état
« de névrosisme tel qu'il ressemble à une maladie.
« Ce sont pour le moins des sujets dont le système
« nerveux est tellement excitable qu'on doit les
« regarder comme des êtres à part (*c'est-à-dire*
« *des êtres d'un tempérament spécial*).

« Cela posé, il y a certains individus hypnotisa« bles à qui, après une expérience quelconque et
« malgré leur état de veille, vous pouvez dire:
« remuez ce bras, ouvrez la bouche, ployez les ge« noux et ils obéiront comme des automates. Vous
« pourriez les faire sauter par une fenêtre la tête
« en avant sans qu'ils puissent s'y opposer. Dans
« l'état de sommeil, suggérez à certains individus

« une chose bien définie ; quand ils s'éveilleront,
« peut-être une heure ou deux après leur réveil,
« ils la feront certainement sans en avoir la cons-
« cience.

« Richet (1) raconte qu'il fit voler de cette façon
« une cuiller d'argent à un jeune homme très
« honnête. Une dame qui aimait le café amer fut
« forcée par lui d'emplir tellement de sucre sa
« tasse, que le café disparut et qu'il ne resta plus
« qu'une espèce de bouillie. A une autre dame,
« Richet ordonna de venir chez lui, tel jour de la
« semaine., à telle heure. La dame y alla et comme
« on lui demandait ce qu'elle désirait, elle répon-
« dit : Mais... je ne sais pas au juste pourquoi je
« suis venue ici ; il fait un temps horrible et j'ai
« laissé chez moi des visiteurs : je ne sais pas
« proprement pourquoi je suis venue. »

Nous avons cité jusqu'ici le docteur Bufalini (2).

Il est à noter que ces ordres *à échéance* peuvent durer très longtemps. Le docteur Charles Richet rapporte des cas où la suggestion produisait son effet après dix jours. « Bottey raconte qu'ayant in-
« duit en somnambulisme la servante d'une mai-
« son où il allait dîner tous les quinze jours, il lui
« commanda de ne pouvoir s'abstenir de le battre,
« quand il viendrait encore. Les quinze jours pas-
« sés, Bottey dut retourner dans cette maison et
« il avait déjà oublié la suggestion faite à la ser-
« vante ; mais à peine ouvrit-il la porte et entra-t-
« il dans la salle, qu'il fut accueilli par la femme
« avec une grêle de coups de poings, ce qui
« mit dans un sérieux embarras le pauvre Bottey
« qui jura de ne jamais plus renouveler de sem-
« blables expériences (3). »

(1) Le docteur Charles Richet, qui en 1884 publia *L'Homme et l'Intelligence*. Il ne faut pas le confondre avec Paul Richer que nous citons souvent.
(2) Dans le *Secolo* de Milan, 20-21 mai 1886.
(3) Doct. Cr. Conca, *Isterismo ed Ipnotismo*. Naples, 1888, p. 155.

Le docteur Bernheim et le professeur Liégeois, qui tous deux écrivirent sur l'hypnotisme en 1884, parlent de suggestions qui durèrent presque un mois (1).

§ VII

Faits de suggestion dans une intention criminelle

Bufalini, après les faits qu'il a rapportés tantôt, ajoute: « Ces faits si curieux sont importants non-
« seulement pour le savant ou pour le public qui
« les admire, ils intéressent souverainement le
« sociologue, le législateur, car en supposant
« qu'ils tombent dans les mains d'un coquin, il
« n'est ni exagéré ni puéril de penser qu'il puisse
« s'en servir même dans un but délictueux. Pour-
« quoi ne pourrait-on suggérer un crime, un faux
« témoignage, etc. ? »

Il a raison. Déjà en son temps le fondateur de l'hypnotisme moderne, Braid, avait prévu cet abus, lorsqu'il fit ses premières expériences de 1841 à 1843, en Angleterre. En plusieurs endroits de sa Neurypnologie, il s'efforce d'en atténuer le danger en observant que personne ne peut être hypnotisé sans son libre consentement, et en conseillant de ne point mettre l'hypnotisme à la disposition du vulgaire, mais de le laisser aux mains des seuls docteurs en médecine. Il propose cette précaution au commencement de son livre, dans les prolégomènes (2). Mais selon nous, cette prescription n'a guère de valeur, si on laisse prévaloir sa doctrine qui enseigne à hypnotiser avec une extrême facilité

---

(1) Dans Richer. *La Grande Hystérie*, p. 773.
(2) Braid. *Neurypnologie*, p. 17, sqq.

et avec certitude d'obtenir l'effet voulu. Qui pourra empêcher les pratiques hypnotiques de se divulguer ? Nous ajouterons que beaucoup nient la nécessité du consentement de l'hypnotisé. Et alors ?

D'autres magnétistes ont traité des nouvelles lois à introduire dans les codes pour punir les délits hypnotiques. En France, Jules Liégeois, professeur de droit à Nancy, lut en 1884 à l'académie des sciences morales et politiques de Paris, un mémoire sur *la suggestion hypnotique dans ses rapports avec le droit civil et le droit criminel*. Le docteur A. Cullerre, dans son livre, *Magnétisme et Hypnotisme*, publié en 1886, a un chapitre entier sous ce titre : *L'Hypnotisme et le Code*. En Italie, parut à Turin, en 1886, un ouvrage intitulé : *Le grand hypnotisme et la suggestion hypnotique dans ses rapports avec le droit pénal et civil*, par le docteur Jules Campili. Ah ! si Campili raisonnait aussi juste en philosophie qu'il s'efforce de proposer de bonnes lois pénales ! Conca parle aussi de cette question dans l'ouvrage que nous venons de citer ; il désire que le Code italien y pourvoie.

Il est certain, comme le prouvent beaucoup d'expériences, que le sujet hypnotisé peut rester tellement à la merci de l'hypnotisateur, même après l'expérience, que celui-ci pourrait abuser de lui avec l'entière certitude d'être obéi. Nous en avons donné des exemples plus haut, en divers endroits, notamment au § II du ch. I, où nous avons cité des cas d'empoisonnement par voie d'hypnotisme, qui poussèrent l'Académie médcinale de Paris, à former immédiatement une commission pour les étudier. C'était en 1887. Donato également fit un essai d'attentat criminel à Turin. Un peu plus haut, nous avons dit du docteur Richet qu'il imposa à un brave jeune homme de voler et qu'il obtint ce qu'il voulait, par simple expérience, bien entendu.

Tous ceux qui ont écrit sur ce sujet connaissent parfaitement le fait d'une très honnête enfant qui, pendant le sommeil magnétique, reçut l'ordre de s'armer d'un pistolet à tel jour et à telle heure et de le décharger en pleine poitrine sur sa mère qu'elle trouverait dans telle chambre. La pauvre petite au jour et à l'heure indiqués, exécuta ces ordres de tous points. Il est superflu d'ajouter que la mère était avertie et le pistolet déchargé.

A un jeune homme dans le somnambulisme magnétique, le professeur Liégeois présenta un paquet de poudre blanche, en lui disant que c'était de l'arsenic. Il lui commanda, à peine retourné chez lui, de mettre l'arsenic dans un verre d'eau et de le présenter à sa tante pour l'empoisonner. La tante avertie par le professeur, vit son neveu accomplir la tentative et écrivit le soir même un billet, pour avertir l'audacieux expérimentateur du plein succès de son expérience (1).

Le même Liégeois cite des essais parfaitement réussis où l'on fit souscrire des obligations de dettes imaginaires; où l'on persuada de faire des dénonciations calomnieuses à un hypnotisé qui, après son réveil les croyait vraies et les portait à la police sans se douter qu'il rendait un faux témoignage (2).

Par un curieux hasard, au moment où nous traçons ces lignes, nos yeux tombent sur le passage suivant du *Giorno* de Florence : « On télégraphie
« de Rome à *l'Italia :* le procureur du Roi deman-
« dera l'autorisation de procéder contre le député
« Catello Fusco, professeur à Naples, parce qu'il
« a extorqué au moyen de l'hypnotisme, à l'ex-clerc
« Paolo Conti, l'aveu écrit d'une fraude imagi-

---

(1) Cullerre. *Magnétisme* et *Hypnotisme*, p. 362.
(2) Ibid. Voir les détails. 349, sqq.

« naire, et l'a présenté au tribunal comme un docu-
« ment. »

Ces faits et d'autres semblables, tous récents et connus des médecins et des magistrats, sont racontés par les docteurs Cullerre et Crescenzo Conca. Ils doivent faire réfléchir passablement tous ceux qui remettent leur liberté personnelle entre les mains d'un magnétiseur.

Le jour ne nous paraît pas éloigné où l'on se trouvera en danger de commettre des crimes imposés hypnotiquement. Cullerre avoue la possibilité d'abuser de l'hypnotisme, mais il cherche à montrer que le péril en est très éloigné et il s'efforce de l'atténuer : car personne, dit-il, personne ne peut être hypnotisé malgré lui. C'est le refrain ordinaire chanté par Braid et par d'autres et répété par Donato ; mais c'est une erreur. Le docteur Cullerre lui-même rapporte, quelques pages plus haut, le cas d'une petite fille hypnotisée par surprise soudaine, au grand détriment de son honneur ; nous rapporterons plusieurs faits de semblables surprises au chapitre IV, § 1. Il observe, en outre, que les scélérats sont des hommes vulgaires et qu'ils recourront difficilement à l'hypnotisme pour s'en faire un instrument de délit. Cependant il en cite plusieurs cas : une dame, outragée par son médecin est devenue folle de honte, lorsque après le somnambulisme elle eut connu l'attentat ; une jeune fille qui s'aperçut de son déshonneur dans un second accès de somnambulisme, et d'autres semblables. Nous pourrions ajouter d'autres délits *hypnotiques* qui ont été récemment déférés aux tribunaux et ont fait le tour des journaux de Suisse, d'Italie et de France. Nous en connaissons également qui nous ont été rapportés par un docteur. Mais en voilà assez, comme spécimens.

Sur la base de ces faits incontestables et publics

que nous pourrions multiplier à l'infini, nous établirons nos raisonnements sur les causes et la moralité des phénomènes hypnotiques. Mais auparavant, il convient que nous élargissions cette base en rapportant d'autres faits plus extraordinaires encore et plus haut placés dans le genre hypnotique.

§ VIII

Faits de suggestion qui modifient les idées dans le sujet

Outre les suggestions que les hypnotistes appellent *inhibitoires* et qui empêchent de distinguer une couleur, de voir un objet présent, il y a la prohibition faite à l'esprit de l'hypnotisé de se rappeler telle personne ou telle chose; il perd la mémoire d'une personne ou d'une chose connue ; c'est ce que les médecins appellent *amnésie* et que nous pourrions appeler démémoration. « Notre
« ami Charles Féré, raconte le docteur Richer,
« s'était choisi lui-même comme objet de l'hallu-
« cination inhibitoire imposée à une de nos ma-
« lades. Quand elle se réveilla, le docteur Féré
« n'existait plus pour elle. Cette hallucination per-
« sista : car on n'avait rien fait pour la détruire.
« Les jours suivants Féré était pour elle un in-
« connu : elle ne savait pourquoi il était présent
« et pourquoi il se comportait comme son méde-
« cin. Nous nous aperçûmes que non-seulement
« l'image sensitive était supprimée, mais que la
« suggestion avait eu une espèce d'effet rétroactif,
« en effaçant de la mémoire de la malade tout ce
« qui de près ou de loin se rapportait à Féré. Au
« commencement du sixième jour, l'hallucination

« négative durait dans toute son intensité. Nous
« eûmes bien du mal à la faire disparaître. Il fallut
« insister beaucoup et réduire la malade à l'état de
« somnambulisme pour réveiller en elle le souve-
« nir de notre ami et lui ramener la mémoire nor-
« male (1). »

Le professeur contemporain Liégeois, que nous
avons cité plusieurs fois, rapporte des expériences
d'anmésies incroyables imposées par le magnétiseur Hansen qui fit le tour de l'Allemagne hypnotisant en public, comme Donato. Hansen faisait
oublier au patient son nom, sa famille, son âge,
son domicile. Liégeois lui-même raconte d'une
dame que, se trouvant en état de somnambulisme,
elle ne se souvenait plus de rien, elle ne savait si
elle était vivante ou morte, homme ou femme,
mariée ou non, mère de famille ou sans enfants.
Et à chaque question elle répondait: « Je ne sais
trop (2). »

De même qu'on enlève à l'esprit les idées des
choses passées, de même l'hypnotisateur peut
imposer des idées qui d'abord n'existaient pas. Telles sont par exemple les hallucinations qu'on rencontre souvent chez les insensés : ils se croient
transformés en personnes différentes de ce qu'ils
sont réellement, et même en oiseaux, en chiens,
etc., etc. On voit communément dans les séances
magnétiques les sujets s'imaginer, par la suggestion
reçue, être un bambin, un vieillard, une dame ou,
d'une façon précise, devenir Dante, Napoléon Ier,
Victor Alfieri, etc., et jouer le rôle de ces personnages imaginaires. Mais la plupart du temps ils ne
réussissent qu'à produire une caricature comme
l'observe le docteur Morselli (3). Et il ne pourrait

---

(1) Richer. *La Grande Hystérie*, p. 726.
(2) Cullerre. *Magnétisme et Hypnotisme*. Paris, 1886, p. 207.
(3) Morselli. *Il Magnetismo e la Fascinazione di Donato*, (dans la *Gazzetta lett., artist., scientif.*, de Turin, 1er mai 1886).

en être autrement, si l'hypnotisé doit mettre en œuvre ses propres réminiscences pour représenter le nouveau personnage qu'il croit être devenu.

Il y a cependant des cas où l'on distingue visiblement une introduction d'idées dans l'esprit du sujet. Le docteur Charles Richet rapporte dans tous leurs détails cinq métamorphoses imposées à une dame respectable, mère de famille, et de sentiments religieux.

Entrée dans le sommeil magnétique, elle reçoit l'ordre d'être une *paysanne*. La dame fait et dit tout ce qui convient à une paysanne : elle se lève, elle trait une vache, elle chasse loin d'elle un importun.

On lui impose de devenir une *actrice*. La voilà riante et flatteuse, qui fait des mines à un damoiseau, lui exprime des idées impudentes et l'invite à une entrevue à heure fixe. Le magnétiseur lui ordonne de se changer en *général*. Elle est sur le champ de bataille, elle commande l'attaque, elle gourmande un officier qui exécute de faux mouvements, elle finit par ceindre promptement l'épée et par courir à la mêlée où elle est blessée. Peu après, elle est changée par le magnétiseur en *prêtre*. Elle s'imagine être l'Archevêque de Paris, elle écrit une lettre pastorale, elle reçoit son Vicaire général, elle va à la Cathédrale, elle bénit à droite et à gauche, elle fait une visite au Président de la République, elle parle en Archevêque. A la fin la voilà devenue *religieuse*. Elle se compose, elle prie, elle va soigner un soldat malade à l'hôpital, elle s'entretient avec lui d'une façon correspondante au service qu'elle lui rend. Et tout cela avec une telle exactitude d'actes et d'idées dans les paroles, avec tant de spontanéité et d'abondance, qu'il est impossible de supposer que la dame hypnotisée agisse avec les seules réminiscences de cas semblables. C'est une création de personnages qui accuse un amas d'idées reçues. Or, de qui les a-t-elle reçues? Du magnétiseur? d'un autre? Nous en parlerons en son lieu.

Nous citerons ici le texte tout entier de Paul Richet, op. cit., p. 728 et seqq., pour que le lecteur juge si une femme peut, au moyen de vagues conjectures, exécuter une pareille scène. « M. Ch.
« Richet en a cité (des personnalités nouvelles
« suggérées) de bien curieux exemples qu'il dis-
« tingue sous le nom d'*objectivations des types*,
« parce que le sujet, au lieu de concevoir un type
« comme chacun peut le faire, le réalise et l'objec-
« tive. Ce n'est plus seulement à la façon de l'hallu-
« ciné qui assiste en spectateur à des images se dé-
« roulant devant lui ; c'est comme un acteur qui,
« pris de folie, s'imaginerait que le drame qu'il
« joue est une réalité, non une fiction, et qu'il
« a été transformé de corps et d'âme dans le person-
« nage qu'il est chargé de jouer. Voici quelques
« exemples de ces *objectivations*.

« Sous l'influence de la suggestion verbale, un
« de ses sujets, madame A... subit les métamor-
« phoses suivantes :

« *En paysanne.* — (Elle se frotte les yeux, s'é-
« tire.) Quelle heure est-il ? Quatre heures du ma-
« tin. (Elle marche comme si elle faisait traîner
« ses sabots.)

« Voyons, il faut que je me lève ! Allons à l'éta-
« ble. Hue ! la rousse ! allons, tourne-toi... (Elle
« fait semblant de traire une vache.) Laisse-moi
« tranquille, Gros-Jean. Voyons, Gros-Jean, laisse-
« moi tranquille, que je te dis ! Quand j'aurai fini
« mon ouvrage... Tu sais bien que je n'ai pas
« fini mon ouvrage. Ah ! oui, oui ! plus tard... »

« *En actrice.* — (Sa figure prend un aspect sou-
« riant, au lieu de l'air dur et ennuyé qu'elle

« avait tout à l'heure.)—«Vous voyez bien ma jupe.
« Eh bien ! c'est mon directeur qui l'a faite ral-
« longer. Ils sont assommants ces directeurs.
« Moi... (Ici quatre lignes dignes d'une courti-
« sane, impossibles dans la bouche d'une hon-
« nête femme comme Madame A...; puis elle
« continue :) « Dis donc, mon petit ! (Elle se met
« à rire.) Tu es bien timide avec les femmes ; tu as
« tort. Viens donc me voir quelquefois. Tu sais,
« à trois heures, je suis toujours chez moi tous
« les jours. Viens donc me faire une petite vi-
« site et apporte-moi quelque chose.»

En général. — « Passez-moi ma longue vue.
« C'est bien ! c'est bien ! Où est le commandant du
« premier zouave ? Il y a là des Kroumirs ! Je les
« vois qui montent le ravin...Commandant, prenez
« une compagnie et chargez-moi ces gens-là. Qu'on
« prenne une batterie de campagne... Ils sont
« bons, ces zouaves ! Comme ils grimpent bien.
« Qu'est-ce que vous me voulez, vous?...Comment
« pas d'ordre ? *(A part.)* C'est un mauvais officier
« celui-là. Il ne sait rien faire. — Vous, venez... à
« gauche. Allez vite. *(A part.)* Celui-là vaut
« mieux... Ce n'est pas encore tout à fait bien...
« *(Haut.)* Voyons, mon cheval, mon épée ! (Elle
« fait le geste de boucler son épée à sa ceinture.)
« Avançons ! Ah ! je suis blessé ! »

« *En prêtre.* —(Elle s'imagine être l'Archevêque
« de Paris : sa figure prend un aspect très sérieux.
« Sa voix est d'une douceur mielleuse et traînante,
« qui contraste avec le ton rude et cassant qu'elle
« avait dans l'objectivation précédente.) *(A part.)*
« Il faut pourtant que j'achève mon mandement.
« (Elle se prend la tête entre ses mains et réflé-
« chit.) *(Haut.)* « Ah ! c'est vous, monsieur le
« grand vicaire ; que me voulez-vous ? Je ne vou-
« drais pas être dérangé... Oui, c'est aujourd'hui

« le premier janvier et il faut aller à la cathédrale...
« Toute cette foule est bien respectueuse, n'est-ce
« pas, Monsieur le grand vicaire ? Il y a beaucoup
« de religion dans le peuple, quoi qu'on fasse.
« Ah ! un enfant ! qu'il approche, je vais le bénir.
« Bien, mon enfant... (Elle lui donne sa bague
« (imaginaire) à baiser. Pendant toute la scène,
« avec la main droite elle fait à droite et à gauche
« des gestes de bénédiction...) Maintenant, j'ai
« une corvée : il faut que j'aille présenter mes
« hommages au président de la République...
« Monsieur le président, je viens vous offrir tous
« mes vœux. L'Église espère que vous vivrez de
« longues années ; elle sait qu'elle n'a rien à
« craindre, malgré de cruelles attaques, tant qu'à
« la tête du gouvernement de la République se
« trouve un parfait honnête homme. » (Elle se
« tait et semble écouter avec attention *(A part.)*
« Oui, de l'eau bénite de cour. Enfin ! prions ! »
« (Elle s'agenouille.)

« *En religieuse*. — (Elle se met aussitôt à ge-
« noux et commence à réciter ses prières en fai-
« sant force signes de croix, puis elle se relève.) Al-
« lons à l'hôpital. Il y a un blessé dans cette salle.
« Eh bien ! mon ami, n'est-ce pas que cela va
« mieux ce matin ? Voyons ! laissez-moi défaire
« votre bandage. (Elle fait le geste de dérouler
« une bande.) Je vais avec beaucoup de dou-
« ceur ; n'est-il pas vrai que cela vous soulage ?
« Voyons, mon pauvre ami, ayez autant de courage
« devant la douleur que devant l'ennemi.»

« Cet exemple suffit pour montrer comment
« s'opère cette transformation absolue de la per-
« sonnalité dans tel ou tel type imaginaire. Ce
« n'est pas un simple rêve. C'est un *rêve vécu*, sui-
« vant l'expression de M. Ch. Richet.»

En attendant, remarquons que semblables phénomènes ne sont pas rares. Lombroso en rapporte d'autres (1). Bernheim également en raconte qu'il a imposés lui-même à ses hypnotisés. Par exemple, il commanda à quelqu'un: « Vous êtes un di-« gne et saint curé. Celui-ci prit aussitôt un air « mystique, fit le signe de la croix et commença « une lecture pieuse. Il lui dit: Vous êtes un chien. « Le prétendu curé tomba à quatre pattes et se mit « à aboyer. » Le docteur Charles Richet, que nous avons cité un peu plus haut, raconte beaucoup d'autres faits de ce genre; on peut les voir dans Cullerre et dans l'ouvrage du docteur Crescenzo Conca, cité par nous plusieurs fois (2).

§ IX

Faits de suggestion purement mentale

Nous résumons ici quelques cas arrivés à Rome en présence de centaines de spectateurs, sous les yeux de médecins et de savants et rapportés par le docteur Battandier. Tous sont très récents, comme les précédents (3). Nous commençons par dire que l'hypnotiseur Zanardelli, dont nous avons fait mention, endort son sujet, sa femme Emma, jusqu'à la catalepsie et le somnambulisme: et, ce que ne font pas communément tous ses pareils, il obtient des faits hypnotiques par commandement mental. De plus les assistants peuvent, par des ordres semblables, obtenir de semblables

---

(1) Lombroso Ces. *Studii sull' Ipnotismo*, Turin, 1886, p. 1-11.
(2) Cullerre. *Magnétisme et Hypnotisme*, p. 203. Conca. *Isterismo ed Ipnotismo*, p. 159, sqq.
(3) Doct. *Battandier*, dans une correspondance de Rome au *Cosmos* de Paris, 7 juin 1886.

effets en se mettant en communication avec elle par un simple contact ou en communiquant avec le magnétiseur qui est en relation habituelle avec la somnambule. Nous avons déjà dit la manière dont il hypnotise, tout à fait comme Donato : pression sur les mains et regard fixe.

La transmission de l'ordre mental exige que celui qui le donne pense fortement ce qu'il veut faire exécuter et que cette volonté énergique persiste jusqu'à la fin de l'exécution. Si celui-ci ne communique pas directement avec la somnambule et se sert de l'intervention du magnétiseur, il faut qu'il exprime clairement à celui-ci de vive voix son désir. Le magnétiseur le prend par la main et d'un regard fixe il unit (dit-il) sa pensée à la sienne et ainsi le commandement peut se transmettre mentalement à la femme avec laquelle il est en continuelle communication magnétique. Venons-en aux expériences.

Un spectateur presse de la main son mouchoir et ordonne mentalement à la somnambule d'y sentir un parfum déterminé, qui peut y être ou n'y être pas. On met le mouchoir aux mains de la somnambule ; celle-ci le flaire et annonce l'odeur qu'elle y perçoit et qui est justement celle qu'on voulait.

Un autre spectateur imagine une scène et aussitôt la somnambule la décrit, bien qu'imparfaitement. Mais elle ne laisse aucun doute qu'elle voit réellement la scène requise.

Un autre veut qu'Emma imagine se promener dans un pré et y rencontrer un gros serpent qui menace de l'envelopper dans ses replis. Aussitôt elle semble le voir, car elle se retire, elle serre ses jupons contre sa personne, elle cherche à monter sur les sièges et les signes de sa terreur sont si vrais que le spectateur abrège l'épreuve en imaginant que le serpent s'enfuit à la hâte. Immédiatement la physionomie de la somnambule se rassérène, la joie de la délivrance se peint sur son visage.

D'autres lui imposent, toujours mentalement, de passer de gauche à droite son bracelet, de changer de siège, de faire trois tours autour de sa chaise, de prendre un mouchoir de la poche d'un spectateur, d'éteindre certaines chandelles. Tout est exécuté exactement. Quelqu'un lui ordonne de rester entièrement immobile. Au grand étonnement de l'auditoire, elle s'arrête tout court ; on commence à soupçonner qu'elle se trouve impuissante à exécuter l'ordre reçu, quand celui qui l'a donné déclare que c'est bien cette attitude qu'il a intimée et rien d'autre.

Elle arrive très heureusement à décrire dans tous les détails les objets que les spectateurs ont sur eux, dans leurs poches. Même dans le cas où vous vous imaginez avoir ce que vous n'avez pas, elle décrira ponctuellement l'objet que vous imaginez. Par contre, elle ne découvre pas ce que vous avez par hasard sur vous, mais dont vous ne vous souvenez pas.

Pareillement, elle vous dira l'heure que marque votre montre quand même vous auriez changé adroitement l'heure exacte. Mais pour cela il faut que vous sachiez sur quelle heure vous avez arrêté l'aiguille. Si vous renversez cette montre sur la paume de la main et que, sans en voir le cadran, vous changez au hasard avec la clef ou le remontoir les aiguilles, alors elle n'arrive pas à y rien comprendre.

Ce phénomène d'ignorance, le magnétiseur l'explique en disant que cette dame lit dans l'imagination du demandeur et non dans l'objet lui-même objectivement. Voilà pourquoi elle ignore ce que vous n'imaginez pas. Tel est le rapport du docteur Battandier, qui expose des cas observés par lui-même.

Braid au contraire affirme : « Quant à la préten-
« tion qu'ont certains opérateurs d'influer sur
« leurs sujets de près ou de loin par la seule vo-
« lonté, je puis affirmer, après une étude cons-
« ciencieuse de la question, sur la foi de mon
« expérience, que je n'ai jamais pu exercer la
« moindre influence sur les patients par la voie
« de la seule volonté (1). » Il avoue toutefois que les patients devenaient avec lui extrêmement subtils à comprendre tout clin d'œil, tout geste, toute parole et éprouvaient les sentiments qu'il leur ordonnait (2).

---

(1) Braid. *Neurypnologie*. Chapitre additionnel, p. 234. Il est à noter que ce chapitre fut écrit en 1860, c'est-à-dire après que Braid eut, pendant environ vingt ans, hypnotisé d'innombrables personnes.

(2) Le docteur Dusart avait magnétisé plusieurs fois une jeune fille hystérique, âgée de quatorze ans, et voulant constater l'influence de sa volonté sur la malade, il entre un jour chez elle, pendant qu'elle dormait, puis sans faire un geste et sans la regarder, il lui donne mentalement l'ordre de s'éveiller ; il est aussitôt obéi. A sa volonté, le délire et les cris commencent. Il s'assied devant le feu, le dos tourné à la malade et s'entretient avec des personnes de la maison, puis, sans prononcer une parole, il donne *l'ordre mental* du sommeil et celui-ci se produit. Plus de cent fois, le docteur Dusart renouvela cette expérience, avec le même succès. C'était toujours au moment de l'invasion du sommeil et par une vue particulière qu'elle avait conscience de la présence du docteur.

Chaque jour, avant de partir, le docteur donnait à sa malade l'ordre de dormir jusqu'au lendemain à une heure déterminée. Un jour, il était déjà à *700 mètres de la maison*, quand il s'aperçut qu'il avait oublié de prendre cette précaution. De sa place, il formula *mentalement* l'ordre de dormir jusqu'au lendemain à huit heures et continua son chemin.

Le lendemain, il arrive à sept heures et demie, la malade dormait : « Comment se fait-il que vous dormiez encore ? — Mais, Monsieur, je vous obéis. — « Vous vous trompez, je suis parti sans vous donner aucun ordre. — C'est « vrai, mais cinq minutes après, je vous ai entendu me dire de dormir jus- « qu'à huit heures. Or, il n'est pas encore huit heures. »

Le docteur renouvela l'expérience, et, à 7 kilomètres de distance, il donna l'ordre à sa malade de s'éveiller à une heure où, d'habitude, elle devait rester endormie. Son ordre fut ponctuellement exécuté.

(Méric. *Le Merveilleux et la Science. Etude sur l'Hypnotisme*, p. 170.)

(N. D. T.)

§ X

Faits de guérison par voie d'hypnotisme.

Presque tous les magnétistes ont prétendu, bien que de façon diverse, faire tourner leur art à la médication. Tels furent Mesmer, les deux Puiségur, Deslon, Foissac, Husson, etc., etc.; ils sont innombrables. Braid, dans son ouvrage principal intitulé *Neurypnologie*, rapporte un très grand nombre de guérisons obtenues par lui, spécialement dans les maladies nerveuses. Sa manière de les traiter consistait le plus souvent à commander au patient hypnotisé d'exécuter un mouvement qui, hors du sommeil magnétique, était empêché par l'affection morbide. Si le mouvement réussissait, le malade était guéri ou se trouvait mieux (1). Richer cependant après avoir décrit en 200 pages in-8° environ les nombreuses variétés de phénomènes hypnotiques provoqués et observés par lui, ne s'est jamais aperçu que la thérapeutique pût tirer parti de la suggestion pour guérir aucune maladie, spécialement les névropathies. Il dit : « Braid l'affirme (que l'hypnotisme peut servir à « la thérapeutique) et rapporte un certain nombre « d'observations qui malheureusement ne s'ap- « puyent pas sur des bases assez solides pour « rendre entièrement inattaquable cette partie de « son ouvrage (2). » Richer ajoute que des auteurs modernes rapportent certaines tentatives de cures hypnotiques mais qu'il n'y a là que des

---

(1) Braid., op. cit., spécialement de la page 141 à la page 223.
(2) Richer. *La Grande Hystérie*, p. 794.

cas isolés dont on ne doit pas conclure à une règle ou à une méthode générale (1).

Qu'on observe que ce jugement était porté par Richer, à Paris, au centre des études hypnotiques, à l'hôpital de la Salpétrière, en 1885; et il connaissait sans doute ce que d'autres collègues avaient opéré et écrit sur cette matière. Sans parler des cures tant vantées par Du Potet et beaucoup d'autres, depuis le temps de Braid jusqu'à nous, il ne pouvait ignorer les guérisons opérées en ces dernières années, pendant qu'il écrivait son ouvrage, par Bernheim, Dumontpallier, Liébaut, Baréty, Bottey, Voisin, etc. On voit que Richer y croyait peu.

Quoi qu'il en soit, nous rapporterons quelques exemples de guérisons par voie d'hypnotisme, laissant le soin d'en juger aux lecteurs et spécialement aux médecins. Nous avons déjà reproduit (§ IV de l'avant-propos, §§ II et IV du chapitre I) les opinions et diverses pratiques de plusieurs médecins italiens : donnons-en quelques-unes de médecins étrangers. Le docteur Cullerre cite beaucoup de cas d'anesthésie hypnotique, durant laquelle on put faire sur les malades d'importantes opérations chirurgicales sans qu'ils sentissent aucune douleur. Il cite un particulier Esdaile, chirurgien des hôpitaux de Calcutta, qui exécuta plus de 600 opérations douloureuses, en se servant avec succès de l'anesthésie magnétique au lieu de chloroforme (2).

La méthode la plus usitée par les thérapeutes hypnotisateurs est d'imposer au malade pendant l'hypnose d'exécuter alors ou plus tard un mouvement ou un acte qui, à cause de la maladie, ne

---

(1) Richer, op. cit., page 795.
(2) Cullerre. *Magnétisme et Hypnotisme*. Paris, 1886, p. 323, sqq. Cet Esdaile était contemporain de Braid.

pourrait se faire naturellement. Donato, cet empirique qui n'est pas médecin, se vante également d'avoir guéri un jeune homme sujet « à de violentes et fréquentes attaques de nerfs. » Il ajoute : « M. Nizza de Turin, était malade par « l'abus du tabac, je lui imposai (tandis qu'il « était dans le sommeil magnétique, bien en- « tendu) de ne plus fumer. Voilà déjà quinze « jours qu'il refuse avec répugnance les cigares « qu'on lui offre. J'ai fait hier soir la même « expérience avec M. Fumagalli (1). »

Une jeune fille de 17 ans perd son père, elle en devient folle de douleur, elle est recueillie à l'hôpital de la Salpêtrière à Paris. On l'hypnotise quelques jours après, et, dans le sommeil magnétique, le docteur lui commande de ne plus se souvenir de son père et de ne plus en entendre la voix. On l'éveille, on lui demande si elle voit encore son père. « C'est curieux, dit-elle, je ne le vois plus. » Il ne fallut rien d'autre pour la guérir et depuis plusieurs mois la guérison persiste. Tel est le récit du docteur Ménard (2).

Il rapporte d'autres cas semblables au précédent. De fait, on rencontre beaucoup d'exemples de guérisons décrits par les journaux médicaux de ces dernières années. Mais ils ne parlent guère des graves dommages occasionnés à la santé et qu'ils devraient également raconter : ils surpassent les cas de guérisons. On peut lire, si on veut, une longue série de guérisons hypnotiques dans Conca, et certes ils méritent l'attention de quiconque veut traiter de l'hypnotisme scientifiquement et consciencieusement (3). On a fait dans ces dernières

---

(1) Donato. *Lettre de Milan*, 26 mai 1886, publiée par beaucoup de journaux.
(2) Docteur L. Ménard, dans le *Cosmos* de Paris, N° du 14 juin 1886.
(3) Doct. Cr. Conca. *Isterismo ed Ipnotismo*. Naples, 1888, p. 394 sqq.

années diverses tentatives concernant les maladies nerveuses, comme la chorée ou la danse de Saint-Guy. On tenta même de changer le naturel pervers d'une femme portée au vol qui avait été transférée comme folle, de la prison à l'hôpital de la Salpétrière. Le docteur A. Voisin qui la soigna, dans une communication à la société médico-psychologique, raconta qu'il y réussit. On peut voir les détails dans Cullerre (1). C'est une chose incroyable, mais de ces prétendues améliorations morales, plusieurs pédagogistes réunis en congrès à Nantes, déduisirent l'idée brutale d'employer l'hypnotisme comme instrument d'éducation en hypnotisant les enfants vicieux des deux sexes. On peut en lire le compte rendu détaillé dans le regretté docteur Constantin James qui s'en indigne et en parle en savant chrétien (2).

§ XI

Faits dits supérieurs

Outre les espèces de faits mentionnés plus haut, on rencontre d'autres faits communément appelés *supérieurs*, comme par exemple lire un écrit avec les doigts ou le coude, distinguer un objet couvert par un corps opaque ou les mots d'un livre fermé, connaître des faits qui arrivent à distance tout à fait hors de la sphère naturelle de la vision, deviner les pensées cachées des autres, indiquer leurs maladies avec leurs remèdes, prévoir l'avenir, etc. Voilà

---

(1) Doct. A. Cullerre., op. cit., p. 340 et seqq. Conca en parle également.
(2) Doct. Constantin James. *L'Hypnotisme expliqué*, etc. Paris, 1888, p. 31 : *Laïcisation du cerveau de l'enfant par l'Hypnotisme*.

tous phénomènes que promettaient d'opérer les magnétiseurs, ou, pour parler plus exactement, qu'ils promettaient d'obtenir de certains sujets magnétisés et d'autant mieux qu'ils seraient réduits à la catalepsie parfaite ou au somnambulisme lucide. Nous pourrions recueillir des montagnes de faits de ce genre dans les ouvrages écrits pour et contre le magnétisme depuis un siècle, c'est-à-dire depuis Mesmer jusqu'à nous. Les cas se multiplièrent démesurément alors qu'en 1848 apparurent les spirites qui se confondirent avec les magnétistes. La *Civiltà Cattolica* en a cité beaucoup d'exemples, surtout dans les années 1864-65-66.

Il est vrai que les hypnotistes contemporains semblent répudier les effets transcendantaux : ils les disent même vains, faux, impossibles ; ils affirment au contraire qu'ils produisent des faits purement humains et physiques. Il faut voir avec quelle pompe ils se moquent des faits prétendument merveilleux des anciens magnétistes. Comme ils s'échauffent à rejeter le surnaturel, tant le vrai que le faux et le démoniaque ! Tel est Donato dans toute son *Introduction à la Revue psycho-physiologique* ; tel encore le professeur Morselli, tel le docteur Richer, le docteur Gonzales, et en général les médecins et les autres savants qui traitent de l'hypnotisme.

Mais est-il bien vrai que les hypnotistes modernes et même les médecins ne se mêlent pas de faits supérieurs ? qu'ils ne cherchent aucun effet surpassant les forces physiques ? Si on a bien observé les faits que nous avons glanés dans l'histoire de ces dernières années, on pourra peut-être en douter et on en doutera encore plus quand nous aurons tout dit. En attendant, il ressort des livres récemment publiés que la divination, la transmission de la pensée sans signes extérieurs, la vue au travers des corps opaques, l'action des remèdes à distance, la transposition des sens, etc., sont admis comme des phénomènes démontrés par beaucoup d'hypnologues distingués et même par des matérialistes dont nous avons cité et dont nous citerons partiellement les opinions. Qu'il nous suffise de nommer comme témoins de ces phénomènes supérieurs, les docteurs Semmola, Cervello, Charles Richet, Luys, le jurisconsulte et docteur Campili, le professeur Zanardelli, le savant professeur israélite Lombroso qui en défendit l'existence à la pointe de l'épée, devant le congrès médical de Pavie de 1887.

De plus, nous savons positivement que d'autres magnétiseurs, mêlant ensemble les pratiques magnétiques, hypnotiques et spiritiques, obtiennent aussi des effets mêlés et parmi eux également les faits dits supérieurs, jugés impossibles par plusieurs expérimentateurs modernes d'hypnotisme. Pour prouver l'existence de ces phénomènes au temps où nous vivons, qu'il nous suffise de citer une lettre qui nous est adressée par un ami sérieux et instruit, en date du 21 mars 1886. Elle renferme entre autres certains phénomènes tellement extraordinaires que, même en les attribuant à l'esprit diabolique, on a peine à les admettre. Nous les discuterons en leur temps, mais nous n'aurons pas besoin de raisonner pour en établir l'existence. En attendant laissons parler notre ami.

« Monsieur le Directeur de la Revue *la Civiltà*
« *Cattolica*.

« Une personne de ma connaissance me
« racontait ces jours derniers des choses telle-
« ment étranges et prodigieuses sur les phé-
« nomènes du magnétisme appelé animal, que
« je ne pus y prêter entièrement foi. D'un autre
« côté, comme il me semblait que celui qui

« me racontait ces phénomènes, le faisait
« avec bonne foi et un certain fondement de
« vérité, car ce n'est pas une personne le moins
« du monde portée aux pratiques du magnétisme,
« j'ai pensé de m'adresser à vous. Par vos con-
« naissances profondes et étendues, vous êtes
« certainement au courant des phénomènes psy-
« chologiques qui se multiplient actuellement,
« des limites dans lesquelles on peut prêter foi aux
« faits produits et des explications qu'on en doit
« donner. Je vous prie donc de vouloir m'hono-
« rer d'une réponse, soit dans votre *Revue*, soit
« autrement, pour dissiper les doutes qui sont
« nés dans mon esprit et qui certainement pour-
« ront naître dans l'esprit de beaucoup de ceux
« qui observent ou entendent raconter des phé-
« nomènes magnétiques et citer les doctrines qui
« s'y rapportent. »

1º Clairvoyance magnétique

« La personne dont j'ai parlé me racontait donc
« qu'elle avait connu des médiums qui voyaient,
« entendaient et se servaient de tous les sens du
« corps d'une façon tout à fait différente des autres
« hommes, à tel point qu'on aurait pu leur attribuer
« un sixième sens qui embrassât tous les autres, qui
« eût une potentialité beaucoup supérieure à celle
« d'eux tous pris dans leur ensemble. Ainsi j'ai
« connu, me disait mon ami, des médiums qui
« voyaient des pays éloignés à des milliers de kilo-
« mètres mieux que nous ne voyons un coin de
« paysage placé à une distance de moins de 100
« mètres. Ils voyaient les personnes et les animaux
« qui s'y mouvaient, ils entendaient les discours qui
« s'y tenaient et y observaient tout ce qui peut
« tomber sous les sens.

2º Comment les médiums voient la pensée d'autrui

« Mon ami m'affirmait que lesdits médiums
« voient parfaitement la pensée des personnes
« qu'ils désirent connaître ; assistent à la formation
« et au développement de leurs idées et des actes
« de leur volonté et que cela se produit même
« quand la personne sujette à leur pouvoir se trouve
« distante à des milliers de kilomètres.

3º Comment les médiums peuvent agir sur l'esprit et sur le corps d'autrui

« Il me disait encore savoir avec certitude que
« les médiums non seulement peuvent assister au
« développement des actes de l'esprit, sans que
« ceux-ci puissent se soustraire à leur vue, sans
« qu'il soit possible de leur cacher une pensée quel-
« conque, fût-elle même liée par le sceau le plus
« sacré, mais qu'ils peuvent encore déterminer dans
« l'esprit de celui qui leur est soumis la formation
« des idées et des images qu'il leur plaît d'y former ;
« qu'ils peuvent lui faire reconstituer toutes ses
« pensées, toutes les imaginations qu'il a eues durant
« toute sa vie ; lui communiquer d'autres idées et
« d'autres images soit communes soit sublimes, déli-
« cieuses ou terribles ; qu'ils peuvent même opérer
« sur sa volonté, le déterminant à agir de la ma-
« nière qu'il leur plaît, qu'ils peuvent converser
« avec lui à d'énormes distances, par exemple à des
« milliers de kilomètres en imitant la voix de qui
« ils veulent ; qu'ils peuvent enfin agir sur le
« système nerveux et sanguin de façon à occa-
« sionner des fièvres et du délire, de graves ma-
« dies, la paralysie et la mort même instantanée.

4° *Comment les médiums peuvent communiquer leur miroir simultanément à une multitude de personnes*

« Mon ami ajoutait que les susdits médiums
« peuvent faire assister à la conversation magné-
« tique et au développement de toutes les actions
« magnétiques un nombre de personnes plus ou
« moins grand, à leur gré, et que, dans l'esprit des
« assistants, il se forme un miroir dans lequel ils
« voient tout ce que le médium veut qu'ils voient,
« tandis qu'ils entendent également tout ce qu'il
« veut leur faire entendre, de telle sorte que
« les pensées secrètes d'un homme peuvent être
« rendues évidentes à une multitude de person-
« nes.

« Je demandai à cette personne la manière de
« créer des médiums, mais elle me répondit qu'elle
« l'ignorait.

« Elle avait seulement observé que les médiums
« se trouvent en général dans un état spécial
« d'agitation nerveuse. Du reste, elle pouvait affir-
« mer avec certitude la vérité des phénomènes
« qu'elle me racontait, mais n'avait pu sonder ni
« leurs causes et la manière de les produire, ni les
« raisons psychico-physiques qu'on en donne.

« Je vous autorise, si vous le trouvez bon, à
« publier cette lettre dans le cas où vous croiriez
« devoir me répondre par la voie de votre revue.

Votre très obéissant serviteur,
  (*Suit la signature.*)

CHAPITRE II

DISCUSSION HISTORIQUE

§ I

L'hypnotisme n'est pas nouveau, car il a été préparé depuis plus d'un siècle.

Nous avons jusqu'ici préparé le sujet de notre discussion, en énumérant une série suffisante de cas hypnotiques, tous très récents, publics, indubitables et il nous semble que tout lecteur discret doit s'être formé une idée *historique* claire de l'hypnotisme moderne. Pour rappeler tout ce que nous avons dit en peu de mots, les faits racontés se ramènent :

1º A des phénomènes de sommeil provoqué artificiellement dans l'hypnotisé, sommeil qui peut arriver à la léthargie profonde.

2º A des phénomènes d'épilepsie et de catalepsie passagère dans lesquels le patient perd la sensibilité et le mouvement naturels, pour rester sensible et agile au seul commandement de l'hypnotisateur.

3° A des phénomènes de somnambulisme dans lequel les sens, l'imagination, les facultés mentales sont à la merci de l'hypnotisant. Celui-ci peut anéantir les forces du corps et de l'esprit temporairement ou les surexciter avec une vive énergie, ou les faire dévier avec de fausses sensations, des hallucinations, du délire et faire durer ces effets même après l'opération hypnotique.

4° Quelques-uns ajoutent les phénomènes dits *supérieurs* (pendant le somnambulisme hypnotique) : par exemple, connaître les pensées d'autrui, voir les choses cachées, deviner l'avenir, etc. D'autres hypnotistes nient que ces effets supérieurs appartiennent à l'hypnotisme.

Or, ces phénomènes, dans leur substance et dans leur ensemble, ne sont pas éclos d'hier, il n'ont été inventés ni par Hansen à Leipsick ou à Heidelberg, ni par Donato en France et en Italie, ni par les docteurs de la Salpétrière à Paris, ni par ceux de Breslau, ni par Hack Tuke en Angleterre, ni par Lombroso, Morselli, Mosso, etc., en Italie. Nous lisons des faits semblables dans les mémoires de Mesmer qui commença à magnétiser les Parisiens, avec une vogue incroyable en 1778. Les sujets assemblés autour de ses cuvettes ou dans la chambre des *crises* ressemblaient à un chœur de fous : c'étaient des bâillements, des tiraillements, des cris, des pleurs, des rires, des contorsions, des danses désordonnées, de la léthargie. Et cet enfer, Mesmer le dirigeait de sa baguette magique, de son regard, de ses demi-signes. Et pour que rien ne manquât à la ressemblance avec les scènes hypnotiques d'aujourd'hui, les magnétisés de Mesmer ne conservaient, apèrs la crise, aucun souvenir de ce qui était arrivé, sinon qu'ils restaient efficacement affectionnés et attirés à la personne du magnétiseur qui était presque un maître pour eux. Tout juste comme nous avons vu qu'il en était avec les hypnotisés de Donato, plus haut au chapitre I, § 1, Mesmer prétendait que ses sujets, durant la crise, connaissaient leurs maladies propres et celles des autres, se ressouvenaient de leur passé et prévoyaient l'avenir. En somme, l'hypnotisme moderne était déjà plus qu'ébauché il y a un siècle, il était même plus riche en phénomènes; c'est là de l'histoire bien connue.

A Mesmer succéda, dans le pontificat magnétique, son fervent disciple, le marquis de Puységur, qui, d'accord avec un de ses frères de sang et de magnétisme, mit de côté les cuvettes et employa des moyens plus simples pour magnétiser les hommes, les chiens, les plantes. A qui est due la découverte du somnambulisme *lucide*, c'est-à-dire la *claire-vue*. C'est un état propre à certains magnétisés, dans lequel le sujet devient très sensible et merveilleusement perspicace, jusqu'à comprendre et dévoiler des vérités qui hors de l'état magnétique, seraient pour lui tout à fait impénétrables. Une nouvelle enquête fut faite par le docteur Pétetin, à Lyon; il découvrit que certains magnétisés entrés en catalepsie, changeaient le siège de leurs sensations en lisant par exemple avec l'occiput, en entendant avec l'épigastre : ce phénomène fut appelé *transposition des sens*.

L'abbé Faria était déjà en 1815 un parfait hypnotiste comparable à ceux d'aujourd'hui. Il produisait le sommeil magnétique par un simple commandement énergique : « Dormez ! » C'était tout juste la *fascination* de Donato que nous avons décrite au chapitre I, § 1. Après avoir endormi ses sujets, il leur imposait toutes les épreuves qu'il voulait, d'excessive sensibilité ou d'excessive insensibilité, de goûts étranges et faux, et ainsi de suite, ni plus ni moins que nos charlatans Hansen et Donato, ni plus ni moins que nos médecins magnétiseurs. De plus, ce pauvre abbé magnétisait un verre d'eau et lui communiquait certaines vertus merveilleuses, ce que ne prétendent pas faire de nos jours les hypnotistes *corrects* et ce qu'ils laissent aux spirites les plus avancés (1).

La catalepsie et le somnambulisme magnétique étaient l'amusement ordinaire des magnétophiles, avec ce caractère mystérieux que le magnétisé devenait insensible à tout et à tous, excepté à la volonté du magnétiseur. On dit que le fameux Du Potet (magnétiste et ensuite spirite passionné) fut le premier à remarquer ce phénomène capital. Nous croyons cependant que d'autres l'avaient précédé de longtemps dans cette observation. En tout cas, l'ensemble complet des phénomènes hypnotiques modernes est ancien de près de soixante à soixante-dix ans. Qui aurait la fantaisie de parcourir la consciencieuse mais ennuyeuse *Histoire critique du magnétisme animal*, par Deleuze, y rencontrerait les phénomènes hypnotiques de notre époque, florissant déjà avant 1813, année où fut publié cet ouvrage (2).

Bien plus, le magnétisme brillait alors avec plus de splendeur encore que l'hypnotisme à notre époque. Il ne suffisait pas aux anciens ma-

(1) Le docteur Lefebvre, célèbre professeur à l'Université de Louvain, raconte pourtant un fait personnel tout à fait analogue, où il s'agit d'une guérison obtenue par lui au moyen de l'eau magnétisée. (Voir p. 46.)
(N. D. T.)

(2) Deleuze. *Histoire critique du magnétisme animal.* Paris, 1813, 2 vol. in-8. Figuier dans son *Histoire du Merveilleux*, écrite dans un mauvais esprit, t. III, p. 305, en cite une longue liste qui confirme notre assertion. Nous regardons cet ouvrage comme mauvais au point de vue historique, moral, religieux et esthétique.

gnétistes du léger bagage des faits contemporains, d'apparence purement physiologique ; ils ne se contentaient pas des perturbations des sens et des muscles, des hallucinations et des délires hypnotiques d'aujourd'hui. Mais chez eux c'était chose commune que la transposition des sens, dont nous avons parlé plus haut; la vertu de lire des livres fermés, de décrire le diagnostic de maladies internes même sans savoir une lettre de médecine et d'en prescrire les remèdes; ils prédisaient l'avenir et, pour eux, c'était un jeu de voir des choses lointaines et les pensées cachées des assistants. Tous ces prodiges qui maintenant portent le nom de faits *supérieurs* couraient alors les chemins ou du moins les assemblées magnétistes, sous les noms de *claire-vue*, sommeil lucide, extase magnétique (1).

On pourrait facilement composer un gros volume in-folio sur les phases parcourues par le magnétisme en ce siècle. Une foule de savants ont écrit là-dessus le pour et le contre : les faits, les doctrines, les jugements se sont accumulés. Pour ne pas sortir de notre cadre, observons que, dans les vingt premières années de ce siècle, les destinées du magnétisme paraissaient assurées, comme une nouvelle conquête du génie humain, beaucoup plus que ne semble l'être aujourd'hui la prise de possession opérée par l'hypnotisme. On lui avait accordé l'exercice médical public en Russie en 1815, et, deux ans après, en Suède, en Danemark, en Prusse. En France il n'était ni permis ni prohibé, mais les plus illustres savants en la matière en traitaient publiquement: Laplace, Cuvier, Arago, Récamier; de même qu'au siècle précédent il avait

(1) Tous ces phénomènes ont été résumés dans un article important par la *Civiltà Cattolica*, série V, vol. XI, pp. 180-181. Voir aussi Franco, *Idea chiaria dello Spiritismo*. Prato, 1885, pp. 15-16.

eu ses champions ou ses adversaires en Lavoisier, Laurent de Jussieu, Berthollet et le célèbre américain Benjamin Franklin.

Ce qui assura un triomphe plus complet aux fauteurs du magnétisme, ce fut l'intervention finale en 1831 de l'Académie de médecine de Paris qui délégua une commission de dix médecins pour connaître des faits magnétiques. Cette commission, dans son rapport, déclara avoir observé réellement le somnambulisme dans les sujets magnétisés et, durant cet état, l'anesthésie ou insensibilité, parfois l'hyperesthésie ou exaltation des sensations, toujours au commandement du magnétiseur. Ils citent le cas d'une personne lisant avec les yeux fermés, d'une autre prévoyant la marche de sa propre maladie. Une somnambule (dit la relation) indiqua les symptômes des maladies de trois personnes avec qui elle avait été mise en communication. On y lisait également un paragraphe qui disait beaucoup en peu de mots :

« On peut conclure avec certitude que cet état
« (le somnambulisme artificiel et magnétique)
« existe, quand il donne lieu au développement
« des facultés nouvelles désignées sous le nom
« de *claire-vue, intuition, prévision interne*, ou
« bien produit de sérieux changements dans
« l'état physiologique comme *l'insensibilité, un
« accroissement imprévu et notable de force mus-
« culaire*, et quand ces effets ne peuvent être at-
« tribués à une autre cause. » Telle est la relation signée par les dix commissaires, y compris le docteur Husson, rapporteur, qui donna son nom à cet acte fameux (1).

C'était une canonisation scientifique du magnétisme et de ses phénomènes transcendantaux que

---

(1) Le texte entier de la relation peut se voir dans *Figuier*, op. cit., tom. III, pp. 354 et sqq.

beaucoup regardaient comme diaboliques. Et en même temps se trouvait canonisé d'avance l'hypnotisme d'aujourd'hui, qui n'est rien d'autre que l'antique magnétisme dépouillé de la niaiserie des phénomènes transcendantaux. La joie des magnétophiles fut immense, mais bien peu dura leur triomphe. Les adversaires remarquèrent que l'Académie n'avait pas approuvé ni même discuté la relation d'Husson. Ce qui fut pire encore, c'est que d'autres commissions et d'autres rapports obscurcirent ensuite et anéantirent les faits transcendantaux acceptés par la commission de 1831. Enfin l'Académie décida de devoir s'abstenir désormais de tout examen ultérieur des phénomènes magnétiques. C'était publier hautement que la docte société n'y avait rien découvert de réel, qui fût digne de l'étude des savants. Ainsi était anathématisé ce qui d'abord avait été canonisé. Ceci arriva en 1840.

Toutefois l'anathème de la fameuse Académie ne découragea pas tous les sectateurs du magnétisme. On peut dire que vers ce temps-là le courant magnétique se divisa en deux grandes branches que nous distinguerions volontiers en celle des *thaumaturges* et celle des *physiologues.* Un mot de chacune de ces sectes.

§ II

L'hypnotisme n'est pas nouveau, parce qu'il était pleinement formé en 1843

Les magnétistes que nous appelons thaumaturges, furent ceux qui, suivant les traces de leurs prédécesseurs, continuèrent à provoquer les phénomènes de claire-voyance, de lucidité, de prophétie, etc... Pour leur malheur, il leur vint en ce temps-là un renfort d'Amérique, dans les *Writing mediums* et les *Speaking mediums*, dans les tables tournantes, les crayons écrivant tout seuls et le trésor très varié des phénomènes spirites. Et ainsi les folies européennes renforcées des folies américaines s'accrurent jusqu'au paroxysme d'une commune frénésie. Le magnétisme thaumaturge fraternisa avec le spiritisme qui sentait encore plus le merveilleux ; il se fondit et se confondit avec lui, comme deux branches de charme qui, issues de la même tige, s'embrassent plus haut et se soudent ensemble. La vie du magnéto-spiritisme n'éprouva plus de défaillance, il prospère encore de nos jours, par des expériences devenues fréquentes (quoi qu'en disent les matérialistes et les simples qui vivent dans la lune), d'apparitions d'esprits ou fantômes, ce qui dans le jargon spiritique s'appelle *matérialisation* des esprits. Les magnéto-spirites, tout en se défendant de former une Église, ont leurs dogmes propres, leur morale propre, leur culte propre et ils promettent modestement de substituer leur religion à toutes les religions de l'univers.

En présence d'une aussi vaste matière, en partie physiologique, en partie religieuse, les hommes instruits et consciencieux ne pouvaient manquer de sentir se rallumer leur zèle pour l'étude du magnétisme thaumaturge. On croirait à peine le nombre des écrivains qui entrèrent en lice, comme nous avons déjà dit qu'il était arrivé au commencement du xixe siècle. Nous pourrions en citer des centaines. Citons seulement la *Civiltà Cattolica* qui, depuis 1856 jusqu'aujourd'hui, ne s'est jamais tue sur ce grand péril social et a soumis à l'examen les faits, en nommant les principaux défenseurs et les plus illustres adversaires des pratiques magnéto-spiritiques (1). Ajoutons que, de nos jours, aucun docteur en théologie morale n'a omis d'avertir ses lecteurs sur les graves dangers dont nous menace le magnétisme spirituel.

Les Evêques en ont parlé avec plus d'autorité encore, dans leur sollicitude pour la pureté du dogme chrétien et de la sainteté des mœurs. Finalement le Saint-Siège, après un certain délai pour connaître à fond la question, prononça la condamnation du magnétisme en déclarant que l'usage des moyens physiques pour une fin honnête n'est pas coupable, mais que, au contraire, l'usage des moyens physiques pour une fin surnaturelle est une erreur illicite et hérétique. Cette sentence fut prononcée en 1847. Une autre en 1856 envisage plus spécialement le spiritisme, ajouté aux phénomènes magnétiques.

Ces condamnations prononcées par la suprême autorité ecclésiastique auraient mis fin à l'usage du magnétisme, si tous les hommes avaient du bon sens. Mais le nombre des fous est infini. Et outre les fous vulgaires, il y a les fous savants. Parmi ceux-ci se rangent un grand nombre des magnétistes que nous avons appelés *physiologues*.

Les magnétistes physiologues, à la différence des thaumaturges, professent de maintenir leurs expériences dans les limites des forces de la nature. En 1840, quand l'Académie médicale de Paris anathématisa le magnétisme alors en vogue, les

---

(1) Voyez la *Civiltà Cattolica*, série III, vol. IV, V, VIII. Et encore le long traité : *Le Spiritisme dans le monde moderne*, série V, vol. XI et la suite. Il y a environ 300 pages. De même le récit intitulé : *Gli Spiriti delle Tenebre*, par Franco, où sous une forme agréable, on discute les points historiques, philosophiques et religieux du spiritisme. Egalement les articles parus plus récemment à l'occasion des séances spirites de Vienne. Ce travail a été imprimé à part sous ce titre : *Franco, Idea chiara dello Spiritismo*, Prato, 1885. *Gli Spiriti...* outre l'édition de Prato, ont été réédités, à Milan, avec de nombreuses gravures ; une traduction espagnole illustrée est sous presse à Barcelone.

médecins français s'en retirèrent et pendant plusieurs années laissèrent le champ libre aux magnétistes désireux de claires-vues, de sommeils lucides et d'autres phénomènes merveilleux de ce genre. Mais au temps même où le magnétisme se discréditait en France, surgissait à Manchester en Angleterre, le restaurateur, le vrai fondateur du magnétisme physiologique moderne, dit hypnotisme. Nous l'avons déjà nommé plus d'une fois, mais ici il convient d'en parler d'une façon spéciale.

Le docteur James Braid, savant dans son art, plein de probité, de conscience, de religion, publia ses expériences dans un ouvrage intitulé : *Neurypnologie, traité du sommeil nerveux ou Hypnotisme.* Il y raconte simplement ses expériences, les moyens pratiques de produire le somnambulisme magnétique, les phénomènes physiologiques qui le suivent. Dans ceux-ci, rien qui surpasse en apparence les forces de la nature ; l'auteur proteste qu'il n'a rien su obtenir avec sa seule volonté ni avec le fluide électrique dont il nie l'existence. Il prétend qu'il a tout opéré avec des moyens physiques, que les effets sont purement physiologiques, et le traitement médical également.

Tel est le magnétisme que Braid appela Hypnotisme et qui s'est perpétué depuis 1843 jusqu'à nos jours. Il est maintenu en vie, non par les magnétistes, mais par les médecins dans les cliniques et par quelques charlatans sur les tréteaux des théâtres. Dans les expériences de Braid, nous trouvons la production du sommeil magnétique ou hypnotique (1), excepté avec les réfractaires (2) ; il produisait la catalepsie artificielle et, pendant celle-ci, l'anesthésie et l'hyperestésie de l'ouïe, de

---

(1) Braid. *Neurypnologie*. Trad. française de Simon, édit. citée, passim et spécialement le chapitre des *Expériences* et dans la 2ᵉ partie.
(2) Ibid, p. 117.

l'odorat, etc., et ce qui est plus significatif, l'anesthésie de bruits très forts et l'hyperesthésie de bruits très faibles (1); il *suggérait* aux patients pendant le somnambulisme divers actes qui étaient immédiatement exécutés (2). En somme, l'hypnotisme, dépouillé de phénomènes apparemment inexplicables, sortit des mains de Braid complet et parfaitement équipé pour la lutte, comme Minerve du cerveau de Jupiter brandissant sa lance.

Deux autres savants anglais faisaient écho aux expériences de Braid sans prétendre à des phénomènes extraordinaires. C'étaient le docteur Elliotson et le docteur Esdaile. Le premier fonda d'un coup un hôpital magnétique et Braid en parle favorablement (3). Le docteur James Esdaile hypnotisait rondement les malades de l'hôpital de Calcutta et publia ensuite les résultats de centaines de guérisons (4).

En France, au contraire, et partout ailleurs en Europe, on pensa très peu et rarement au magnétisme que les savants laissaient volontiers à l'amusement des charlatans. Ce qui y contribuait encore, c'était la sentence péremptoire de l'Académie de Paris, ainsi qu'une certaine horreur de l'atmosphère de spiritualisme, dont semblait imprégné le magnétisme, et qui offensait les savants plutôt portés au positivisme et au matérialisme. Mais ce qui le discrédita beaucoup plus encore près des âmes religieuses, ce fut le cri jeté par la presse catholique qui démontra par des arguments irréfutables que certains phénomènes du magnétisme animal, en les supposant

---

(1) Ibid, p. 113.
(2) Ibid, p. 168, etc.
(3) Braid, op. cit, p. 89.
(4) James Esdaile. *Natural and Mesmeric clairvoyance, etc.,* c'est-à-dire *de la clairvoyance naturelle et mesmérique* avec l'application du Mesmérisme à la pratique de la Chirurgie et de la Médecine. Londres, 1852.

vrais, ne pouvaient se soustraire à une influence diabolique quelconque, et en tout cas devenaient toujours ou immoraux ou dangereux. Et par dessus tout, ce qui réussit à éloigner du magnétisme les personnes sages, ce fut l'attitude hostile et ferme que montrèrent l'épiscopat et le Saint-Siège.

Mais la semence jetée par Braid ne pouvait manquer de germer dans un terrain aussi ouvert aux nouveautés que la France. Après être restée un certain temps ensevelie, elle germa même après coup avec plus de fécondité. On parla avec honneur de l'hypnotisme dans l'estimable *Dictionnaire médical de Nysten*, en 1885. Deux ans plus tard, le professeur Azam, à Bordeaux, et le docteur Guérineau à Poitiers, en firent quelques timides applications dans leurs cliniques. Bientôt s'accrut la faveur accordée aux études hypnotiques. Il y eut les écrits des docteurs Demarquay et Gérard-Teulon en 1860 (1); ceux de Gigot-Suard (2). Nous ne disons rien de ceux de Lasègue, de Mesnet en 1865, de Liébaut, de Bernheim, de Liégeois, qui préludèrent aux études solennelles de Charcot.

En 1878, ce fut une véritable fureur hypnotique. Le professeur Charcot, membre de l'Institut de France, professeur de clinique pour les maladies nerveuses à l'hôpital de la Salpétrière, entouré de ses disciples et admirateurs, Richer, Regnard, Bourneville et autres, ouvrit ses expériences braidesques sur les malheureuses hystériques dont abondait son *service*, c'est-à-dire la clientèle de sa clinique. Il est superflu de rappeler que depuis lors, la moisson des phénomènes hypnotiques fut abondante en Europe ; les mémoires, les livres,

---

(1) Demarquay et Gérard-Teulon. *Recherches sur l'Hypnotisme ou sommeil nerveux.* Paris, 1860.

(2) Gigot-Suard. *Les Mystères du magnétisme animal, la magie dévoilés, ou la vérité démontrée par l'Hpnotisme.* Paris, 1860.

les journaux médicaux en assourdirent le monde. L'Angleterre et l'Italie y contribuèrent pour leur part et plus encore l'Allemagne où faisaient fureur les assemblées publiques de l'hypnotiste Hansen. Celui-ci agitait l'Allemagne au temps où Donato parcourait les théâtres de France avant de descendre en Italie.

Pour en revenir à Charcot, nous avons sous nos yeux la Revue scientifique *La Nature*, qui nous le représente par le texte et par les gravures en train d'hypnotiser ses hystériques (1). Ses leçons sont devenues un spectacle et un passe-temps pour le public parisien. Or, en comparant les phénomènes produits dans la clinique du docteur Charcot avec les phénomènes braidiques, il est clair qu'ils correspondent entre eux parfaitement; excepté que les phénomènes modernes sont plus clairs, plus expressifs, plus complets (2). Outre la ressemblance des phénomènes, nous avons l'aveu de Richer, disciple et continuateur de l'œuvre de Charcot. Il affirme que, « grâce aux travaux récents, la « lumière est faite; justice a été rendue au docteur « de Manchester et l'étude de l'hypnotisme est « définitivement entrée dans la science... Nous « avons en somme peu ajouté, dans la découverte « des faits, à ce qu'avait observé Braid il y a plus « de quarante ans (3). » En un mot, Braid revit dans Charcot et dans son école, dans Dumontpallier, Féré, Voisin, Richet, Richer, Chambard, Baréty, Bottey, Binet, Tamburini, Seppili, Mosso, Lombroso, Tebaldi, Morselli, Buccola, Berti, De Giovanni, De Renzi, Salama, Salvioli, Dal Pozzo, Mombello, Tarchini, Bonfanti, Ellero, Silva, François et Raphaël Vizioli, Conca, Hack Tuke, Hei-

---

(1) *La Nature*, num. du 18 janvier 1879, p. 104.
(2) Cf. Figuier. *Histoire du Merveilleux*, tom. III, p. 466, sqq.
(3) Richer. *La Grande Hystérie*, p. 507-508.

denhain, Rieger, Grützner, Borner, Weinhold, etc., etc. En Allemagne on étudia l'hypnotisme non seulement dans les hommes, mais même dans les animaux, étude déjà commencée ailleurs et par d'autres (1).

Nous en concluons, comme une conséquence claire et évidente, que l'hypnotisme moderne, tant celui des cliniques privées que celui des scènes de théâtre n'est nullement une invention contemporaine. C'est une vieillerie usée, c'est le magnétisme repris à l'état où il en était, il y a environ un demi-siècle, c'est une seconde édition d'un livre tombé dans l'oubli, c'est la science, si on veut l'appeler ainsi, la science à rebours, remise à neuf après avoir déjà disparu et vieilli. Ce n'est ni plus ni moins qu'un recul. Avec un peu d'étude et de patience, on n'aurait pas grand peine à démontrer que tous et chacun des phénomènes hypnotiques d'hier et d'aujourd'hui, étaient déjà formés et exprimés dans les pratiques magnétiques d'il y a cinquante et même quatre-vingts ans, en remontant jusqu'à Mesmer, à l'exception des phénomènes *supérieurs* que les hypnotistes contemporains prétendent répudier. Le grave docteur Crescenzo Conca déclare hautement : « Nous ne distinguons pas entre magnétisme et hypnotisme (2). » Ce n'est pas ici le lieu de nous étendre pour indiquer les plus antiques racines du Mesmérisme dans les pratiques magiques des temps antérieurs. Serrons l'argumentation : il est démontré que l'hypnotisme moderne n'est pas nouveau, il est même ancien

---

(1) Richer, op. cit., pp. 509, sqq. On peut y voir cités beaucoup d'auteurs et d'ouvrages que nous citons nous-mêmes. Pour les Italiens, voir Fr. Vizioli dans sa *Lettura* à la section de Médecine, etc. dans le Xe Congrès de l'Association médicale de 1885 à Pérouse. Cette lecture se trouve dans le *Journal de Neuropathologie*, de Naples, num. de septembre, octobre, novembre, décembre 1885.

(2) Doct. Cr. Conca. *Isterismo ed Ipnotismo*, Naples, 1888 p. 46.

d'un demi-siècle, d'un siècle entier, peut-être de plusieurs siècles.

Mais ici naît une question capitale. Si l'hypnotisme revenu maintenant à la mode, n'est rien d'autre que le magnétisme qui florissait il y a un demi-siècle, tombe-t-il sous les sentences qui ont été prononcées il y a un demi-siècle par la philosophie et par la religion ?

Beaucoup de savants et d'hommes de bien répondent que non, parce que, disent-ils, l'hypnotisme moderne a renoncé aux phénomènes préternaturels douteux dans leurs causes, périlleux dans leurs effets; l'hypnotisme d'aujourd'hui guérit dans les hôpitaux, divertit sur la scène, mais toujours sous le manteau décent de l'étude physique et clinique; ce n'est enfin qu'un sommeil nerveux ou, si vous voulez, un état physiologique particulier, provoqué artificiellement afin de connaître les effets particuliers et les applications possibles de l'art de guérir.

Pour nous, nous répondons affirmativement.

Parce que l'état hypnotique n'est pas une simple perturbation ou maladie nerveuse provoquée temporairement; mais c'est quelque chose de plus mystérieux et de plus périlleux.

Les phénomènes n'ont pas l'aspect de simples effets naturels; ils accusent même souvent l'intervention de causes occultes et malfaisantes. C'est ce que nous espérons démontrer par des arguments certains et évidents.

CHAPITRE III

L'HYPNOTISME DEVANT LA SCIENCE

§ I

L'hypnotisme est certainement une maladie

Nous avons démontré comment l'ensemble des phénomènes appelés aujourd'hui hypnotiques n'est nullement nouveau, parce qu'il était déjà en usage, il y a plus de quarante ans, du temps de Braid. En remontant aux temps antérieurs, nous avons rencontré tous ces faits du magnétisme en vigueur, il y a plus d'un siècle, au temps de Mesmer. Toute la différence qu'il y a entre les cas mesmériques anciens et les cas hypnotiques d'aujourd'hui, c'est que les premiers étaient souvent accompagnés de phénomènes de claire-vue, de prévisions, de pénétration de choses cachées : phénomènes que la majeure partie des hypnotistes modernes rejettent parmi les fables. Nous disons la majeure partie ; parce qu'il ne manque pas aujourd'hui même d'hypnotistes qui visent au merveilleux. Outre ceux dont nous avons parlé aux paragraphes VIII, IX et XI, du ch. I, nous pourrions citer des faits récents de transposition des sens, de divination des choses cachées et de l'état morbide du sujet lui-même, de conversations en langues ignorées par l'hypnotisé, faits attestés par le docteur Cervello, professeur à l'Université de Palerme et témoignés par l'illustre professeur Giovanni Semmola, de Naples (1). Lombroso en « cite d'autres et, outre la transposition des sens, il « admet encore la vision et la transmission de la « pensée à distance (2). » Il ne manque pas non plus de matérialistes qui essayent d'expliquer de tels phénomènes psychiques, comme ils disent, par le mouvement de la matière. Parmi eux, il y a Lombroso qui s'indigne, « parce que nous avons « une sainte horreur de séminariste de tout ce qui « rapproche notre pensée des phénomènes de la « matière (3). »

Il ne nous serait pas difficile, en remontant plus avant dans l'histoire, de retrouver les faits hypnotiques d'hier et d'aujourd'hui dans les possessions diaboliques de tous les temps, dans la magie, dans les cultes païens de tous les siècles et de tous les lieux. Nous pourrions en trouver non-seulement dans les relations des voyageurs modernes en Chine, dans l'Inde, en Afrique, en Océanie, en Australie, mais nous en recueillerions une riche moisson dans les histoires grecques, romaines et orientales. On peut en voir des exemples dans les récentes et savantes dissertations de F. Lenormant

---

(1) Cf. Franc. Vizioli. *Lettura* à la section de Médecine etc. dans le XIe Congrès de l'Association médicale italienne, à Pérouse, 18 septembre 1885. *Lecture* rapportée en entier par le *Journal de Neuropathologie*, de Naples, num. de septembre, octobre, novembre, décembre 1885.
(2) Doct. César Lombroso, *Studi sull' Ipnotismo*, Turin, 1886, pp. 15-18, p. 40 sqq.
(3) Ibid, p. 19.

sur les peuples chaldéens, remis au jour par la découverte des caractères cunéiformes. Maspero en parle dans l'*Histoire des peuples d'Orient* (1). Chabas, en 1860, traduisit et commenta le *Papyrus magique*, dit *de Harris*, manuscrit égyptien en langue hiératique, qu'on dit ne dater que de 28 ou 30 siècles avant l'ère vulgaire ! Là aussi les faits hypnotiques sont connus.

Cette diffusion générale et cette antiquité de l'hypnotisme sont admises par les auteurs modernes qui traitent de ce sujet, tant croyants qu'incroyants. Mais entre eux et nous il y a une différence, une contradiction capitale, en ce qu'ils expliquent le merveilleux des faits anciens en le réduisant aux phénomènes physiques d'hypnotisme. Quelques-uns essayent même d'expliquer hypnotiquement, avec autant d'impiété que de sottise, les miracles de Jésus-Christ et tout le surnaturel de la vie des saints. Pour nous, nous ne voyons rien de commun entre l'hypnose et le miracle proprement dit ; et de plus, nous sommes portés à expliquer certains faits hypnotiques modernes par le préternaturel antique et à étendre à l'hypnotisme le nom déjà donné par le genre humain tout entier aux faits qui lui ressemblent. Mais n'anticipons pas les dernières conclusions et procédons avec ordre.

Pour arriver à déterminer la nature des phénomènes hypnotiques, commençons par rechercher à quel ordre de faits ils appartiennent. A entendre les hypnotiseurs de théâtre et surtout les docteurs en médecine, l'hypnotisme n'est ni plus ni moins qu'une perturbation nerveuse passagère ou bien un sommeil provoqué artifi-

---

(1) Maspero. *Histoire ancienne des peuples d'Orient.* 4ᵉ édition. Paris, 1886, pp. 70-77, 142-144.

ciellement par la médecine et accompagné de symptômes spéciaux et caractérisques, ou bien encore plus brièvement, une névrose ou maladie nerveuse d'un genre particulier. Telles sont les définitions ou descriptions qu'en donnent unanimement les hypnotistes les plus renommés. Laissons-les parler.

Nous avons d'abord Braid le fondateur du magnétisme que nous appellerons *laïcisé* parce qu'il est dépouillé des faits merveilleux et réduit à l'hypnotisme simple. Pour lui, l'hypnotisme « est « un état particulier du système nerveux, déter- « miné par des manœuvres spéciales (1). » Le docteur Charcot, qui a ressuscité l'hypnotisme braidesque et est le chef d'école des hypnotiseurs modernes, dans une dissertation devant l'Académie médicale de Paris, en 1882, le définit « une névrose expérimentale (2). » Le docteur Dumontpallier et le docteur Magnin ajoutent que c'est une névrose expérimentale avec des degrés divers d'intensité (3). Il n'y a nul doute que le célèbre docteur Paul Richer ne le regarde comme une vraie maladie à part, puisqu'il le traite comme une espèce de haut hystérisme, avec trois ou quatre phases : la léthargie, la catalepsie, l'état suggestif et enfin le somnambulisme (4). D'ailleurs il écrit formellement que « l'hypnotisme est « une névrose mais une névrose expérimentale », et encore : « c'est une perturbation produite arti- « ficiellement dans les fonctions normales du sys- « tème nerveux, une vraie névrose expéri- « mentale. » Ailleurs, copiant Braid presque à la lettre, il dit : « C'est l'ensemble des états parti-

---

(1) Voir plus haut, *Avant-propos*, § II.
(2) Cf. Cullerre. *Magnétisme et Hypnotisme*, p. 281.
(3) Ibid, p. 182.
(4) Voyez sa théorie exposée plus haut, au § III de l'*Avant-propos*.

« culiers du système nerveux provoqués par des
« manœuvres spéciales (1). »

Les doctrines de Charcot se sont répandues en Allemagne sans changements importants. Heidenhain définissait l'hypnotisme, « une catalepsie expérimentale, et l'état hypnotique une suspension de l'action du cerveau. » Le docteur Hoffman, qui fut rapporteur dans la question (2) de l'interdiction de l'hypnotisme à Vienne, en 1880, appela l'état hypnotique un « état neuropathique (3). » Nous disons la même chose, et avec plus de raison encore, de l'Italie, où les expériences de Charcot et de son école ont été popularisées par les articles du docteur Miliotti (4). Mais déjà divers médecins avaient écrit là-dessus séparément. Plusieurs de ceux que nous avons cités plus haut, comme Morselli et d'autres, sont d'accord pour y voir comme un état pathologique du système nerveux, une crise nerveuse, en un mot une névrose. Ajoutons la définition du docteur Mosso : « Les phénomènes de l'hypnotisme sont l'exagération morbide de phénomènes physiologiques qui s'observent dans le sommeil et dans le sommambulisme (5). » Dans le congrès médical de Pérouse en 1885, le docteur François Vizioli donna une conférence sur « la *maladie* hypnotique et les suggestions. » Ainsi parlent en général les médecins italiens et telle est leur opinion commune, comme l'affirme le docteur Edouard Gonzales, dont nous

---

(1) Paul Richer. *La Grande Hystérie*, pp. 512-517.
(2) Cf. Fr. Vizioli. *Lettura* citée plus haut.
(3) Id. *Relazione sull' operato del Consiglio superiore di sanità*, etc., lue à l'Académie royale Médico-chirurgicale de Naples, dans la séance du 27 juin 1886, rapportée dans le *Journal de Neuropathologie* de Naples, livraison de mars, avril 1886, p. 140 en note.
(4) Dott. Miliotti, dans la *Gazetta degli ospedali*, de Bologne, n. 62 sqq. sept. et oct. 1885.
(5) Dott. Mosso. *Fisiologia e patologia dell' ipnotismo*, dans la *Nuova Antologia*, de Rome ; livraison du 1er juillet 1886, p. 69.

avons rapporté plus haut les paroles, au § IV de l'Avant-propos. Nous en avons également une solennelle confirmation dans l'Opinion du Conseil supérieur de santé, siégeant à Rome, lequel « exa-
« minant objectivement la question de l'hypno-
« tisme et des suggestions hypnotiques et spéciale-
« ment les spectacles donnés jusqu'aujourd'hui en
« Italie et récemment à Milan et à Turin (*par Do-*
« *nato*), affirme qu'il n'est plus nécessaire de dis-
« cuter sur la partie scientifique et technique du
« somnambulisme provoqué et de la suggestion
« hypnotique, puisque l'un et l'autre font partie
« intégrale des doctrines modernes *neuropatholo-*
« *giques.* » Et peu après il appelle les phénomènes hypnotiques « faits psychiques *morbides* (1). »

Pour nous, devant les assertions si graves et si péremptoires des hommes compétents en ces matières, nous sommes contraints de nous incliner. Ils affirment que l'hypnotisme est une maladie nerveuse passagère. Eh ! bien, soit. Nous aurions mauvaise grâce à vouloir discuter. La perturbation nerveuse dans l'hypnotisé est tellement évidente que, pour la nier, il faudrait s'arracher les yeux. On constate chez lui l'altération du système des nerfs moteurs, l'altération du système musculaire et en particulier du mouvement volontaire, l'altération dans la circulation du sang, l'altération dans les facultés sensitives, l'altération dans les organes supérieurs servant aux fonctions mentales. Et quelles altérations ! L'hypnotisé va jusqu'aux convulsions toniques, aux contorsions clowniques etc. du grand hystérisme, jusqu'à l'amnésie (oblitération de la mémoire), jusqu'à l'abulie (impuissance de la volonté), jusqu'aux hallucina-

---

(1) *Avis du Conseil supérieur de Santé* etc., dans tous les journaux italiens de juin 1886.

tions, au délire, à l'épilepsie, à la catalepsie, au somnambulisme forcé. Je défie n'importe qui de ne pas reconnaître une perturbation nerveuse dans une révolution si désordonnée des nerfs et de tout ce qui s'y rattache. Du reste, le paroxysme étant dissipé, il reste à l'hypnotisé le tremblement, la céphalalgie, la fatigue, et une tendance aux névropathies et même à la frénésie.

Les phénomènes hypnotiques constituent donc une maladie nerveuse, provoquée et passagère, si l'on veut, mais enfin une vraie maladie. Et nous ne croyons pas devoir tenir compte d'un médecin ou l'autre, comme Bernheim et Bottey, qui ont nié l'état pathologique, parce qu'ils n'arrivaient pas à connaître les causes de la maladie (1). Nous restons avec le gros des médecins et avec le bon sens et nous raisonnons ainsi : Dans l'hypnose les symptômes d'une profonde perturbation physiologique du système nerveux existent, on les voit de ses yeux, on les touche de ses mains : donc il y a maladie. Celle-ci consiste-t-elle dans les seuls symptômes ou bien les symptômes accusent-ils une affection latente qui les produit ? Il importe peu de le chercher : d'autant plus que certains docteurs nient absolument l'existence des maladies purement symptomatiques. Chaque fois qu'il y a altération dans les fonctions, il y a d'après eux altération matérielle, fût-elle passagère. Et dans les névroses (qui se rapportent davantage à notre étude) ils supposent une modification moléculaire qui en serait le fondement et la cause. De toute façon, que l'hypnosé soit symptomatique ou idiopathique, c'est toujours une maladie.

Mais la maladie hypnotique est-elle *simplement* une maladie ? Est-ce *seulement* une maladie

---

(1) Voyez leurs opinions dans Cullerre, *Magnétisme et Hypnotisme*, pp. 282, 283.

comme toute autre ? N'accuse-t-elle pas quelque élément étranger à la physiologie et à la pathologie ? Voilà l'examen dans lequel nous allons entrer ; nous verrons que la question est d'autant plus travaillée par les opinions diverses qu'elle est plus importante et plus capitale.

§ II

L'Hypnotisme a quelque chose de contraire à la nature dans ses causes

I. — *La cause n'en est pas le fluide infusé.*

Nous avons établi que l'état hypnotique est un état morbide, venons-en maintenant à étudier la nature de cette maladie. Nous suivrons ici la méthode des nosologues et des nosographes les plus soigneux. Ils établissent d'abord les causes certaines ou probables d'où la maladie dérive ; c'est ce qu'ils appellent *étiologie.* Ils en décrivent ensuite les *symptômes* ou les signes sensibles, regardés comme caractéristiques et révélateurs des altérations cachées qu'on suppose. Des causes vraies ou présumées et des signes sypmptomatiques se forme le *diagnostic* ou description de la maladie en elle-même. Considérant ensuite, d'après l'expérience, la marche habituelle et les vicissitudes qui suivent d'ordinaire les premières attaques du mal, ils se prononcent sur la *prognose* ou pronostic de la durée ou de l'issue finale de la maladie. C'est sur ces données que se fonde la *thérapie* ou la cure ayant pour but de combattre et de détruire le mal à la période où il est arrivé ou du moins à retarder et à diminuer les ravages que la science ne peut empêcher.

Or l'analyse d'une hypnose dans toutes ces parties qui constituent la connaissance d'une maladie, apparaît profondément obscure et mystérieuse. En l'étudiant on s'embarrasse de ci de là dans certains nœuds devant lesquels la raison s'arrête et se dit : Mais cela n'est pas suivant les lois de la nature, c'est un cas particulier qui échappe à la science physiologique et pathologique et qui témoigne d'un ordre hétérogène.

De fait, quelles causes assigner à la névrose hypnotique ? Nous avons cité tout à l'heure l'opinion de deux célèbres hypnotistes, les docteurs Bottey et Bernheim qui nient totalement l'état morbide, par défaut absolu d'étiologie ou de causes génératrices. Mais sans aller si loin, sans vouloir nier un effet visible et palpable parce qu'on en ignore la cause, il faut avouer que la production de l'hypnotisme que les docteurs appellent *hypnogénèse* est un chaos profond. On peut imaginer deux hypothèses pour lui assigner une cause plausible : 1° l'immission d'un fluide de l'hypnotisant dans l'hypnotisé ; 2° l'éclosion spontanée des phénomènes par l'énergie de l'imagination individuelle, excitée ou non par l'hypnotisateur, favorisée ou non par une prédisposition personnelle. Ces deux hypothèses ont formé deux écoles. Braid les a distinguées parfaitement : il appelait théorie *objective* la première et théorie *subjective* la seconde. Cette distinction est très juste, car la première attribue les phénomènes hypnotiques à un fluide ou si l'on veut, à un agent réel et objectif quoique mystérieux, émanant de l'opérateur dans l'opéré et cause efficace de l'hypnose et des symptômes qui l'accompagnent ; la seconde les fait naître du sujet lui-même en vertu d'une idée fixe (1).

(1) Cf. Braid. *Neurypnologie*, p. 217. Le fameux incrédule Littré, qui

Les deux écoles comptent beaucoup d'adeptes. Les plus anciens magnétistes ont été presque tous *objectivistes*. Mesmer inventa, il y a cent ans, le fluide universel, cosmique, thaumaturge, passant du magnétisant dans le magnétisé ; il eut des disciples cinquante ans durant. Seulement ceux-ci variaient la nature du fluide. Les docteurs Maupied, Caupert, Charpignon, le regardaient comme un *fluide magnétique* d'égale nature au magnétisme minéral connu de tous les physiciens. Un monde de savants soutinrent au contraire l'existence d'un fluide *nerveux*, d'un fluide *vital*, d'un fluide *zoomagnétique*, d'un fluide *électrodynamique*, tous fluides hypothétiques et même imaginaires et reniés non moins par la physique que par la physiologie; d'autres prétendirent au fluide *éthéré*, d'autres à la chaleur *animale* communiquée ; d'autres à la force *nerveuse transmissible*. Plus étranges que tous les autres, certains Allemands inventèrent le fluide *odique* et le *spirodique* ; Görres (tout-à-fait allemand en ceci) imagina la *réverbération des idées et des volitions* du magnétisant au magnétisé. Un Anglais, Grégory, recourut à la *dualité du cerveau*, imaginant qu'une partie de l'encéphale, inerte à l'état normal, entre en exercice durant le sommeil magnétique. Cette fantaisie nébuleuse ne manque pas d'adhérents même aujourd'hui, comme le montre l'ouvrage de Bérillon (1). Il y eut aussi les prudents qui, ne sachant que dire, s'en tirèrent en attribuant les phénomènes magnétiques à des facultés ignorées en

mourut chrétiennement, publia en 1856 une autre théorie, qu'il appela *spontanée*. Il supposait que les phénomènes magnétiques étaient absolument insubsistants, imaginaires, dus à l'hallucination personnelle. De notre temps, les phénomènes sont tellement bien prouvés et tellement certains, que l'opinion de Littré ne mérite pas même d'être discutée.

(1) Doct. Edga Bérillon. *Hypnotisme expérimental.* La dualité cérébrale et l'indépendance fonctionnelle des deux hémisphères cérébraux. Paris, 1884.

général. Il y eut également les piétistes qui attribuaient les effets magnétiques aux anges de Dieu ou à un privilège propagé chez quelques hommes depuis Adam, ou à des facultés cachées de la nature (1).

Nous trouvons dignes de pitié ceux qui, considérant la riche variété et la puissance des phénomènes hypnotiques et sachant qu'il n'y pas d'effet sans cause, ont mis en frais leur cerveau pour fabriquer des causes proportionnées aux effets merveilleux qu'ils voient chez les magnétisés. Leur idée est tellement naturelle que, même de nos jours, elle a plu au docteur Baréty, lequel en 1881, devant la Société biologique de Paris, ressuscita l'idée d'un fluide *neurico rayonnant* (2). Le regretté docteur Constantin James, dans un livre orthodoxe au point de vue de la philosophie et de la foi, inventa le fluide *hystérique*. Nous connaissions déjà depuis longtemps le *souffle hystérique* qui précède et annonce les phénomènes hystériques dans certain cas : mais le fluide cause efficiente d'hystérisme et spécialement d'hystérisme accompagné de phénomènes hypnotiques, nous ne le connaissions pas. Certes ce fluide servirait à expliquer certains phénomènes usuels et élémentaires de l'hypnose : mais le mal, selon nous, c'est que le doct. James le suppose et l'affirme avec certitude (3) sans en prouver l'existence. Il prouve encore moins que l'hypnotiseur puisse s'emparer de ce fluide et le gouverner pour produire les phénomènes hypnotiques. Aussi le fluide hystérique nous paraît-il faire le pendant au fluide neurique

---

(1) Voyez beaucoup de ces hypothèses exposées et jugées dans la *Civiltà Cattolica*, années 1864 et sqq. sous le titre : *Lo Spiritismo nel mondo moderno*.
(2) Cf. Richer. *La Grande Hystérie*, p. 506 en note.
(3) Doct. Constantin James. *L'Hypnotisme expliqué dans sa nature et dans ses actes*. Paris, 1888, p. 58.

de Baréty et ressembler fort à tous les autres fluides inventés d'abord pour les besoins de la cause et mis à néant aujourd'hui par les médecins les plus savants. Mais revenons à notre sujet.

Nous dirons davantage. Ceux mêmes qui nient l'influence du magnétiseur sur le magnétisé, se laissent bien souvent aller à le supposer. Ainsi Donato, tout en niant le fluide mesmérique, affirme pourtant l'*influence*. Pour lui « quand l'in-« fluence est pratiquée d'homme à homme, elle « prend le nom de magnétisme humain... quels « que soient son principe ignoré et sa source in-« connue, cette influence ne se peut nier (1). » Le fameux émule et collègue de Donato, le Danois Hansen, dit « que peu de personnes possèdent la propriété spécifique de magnétiser (2). Donc il admet que le magnétiseur influe plus ou moins de lui-même et que l'effet dépend beaucoup de lui : autrement tous les magnétiseurs seraient également habiles et capables.

Quoi qu'il en soit, contre les hypnotiseurs objectivistes, qui soutiennent l'existence d'un fluide ou d'une influence réelle de l'hypnotisant sur l'hypnotisé, s'est élevée l'école des *subjectivistes* qui nie cette théorie. Ceux-ci donnent pour argument principal l'*autohypnotisme*, c'est-à-dire des cas d'hypnotisme réel sans aucune personne étrangère pour hypnotiser. Nous en avons rapporté quelques-uns en faisant allusion à un grand nombre d'autres, au § III du ch. I. Nous avons en outre l'opinion de Faria, fameux magnétiseur qui niait toute transmission de fluide, toute influence positive. Braid, copié à la lettre dans les doctrines

(1) Donato. Introduction à la *Revue générale des sciences physio-psychologiques*, n. 1, Paris, 10 fév. 1886, p. 11.
(2) Cf. Mosso. *Fisiologia e patologia dell' Ipnotismo*, dans la *Nuova Antologia* de Rome, livraison du 1er juillet 1886, p. 63.

et dans les pratiques hypnotiques des opérateurs modernes, nie lui aussi le fluide et affirme l'existence de l'autohypnotisme. Les médecins hypnotiseurs qui forment aujourd'hui une phalange nombreuse (voir § II du chap. II), ne reconnaissent point (du moins en théorie) la communication (passant de l'opérant à l'opéré) d'aucun élément producteur efficace des phénomènes hypnotiques. Et certes l'existence de cas innombrables d'autohypnotisation constitue un argument irréfutable et sans réplique. Pourquoi vouloir imaginer des influences actives là où il n'existe aucun agent qui influe ?

II. — La cause de l'hypnotisme n'est pas l'imagination de l'hypnotisé.

Reste donc l'hypothèse qui prétend voir dans l'imagination propre et individuelle de l'hypnotisé la cause qui déchaîne cette tempête du mal hypnotique, momentanée, je le veux bien, mais une des plus terribles que puisse constater la médecine. Or, contre cette cause supposée protesteront tous nos lecteurs qui ont eu la patience de parcourir la série des faits que nous avons racontés du § I jusqu'au § XI du chap. I. Dans ces faits, il est évident, du moins dans la plus grande partie, dans la presque totalité d'entre eux, que les sujets hypnotisés ne faisaient pas le moindre effort d'imagination de leur côté pour s'exciter au sommeil hypnotique ou à un autre état relevant de l'hypnotisme. Qu'on relise de grâce cette série de faits que nous avons placés non sans grande raison en tête de notre traité. Qu'on dise en conscience si on remarque la moindre trace de travail propre et personnel des hypnotisés. Aucune, absolument aucune, excepté dans les cas d'autohypnotisme. De plus, tout hypnotisé a la la conscience profonde et inéluctable qu'il n'a contribué ni voulu contribuer en rien physiquement à sa propre hypnotisation. Tout au plus a-t-il consenti à être hypnotisé : mais le consentement de la volonté n'est pas cause physique d'effets physiques. Il sait en outre qu'il est resté à la discrétion de l'hypnotisateur, dans un état purement passif, comme une victime sacrifiée.

De plus, il y a des cas certains d'hypnotisation par pure surprise, sans le consentement formel du patient. Témoins les faits atroces et ignominieux rapportés par beaucoup d'auteurs et spécialement par Cullere (1). Témoins tous ces sujets hypnotisés pendant leur sommeil au rapport de Richer (2). En effet, dans le sommeil simplement physiologique il est impossible que le sujet endormi donne ou refuse son consentement, et beaucoup moins encore est-il possible qu'il concoure avec l'énergie de sa volonté ou avec son imagination à produire en soi l'hypnose. Nous reparlerons de ce point au chapitre IV.

Où est donc et quelle est la cause de la maladie hypnotique ? Il n'y en a aucune : ni extérieure dans les fluides infusés, ni intérieure dans l'imagination personnelle et volontaire. Les médecins et les autres observateurs raisonnables sont donc forcés d'admettre une maladie passagère mais violente sans aucune étiologie, c'est-à-dire sans causes génératrices ni certaines ni hypothétiques. Et cela serait pleinement naturel ?

(1) Doct. Cullerre. *Magnétisme et Hypnotisme*, p. 356 sqq.
(2) Richer, *La Grande Hystérie*, p. 533-534.

III. — *Les actes hypnogéniques ne sont pas la cause de l'hypnose.*

Mais on objectera : la cause des phénomènes hypnotiques peut être l'*hypnogénésie* même, comme disent les médecins, c'est-à-dire l'action hypnotisante, posée par l'hypnotiseur ou par l'hypnotisé dans les cas d'autohypnotisme. Nous répondons : Cela ne peut être. Si l'acte hypnotisant était une vraie cause physique, elle serait comme toute autre cause physique constante et nécessaire dans sa nature. Or il n'y a rien de plus inconstant, de plus libre que l'action hypnotisante. Quel que soit l'acte employé, il est également efficace, on peut employer tout à fait indifféremment n'importe quel moyen. Mesmer employait les cuvettes, la baguette magique et d'autres grimaces souvent lubriques ou indécentes. Puységur traitait le patient comme un aimant. Après cela on mit à la mode les *passes* ou mouvements de la main qui mesmérisaient ou démesmérisaient : moyen souverainement absurde, parce qu'en le variant de mille manières on obtenait le même effet, et même, comme observa Braid, on obtenait des effets contraires avec une seule et même manœuvre, suivant les cas (1). Un Italien, le Comte Mami, en 1850, substitua aux manœuvres de contact les manœuvres à distance ; un autre Italien spirite, Tommasi à Turin en 1841, magnétisa avec des aspersions d'eau. Mais un Français l'emporta sur lui en hypnotisant avec son souffle, moyen qu'on emploie précisément maintenant pour déshypnotiser.

Faria, comme nous l'avons dit, endormait d'un

---

(1) Braid. *Neurypnologie*, trad. franç., p. 252 sqq.

simple commandement : Dormez ! Ce moyen a été employé de nos jours par le docteur Federici, à l'hôpital de Sainte-Marie-la-Neuve, à Florence. Son commandement, à ce qu'on nous a dit, a été efficace durant de nombreuses heures jusqu'au moment précis fixé d'avance au malade, et tellement précis que, le docteur ayant essayé, en présence des étudiants, d'éveiller le malade quelques minutes avant le moment voulu, l'hypnotisé lui répondit qu'il lui manquait cinq minutes avant de se réveiller. Les assistants tirèrent leurs montres et convinrent que le malade endormi avait raison. Avec le temps, quand Faria eut disparu on supprima la parole extérieure et on endormit les sujets par le seul commandement interne de la volonté et finalement même sans aucun acte de la volonté, par la seule présence du magnétiseur. On en vint même à trouver cette présence superflue et on produisit le magnétisme au moyen d'objets ; des arbres, des verres, de l'eau mesmérisée, des anneaux, des aiguilles à tricoter, des crayons, des cartes de visite, etc., etc. (1).

De nos jours le mode qui prévaut consiste à fixer le regard sur un objet brillant. C'est le moyen propre à Braid, aux sorciers égyptiens et indiens, à Hansen qui parcourait naguère tous les théâtres de l'Allemagne et on peut, comme il est évident, l'employer sans le secours du magnétiseur. Une autre méthode très commune aujourd'hui c'est que l'hypnotiseur regarde fixement son sujet dans les yeux. C'est ainsi qu'opère Donato entre autres, et c'est ce qu'il appelle *fascination*. Les médecins quand ils veulent hyp-

---

(1) Cf. *Civiltà Cattolica*, sér. V, vol. XII, p. 195 sqq. — Doct. Conca, *Isterismo ed Ipnotismo*. Naples, 1888, pp. 131-149.

notiser des hystériques, des fous ou d'autres malades, se servent du regard, de la lumière, du bruit, des pressions, du chatouillement, des courants électriques, de l'aimant, du son d'un diapason, des attouchements, du tic tac d'une montre, etc. (1).

En somme on peut tout employer, tout moyen est bon. Ce qui revient à dire que le sommeil magnétique avec tous ses phénomènes n'a aucune cause déterminée, et, d'aucune espèce d'action hypnogénique on ne peut dire : Ceci est la cause physique de la maladie hypnotique. Or, il nous semble très curieux et très étrange, pour ne rien dire d'autre, qu'un ensemble de phénomènes physiques puisse provenir d'une cause quelconque choisie à volonté. Jusqu'aujourd'hui tous les métaphysiciens et tous les expérimentateurs de physique en y comprenant expressément les médecins, avaient toujours enseigné et prouvé que tout effet physique a sa cause physique propre et déterminée. Ainsi le feu échauffe, la glace refroidit et jamais la libre volonté de l'homme ne fera que le feu gèle ni que la glace échauffe. La raison en est que rien ne peut se trouver dans l'effet qui ne préexiste formellement ou éminemment dans la cause. Une cause donc qui ne contiendrait pas l'entité de l'effet ne peut rien causer. On ne peut pas, par conséquent, choisir une cause à son gré pour un effet donné. Il n'y a que l'hypnose qui fait exception. Est-il possible d'admettre cette exception comme une chose naturelle ?

Qu'on ajoute à l'inconstance de ces causes, leur disproportion avec les effets produits. Comment ? Un grave désordre physiologique qui ébranle et agite tout le système nerveux, musculaire, san-

---

(1) Richer. *La Grande Hystérie*, pp. 519-536.

guin, cérébral, avec les symptômes des plus graves maladies, et fait ressembler l'hypnotisé à un fou furieux, un tel désordre se produit rien qu'en fixant volontairement les yeux sur un pommeau de cuivre brillant, ou en étant regardé fixement dans les yeux par un autre homme? ou avec une passe de la main à distance? ou avec une aspersion d'eau, ou avec une carte de visite magnétisée? ou enfin par un ordre purement mental? Certes, tout homme raisonnable sentira une difficulté insurmontable à le croire. De même que, dans la mécanique, c'est une loi éternelle que la secousse éprouvée par un point soit égale à l'impulsion qu'il reçoit, de même c'est une loi éternelle en physiologie que le corps éprouve une altération égale à la force qui l'altère et le change. Dans l'hypnose, au contraire, une altération corporelle immense est produite par une action hypnogénique minime, c'est-à-dire par une force presque nulle. Nous n'y croyons pas pour notre part et les médecins sensés n'y croiront pas non plus.

IV. — La fascination n'est pas la cause efficace de l'hypnose.

Mais la fascination du regard! s'écrient quelques-uns, la fascination est puissante! Nous répondons que jusqu'ici les médecins, surtout les Italiens, ont regardé comme une fable de vieille femme l'action de la fascination, mais maintenant ayant besoin de trouver une cause à des effets inexplicables, on revient à la fascination (1). Mais raisonnons. Que pourrait bien être la fascination? Admettons que la vue soudaine d'un péril extrême et inévitable paralyse l'action, que la raison et le système musculaire en restent affectés de façon à

---

(1) Cf. Vizioli. *Relazione* citée plus haut, p. 140 en note.

perdre les forces, le mouvement, la voix. Admettons que cet effet soit réel dans les animaux et dans les hommes. Bien. Mais qu'on ne vienne pas nous chanter qu'un regard de travers, fixe, pénétrant, lancé par un charlatan sur la scène, produit les mêmes effets. A Turin, à Milan, à Montpellier, à Paris, à Vincennes, à Breslau, etc., tantôt Hansen, tantôt Verbeck, tantôt Donato ont hypnotisé une fine fleur d'hommes adultes et forts, de jeunes hommes vigoureux, d'étudiants d'université, de journalistes, de gentilshommes, de savants, de professeurs, de soldats, d'officiers. Ce serait bien étrange que tous ces gens eussent été domptés et conquis par un regard de jongleur ! Nous le comprendrions chez une femme hystérique, une fille anémique, un idiot ou un imbécile, mais chez des hommes sains et vigoureux, non. Nous ne le croyons pas et nul homme raisonnable ne le croira, fût-il médecin, s'il veut parler suivant la science et suivant la conscience.

V. — *La prédisposition souvent n'existe pas.*

Il ne sert de rien non plus de recourir à la prédisposition latente dans le sujet, laquelle aiderait l'action de l'hypnotiseur.

Déjà dans son temps, Braid, qui n'a rien laissé à inventer aux hypnotistes modernes, présente cette sorte d'explication du grand effet hypnotique produit par une cause minime et évidemment disproportionnée : « Je soutiens, dit-il, que l'opé-
« rateur fait comme un mécanicien, qui mettrait
« en action les forces de l'organisme du pa-
« tient (1). »

Supposons, disent les hypnotistes, une grande

___
(1) Braid. *Neurypnologie*, traduction française, page 236.

force latente, c'est-à-dire une disposition dans le sujet à l'épilepsie, au somnambulisme, etc., l'hypnotiseur l'éveille par l'acte hypnotisant : et voilà que les phénomènes se produisent en abondance. Très heureuse échappatoire de Braid ! et les modernes n'ont rien su inventer de plus plausible. Le malheur c'est que la supposition est tout à fait fausse. On comprend que par le seul fait d'ouvrir une soupape on produise une inondation : mais il faut que derrière la soupape soit accumulée une masse d'eau. On comprend que rien qu'en tournant une manivelle on mette en marche un train de soixante wagons : mais il faut que la chambre du moteur soit remplie de vapeur et à haute pression. Dans le cas de l'hypnotisé au contraire, la disposition à le lancer dans les phénomènes hypnotiques est une pure invention imaginaire, une chimère. Et par conséquent, malgré tous les efforts de l'hypnotiseur pour chercher à l'éveiller, il ne devrait, naturellement parlant, en tirer aucun phénomène.

Oui, la prédisposition physique de l'hypnotisé mise en action par l'hypnotisant et regardée comme cause efficiente des phénomènes morbides, est une chimère. Et, d'abord, parce que l'action hypnotisante est choisie arbitrairement par l'hypnotiseur et ne saurait être de ce chef une cause physique, comme nous l'avons démontré plus haut ; elle ne peut réveiller physiquement aucune prédisposition ni aucune autre force de l'organisme humain. En second lieu parce que, quand même elle serait une véritable cause, elle est minime et presque nulle par rapport à l'effet à obtenir. Troisièmement, parce que la prédisposition supposée n'existe pas, du moins dans un très grand nombre de cas ; nous disons du moins dans un très grand nombre de cas, parce que dans quelque rare cas, elle pourrait exister. Nous ne croyons pas improbable qu'un cerveau affaibli, un fou, une hystérique de haut degré, au moyen d'une petite secousse ou d'une pression passagère sur les points que nous appelons maintenant zones hystérogènes, hypnogènes, etc., puissent être poussés à l'épilepsie, à la catalepsie, au somnambulisme : la médecine en donne des exemples. Nous en connaissons un très singulier qui nous a été communiqué par un docteur de grand bon sens. Il s'agissait de douleurs très longues et très cuisantes, produites chez une malade par un coup extrêmement léger ; c'était comme la goutte d'eau qui fait déborder le vase plein. Mais les cas susdits présentent des effets déterminés et non pas un tourbillon d'effets variés comme il arrive chez les hypnotisés. Aussi en traitant de ces derniers, nous aurions toujours raison en n'attribuant pas leur état à des causes minimes aidées par la prédisposition. Néanmoins nous concéderons pour un instant aux médecins hypnotiseurs qu'avec des malades on peut parvenir à de graves effets avec de légères excitations.

Ce que personne ne pourra avaler, c'est que tous ou presque tous les hommes soient tellement prédisposés à une aussi grave maladie que l'hypnose, qu'il suffise d'un regard pour les y précipiter et qu'un rien les jette dans l'océan des névroses les plus formidables, avec le délire, etc. Braid n'hypnotisait pas seulement les anémiques, les chlorotiques et les hystériques : il raconte lui-même avoir hypnotisé dans une séance publique à Manchester, quatorze adultes du sexe masculin, *de bonne santé*, inconnus; et que dix sur quatorze restèrent endormis. Il en hypnotisa vingt à Rochdale et deux seulement résistèrent. Dans une autre occasion il en hypnotisa dix-huit à Londres, et trente-deux enfants sans y rencontrer un seul réfractaire, etc. (1).

Même avant lui, au moins cinquante ans, et après lui, sans discontinuer, on a fréquenté les assemblées magnétiques en France ; en Italie, particulièrement à Turin par les soins de M. Guidi ; en Angleterre et partout ailleurs ; et dans ces réunions, c'était une pratique très commune de produire le sommeil magnétique dans toutes les personnes qui le voulussent, sans distinguer entre nerveux ou non nerveux, malades ou bien portants. Filassier, en France, préférait, comme sujets hypnotisables les paysans et les soldats.

Mais, pour ne pas nous borner aux faits anciens, citons les exemples du jour. Le doct. Janet affirme ceci : « Un jour, en présence de M. Liégeois, j'endormis presque toute une série de malades, la plupart phtisiques, emphysématiques, rhumatisants, convalescents : deux seulement sur vingt étaient hystériques (2). » Le docteur Ratton hypnotisait des jeunes gens en bonne santé, comme nous l'avons dit au paragraphe IV du chapitre III. Dans les revues scientifiques allemandes de 1880, on rapporte les exploits de l'hypnotiseur Hansen sur des médecins et des savants à Breslau, semblables en tout à ceux de Donato à Turin et à Milan ; et on y remarque que Hansen, au lieu de choisir des sujets faibles et maladifs que la faiblesse nerveuse devrait rendre plus aptes à subir l'action du fluide magnétique, acceptait de préférence les individus forts, robustes, de santé florissante (3). Donato montre un registre sur lequel

---

(1) Braid, œuvre cit., p. 29 et suiv.
(2) Doct. Paul Janet. *De la suggestion dans l'état hypnotique.* Paris, 1884 ; dans Cullerre, œuvre cit., p. 282.
(3) Figuier. *Histoire du Merveilleux*, vol. III, p. 472, où Figuier oublie que les hypnotistes modernes, surtout les médecins, nient le *fluide magnétique*.

se sont inscrits de leur propre main trois mille personnes hypnotisées par lui ; on y rencontre toutes espèces de gens, depuis le bas peuple jusqu'aux princes, depuis les idiots jusqu'aux plus grands savants. Eh ! bien, ces trois mille personnes devons-nous les supposer toutes hystériques et prédisposées à la névrose hypnotique ? Au fort de Vincennes, près Paris, Donato hypnotisa un grand nombre de sous-officiers présentés par les officiers supérieurs ; à Brest, des médecins et des étudiants ; à Lille, une vingtaine d'étudiants sous les yeux de leurs professeurs de la Faculté de médecine ; ensuite à Turin et à Milan, des hommes de toute condition, surtout la jeunesse robuste, des journalistes, des étudiants de l'Académie et de l'Ecole Polytechnique, des hommes sains et pleins de force. Un jour, à Turin, il eut à hypnotiser une quarantaine d'officiers de la garnison. J'aime à croire qu'ils n'étaient pas tous névropathiques. Si le bruit public est vrai, nous n'en féliciterons ni les officiers ni le général qui, dit-on, les lui envoya. Mais nous en prenons note pour conclure que les prétendues prédispositions qui causeraient l'hypnose sont une fable inventée pour le besoin d'assigner une cause à une maladie dont on ne sait du tout expliquer l'origine et l'étiologie.

VI. — L'hypnose n'a donc pas de cause proportionnée.

Donc les amateurs d'hypnotisme, tant charlatans que médecins, doivent se résigner à reconnaître l'existence d'une maladie qu'ils provoquent artificiellement, sans pouvoir, en aucune manière, lui assigner une étiologie probable purement physiologique. Ils ne peuvent appeler cause efficace de la maladie le fluide infusé dans le patient, parce que le fluide est discrédité près des savants, et qu'il est démontré inutile par le fait des hypnotisations sans hypnotiseur pour exercer une influence. Ils ne peuvent attribuer la maladie à l'action hypnogénique, c'est-à-dire aux passes de main, aux objets brillants, etc. ; parce que, soit que celui qui doit être hypnotisé opère sur lui-même, soit qu'il subisse l'action d'autrui, ce sont là des moyens minimes en regard des effets immenses qu'on en voit résulter. Ils ne peuvent attribuer la maladie ni à la fascination ni aux prédispositions, parce que évidemment en beaucoup de cas, il n'existe ni fascination ni prédisposition.

Il est si évident pour les médecins sincères que l'effet très grave et foudroyant, c'est-à-dire la maladie hypnotique, surpasse les moyens employés pour le produire, que les deux patriarches de l'hypnose moderne, Braid qui l'inventa il y a quarante ans, et Charcot qui l'a remise en vigueur tout récemment, l'avouent candidement. Voici les paroles de Braid : « J'ai dû confesser qu'il m'était impossible d'expliquer le *modus operandi* de la production de certains phénomènes. » Et il poursuit en assurant que personne n'a pu le lui expliquer et qu'il se considérerait comme très obligé à celui qui pourrait l'éclairer sur ce point (1).

« Charcot (dit le doct. Cartaz, après avoir raconté les fameuses expériences de la Salpétrière), Charcot, jusqu'à présent, n'en donne aucune explication scientifique, et déclare qu'il n'en connaît pas (2). » Précisément comme Braid.

Il serait donc raisonnable que les médecins, les hypnotistes et les personnes à hypnotiser, avant de se lancer dans l'océan de l'hypnotisme, s'arrê-

---

(1) Braid. *Neurypnologie*, p. 13.
(2) Doct. Cartaz dans la revue scientifique *La Nature*, de Paris, n° du 18 janvier 1879, p. 106.

tassent un instant et que, ne découvrant aucune cause naturelle de la maladie hypnotique, ils commençassent à soupçonner l'intervention de quelque cause occulte en dehors de l'ordre naturel... Mais voudriez-vous donc dire, nous crient les positivistes, les matérialistes et les naïfs, voudriez-vous donc dire que le démon est là-dessous ?... c'est là un préjugé du moyen âge..... ce n'est plus là raisonner scientifiquement. — Doucement, doucement, répondons-nous : notre pensée nous la découvrirons en son lieu toute entière, et sans aucune crainte de respect humain.

§ III

La maladie hypnotique accuse l'élément non naturel dans ses symptômes parce qu'ils sont imprévus.

Si l'hypnose ne peut s'expliquer en entier d'une manière naturelle à cause du manque évident de causes physiques proportionnées, elle se présente encore beaucoup moins comme entièrement naturelle dans ses symptômes. Nous appelons symptômes les modifications physiologiques et pathologiques qui se manifestent pendant l'état morbide et accusent la continuation, la diminution ou l'aggravation de la maladie. Dans notre cas, quels sont les symptômes ? Les perturbations profondes et très variées de tous les systèmes vitaux de l'hypnotisé : le sommeil involontaire et léthargique, les désordres des nerfs, des muscles, du sang, des sens, de l'imagination, de la mémoire, de l'intelligence, de la volonté. Le lecteur s'en est formé une idée claire en parcourant les cas multiples d'hypnose que nous avons rapportés au commencement de ce traité. Mettons de côté, pour le moment, les phénomènes transcendants, cités au § XI, du chapitre Ier.

Tous ces phénomènes ou symptômes sont-ils naturels ? Pour deux raisons très fortes nous affirmons que, s'ils sont naturels dans leur subtance, ils ne le sont pas cependant dans leur manière d'être ; parce qu'ils sont subits et imprévus, et parce qu'ils sont dépendants de la volonté humaine : deux qualités qui répugnent aux symptômes des maladies naturelles. Expliquons-nous.

Chaque symptôme ou désordre pathologique que nous voyons apparaître durant l'hypnose ne surpasse pas les forces de la nature. Nous les voyons en effet apparaître séparément, comme des symptômes naturels, dans d'autres maladies, dans l'ivresse du vin, de l'absinthe, de l'alcool, de l'haschich, de l'opium ; dans les fièvres putrides, dans la folie, dans la haute hystérie, dans la catalepsie, dans l'épilepsie, dans le somnambulisme spontané, etc. Mais chez l'hypnotisé ces symptômes apparaissent d'une manière toute contraire à la manière naturelle. C'est un fait notoire pour les médecins et même pour ceux qui ne sont pas médecins, que chaque symptôme se présente avec ses prodromes, c'est-à-dire avec des signes qui, ou promptement ou lentement, arrivent au degré du symptôme complet et quelquefois au paroxysme. Et en parlant de l'hystéroépilepsie qui, selon l'école de Charcot, serait le fondement et la base de l'hypnose, et qui en tout cas est certainement la maladie la plus analogue à l'hypnose, Richer dit : « L'attaque d'hystéroépilepsie, ou grande attaque d'hystérie *ne surprend pas*, elle est toujours précédée, quelquefois pendant plusieurs jours, d'un cortège de phénomènes qui permettent aux malades de prévoir le moment où elles tomberont dans l'attaque. Ces signes précurseurs sont nombreux et variés : ils accusent la perturbation de l'économie toute entière, et on peut dire qu'aucun des grands systèmes du corps humain n'en reste exempt (1). Le fait même que la maladie serait précédée plus ou moins sensiblement de signes précurseurs, est observé par les médecins et par de simples infirmiers dans presque tous les grands phénomènes pathologiques qu'éprouvent les malades et spécialement les névropathiques.

Dans l'attaque hypnotique, au contraire, rien de semblable. C'est un ensemble de symptômes horribles qui pleut du ciel comme une bombe. Un jeune homme qui, une minute auparavant, était éveillé et jouissait de la santé la plus enviable, une minute après, est léthargique, anesthétique, hyperesthétique ; toutes ses sensations sont fausses et morbides ; il est délirant, somnambule, etc. ; et quand il a parcouru tout ce tourbillon de phénomènes très graves, il aborde à la guérison par un simple souffle de l'hypnotiseur. Il est clair qu'il a présenté en lui les symptômes que les médecins distribueraient entre huit ou dix malades atteints de diverses maladies.

Laissons juger aux docteurs en médecine et aux hommes de bon sens, si cette apparition et disparition des symptômes est conforme à la nature. Certainement dans ces symptômes il se manifeste une réelle et profonde altération de tous les systèmes vitaux : or, est-il naturel que de profondes altérations physiologiques se produisent et se guérissent en un clin d'œil ? Les docteurs ont-ils

---

(1) Richer. *La Grande Hystérie*, premiers mots du traité : Etudes sur l'Hystéro-épilepsie.

jamais observé rien de semblable dans leurs cliniques ou près du lit de leurs clients ? Nous comprenons très bien qu'une saignée, une douche froide, une piqûre de morphine puissent, dans certains cas, produire un soulagement instantané : mais *produire instantanément* un ensemble de désordres effrayants dans toute la machine, et le *dissiper instantanément*, c'est ce qu'on n'a jamais vu.

§ IV

Que la suggestion n'explique pas les symptômes hypnotiques, qu'au contraire elle montre qu'ils ne sont pas naturels.

Frappés de l'incroyable instantanéité des phénomènes hypnotiques, du nombre et de l'énormité des symptômes qui pendant l'hypnose tantôt éclatent et tantôt disparaissent à l'improviste, les hypnotistes ont cherché à en donner une explication plausible, en disant que tout dépend naturellement de la *suggestion*. Le sommeil hypnotique étant produit, et l'hypnotisé poussé jusqu'à la catalepsie et au somnambulisme, il est naturel qu'il ne soit plus maître de lui, et qu'il obéisse à l'impulsion suggestive qui le meut comme un automate. Cette prétendue explication de tous les faits hypnotiques les plus merveilleux a pour champions célèbres Bernheim, Bourneville, Morselli et un grand nombre d'autres docteurs.

Nous avons déjà anéanti cette doctrine en démontrant que le sommeil hypnotique n'est pas produit naturellement. Mais admettons pour un moment qu'il soit obtenu naturellement : ce n'est pas ainsi non plus qu'on expliquera l'instantanéité des terribles symptômes de l'hypnose. Nous admettons volontiers que certaines maladies troublent les sensations, en altérant, comme l'enseignent les pathologistes, les organes qui concourent aux sensations. Nous connaissons aussi les idiosyncrasies plus étranges, qui font agréer à l'idiosyncratique des aliments non naturels. Nous avons vu les théories et les pratiques relatives aux zones hystérogènes, aux zones hypnotiques ou hypnogènes, aux zones prohibitives que nous appellerons hypnostatiques et hystérostatiques. Nous n'ignorons pas, bien que nous ne prétendions pas au diplôme de docteur, que, dans le somnambulisme spontané, quelquefois le somnambule dit quelque chose par suggestion externe ou fait quelque acte selon ses habitudes ordinaires. Mais qu'on observe, que si dans l'hypnotisé quelque phénomène semblable est possible, cependant il n'est pas naturel ; et il est naturellement impossible de rencontrer ces symptômes morbides à un degré *excessif*.

Voici Titius qui est hypnotisé ; et, par cela seul, il est devenu une créature nouvelle dans les mains de son hypnotiseur. Il n'y a plus de loi naturelle pour le malheureux patient. L'hypnotiseur veut-il l'attirer à lui ? Il le regarde, et Titius se déplace, conduit par une force supérieure, et ensuite il s'arrête, s'assied, se lève, saute, monte, descend, danse, chante, rit, pleure selon ce qui lui est *suggéré*. Donc ce n'est plus un somnambule qui cède à quelque suggestion selon sa manière de faire habituelle, c'est un automate, comme le disent précisément les hypnotistes, un automate humain dont tout le système des nerfs moteurs et des muscles volontaires est à la merci de l'hypnotiseur. L'opérant suggère à son patient de ne plus voir un objet présent : et voilà l'objet disparu de ses yeux. Il lui *suggère* de voir blanc ce qui est noir et noir ce qui est blanc : et la métamorphose est instantanée. Il lui suggère d'éprouver des maux de ventre, de goûter la saveur d'une orange dans une rave, d'éprouver la chaleur du Soudan et peu d'instants après le froid de la Sibérie, et toutes ces sensations se succèdent tour à tour en réalité dans l'hypnotisé. Il lui suggère d'éprouver l'effet d'un médicament qu'il ne voit pas et qui est renfermé hermétiquement dans une bouteille : et l'hypnotisé l'éprouve. Par tous les signes extérieurs, on voit clairement que les sensations sont réelles et non de pures hallucinations de sensibilité morbide. En effet, nous lisons d'une hypnotisée, à laquelle le docteur Lombroso avait suggéré d'être aveugle : « elle reste insensible à la lumière et à l'approche brusque d'une épée...; le docteur lui suggéra d'être sourde et elle ne fit aucun mouvement lorsqu'on tira à l'improviste un coup de révolver à son oreille (1). » Le docteur Luys atteste que des substances tenues par lui à une courte distance des hypnotisés produisaient des effets terribles. Or il clair que la suggestion ne suffit pas pour changer les sensations à un point si excessif. M. Morselli a beau dire : « Par la suggestion on peut varier à volonté l'état musculaire des sujets, provoquant alternativement la parésie, la paralysie, des contractions, des spasmes, l'impuissance de se mouvoir, de remuer les bras, etc (2). » La vérité est que, pour produire un changement physique dans les muscles, une cause physique est nécessaire et non une cause morale, comme la suggestion. Pour qu'un homme sente,

---

(1) Prof. Cesare Lombroso, *Studi sull' Ipnotismo*. Turin, 1886, pag. 13.
2) Doct. Morselli. *Il magnetismo animale e la fascinazione del Donato*, dans la *Gazetta letteraria*, etc., de Turin, 1er Mai 1886.

il faut que objectivement il y ait une chose sentie, c'est-à-dire la qualité qui produit l'impression sensible et que l'objet ainsi qualifié soit en juste relation de contact ou autrement avec l'organe sensitif ; ou bien que l'organe sensitif soit subjectivement changé de nature et modifié de la même manière qu'il serait affecté si la chose sentie faisait réellement impression. Mais la suggestion est une cause morale et non physique, elle ne peut donc obtenir ces effets physiques, parce qu'elle ne change pas physiquement les organes des sens, et ne crée pas la qualité physique qui doit être sentie. Donc la suggestion n'explique pas les phénomènes ou les symptômes de l'hypnotisme : une hallucination sensitive quelconque est possible dans quelques maladies où elle altère les sens ; mais un désordre sensitif aussi universel que celui de l'hypnotisé est impossible par la seule force d'une suggestion externe.

Le même argument peut encore s'appliquer avec plus de raison aux hallucinations imaginaires, au délire, à l'amnésie, à l'aboulie et autres désordres des facultés supérieures qui arrivent chez l'hypnotisé. Qu'on relise les cas d'hypnotisme que nous avons racontés des hypnotisés de Turin et de Milan (chap. I, § I) et particulièrement les hallucinations des étudiants de Sassari (chap. I, § IV), de Mme A... qui représente et imite cinq personnages très différents en un quart d'heure (chap. I, § VIII), de Mme Emma, qui voit le serpent qui lui est suggéré par le seul commandement de la volonté (chap. I, § IX) ; que l'on se rappelle aussi le fait de l'étudiant hypnotique, dont parle Lombroso et auquel il fit « en moins d'une heure changer l'écriture et dont il transforma le moral, le faisant devenir tour à tour une fillette, une paysanne portant des pigeons, Garibaldi, un calligraphe, ou une vieille de 90 ans » ; le fait d'un autre sujet, qui subit aussi en peu de temps beaucoup de métamorphoses incroyables (1). Et ensuite que l'on dise si, dans les nosographies des maladies naturelles, il y a un exemple de fureur et de délire semblables. Hypnotiser un sujet équivaut à lui verser dans l'estomac une tasse de poison, ou plutôt de dix poisons, de l'alcool, de l'opium, de l'haschich, et de le changer en dix fous ; fou par manie fixe, par fièvre, par hystérisme, etc.

Les médecins, s'ils veulent être sincères, conviendront que la suggestion peut donner la raison de quelque acte d'un somnambule naturel, acte le plus souvent répondant à ses habitudes ; mais une orgie si effrénée de l'imagination et des facultés mentales ne peut s'obtenir naturellement par une simple suggestion.

Il y a plus : la suggestion porte avec elle une autre marque non naturelle très flagrante. Si elle était une cause naturelle, son action serait naturelle, son effet le serait également et par conséquent nécessaire chaque fois que la cause agirait ; et quiconque produirait cette cause, obtiendrait cet effet. Or dans l'hypnose, la chose marche dans le sens contraire. Les théâtres où opérait Hansen, Donato et Zanardelli, regorgeaient de curieux. Les spectateurs tous ensemble *suggérant* l'hypnotisé ne pouvaient rien sur lui ; l'hypnotiseur seul pouvait tout : cela arrive communément. Cette circonstance, extrêmement suspecte, que l'hypnotisé dépend de l'hypnotiseur seul, avait déjà été notée dans la Lettre de la suprême Inquisition, en 1856, comme un des motifs de condamna-

---

(1) Cesare Lombroso. *Studi sull' Ipnotismo*. Turin, 1886, p. 8.

tion (1). Comment explique-t-on ce mystère d'une cause physique qui, posée par un individu opère, posée par un autre est inefficace ? Jusqu'à présent quiconque avait tourné le disque d'une machine électrique, chargeait d'électricité les tubes ou récipients naturels ; quiconque avait composé une pile de Bunsen, obtenait le courant électrique ; bref, quiconque avait mis en activité une cause physique, produisait l'effet propre de cette cause. Or pourquoi cent spectateurs suggèrent-ils l'hypnotisé, le stimulent-ils par des gestes, par des cris, par des piqûres et cependant restent impuissants ? Pourquoi l'hypnotiseur lui fait-il à peine signe et est-il obéi ? Qu'on explique comment un officier (Giov., lieutenant d'artillerie à Turin) invité par Donato au théâtre, et se moquant de l'invitation, à l'heure fixée, est pris de la manie d'y aller, insulte ses camarades et ses supérieurs qui par la suggestion et les menaces veulent le retenir et, se sentant empêché par la force, entre en furie, et tombe ensuite dans le sommeil hypnotique pour se réveiller à la fin sans se souvenir de rien (2). Entre l'hypnotisé et l'hypnotiseur il existe donc un lien secret ; il intervient une force inconnue : un agent que nous ne connaissons pas opère. Il est naturel que l'on pense au prestige, quand on voit un symptôme morbide aussi bizarre, et contraire à toutes les lois connues de la physique (3).

---

(1) « *Præsertim ope muliercularum* (maintenant on emploie aussi des hommes), *quæ unice a magnetizatoris nutu pendent.* » Supremæ S. R. Univ. Inquis. Encyclica *ad omnes Episcopos adversus magnetismi abusus.* Fer. IV, die 20 iulii 1856.

(2) Le cas est raconté par le prof. Lombroso, op. cit., p. 20.

(3) « Je laisse à d'autres en ce moment, la tâche difficile de trouver une
« explication naturelle à la lecture de la pensée d'autrui, à la suggestion
« mentale, je me contente d'observer que M. Janet suggérait mentalement
« sa pensée à un sujet qui, plongé dans l'état léthargique, était cependant doué
« du pouvoir de deviner sa pensée et de lui obéir. Or, tous les expérimenta-
« teurs qui ont étudié cette question n'ignorent pas que, pendant la léthargie,

§ VI

Que les symptômes hypnotiques ne sont pas naturels, parce qu'ils dépendent de la volonté

Mais cela devient encore deux fois plus clair si l'on considère que les prétendus symptômes morbides de la maladie hypnotique ne dépendent pas de la nature du mal, mais bien de la volonté de l'hypnotisant. Que les médecins disent si jamais, dans le trop vaste royaume de la nosologie, ils ont rencontré rien de semblable. Ils se souviendront d'avoir quelquefois tranquillisé un client par leur éloquence persuasive, ou, avec une pieuse pilule de *mie de pain*, calmé l'imagination exaltée d'une hystérique : mais quand ont-ils jamais pu, par un simple commandement, chasser de la tête d'autrui une migraine bien constatée ? ou des veines une grosse fièvre ? Et faire revenir ensuite l'une et l'autre par un acte de volonté impérative ?

Ce qui n'est jamais arrivé aux médecins et ce qui ne leur arrivera jamais, arrive chaque jour

---

« le sujet est mort à toute impression morale venue de l'extérieur, que l'in-
« telligence est absente, qu'il y a simplement réaction des muscles et des
« nerfs sous la pression, que le sujet vit alors dans la vie végétale. Or,
« comment peut-il dans cet état d'engourdissement, d'hébétude et de mort,
« bien constaté et reconnu aujourd'hui, comprendre, voir, ou deviner la pen-
« sée de son magnétiseur ? »

..... « Les phénomènes physiques s'expliquent par une cause physique et
« se réduisent à des impulsions et des mouvements. Mais qu'un magnétiseur
« communique sa pensée à un sujet magnétisé, sans recourir aux vibrations
« des ondes sonores par la parole articulée, en se recueillant et malgré la
« distance de 10 kilomètres *(cas personnel du docteur Dusais)* : voilà certes
« un phénomène qui dépasse absolument ce que la raison peut expliquer.

(Méric. *Le merveilleux et la Science. Etude sur l'Hypnotisme*, pp. 168 et 172.)

(N. du T.)

aux hypnotiseurs. Ils traitent le sujet comme un jouet dont on s'amuse. Et l'hypnotisé qui n'obéit à personne, parce qu'il est anesthétique, épileptique, cataleptique, somnambule, obéit cependant exactement au signe de l'hypnotiseur, et avec ses sens, avec ses muscles, avec ses facultés mentales dans un bouleversement effréné, il parcourt par force la série des désordres imposés par le libre arbitre d'une personne qui est étrangère à ses nerfs, à ses muscles et à ses facultés mentales.

Mais quand jamais une volonté extrinsèque a-t-elle pu imposer un renversement si orageux de toutes les lois corporelles et spirituelles à un malade? On a beau recourir à la suggestion : elle n'est rien. Parce que, comme nous l'avons déjà démontré dans le paragraphe précédent, la suggestion peut expliquer tout au plus que le malade tente en quelque manière d'agir selon ce qui lui est suggéré : mais elle ne peut pas faire, à coup sûr, que le malade *sente* dans ses membres le chaud ou le froid, si la température n'est pas changée, elle ne peut pas faire qu'il *oublie*, s'il se souvient ; elle ne peut pas faire qu'il *s'asseye*, s'il veut rester debout. Pour que quelqu'un s'imagine un lion, etc., il faut qu'il *délire*, et le délire ne s'impose pas en le suggérant. Ces changements, que tous les assistants, et les médecins avouent être réels et objectifs, ne peuvent s'effectuer par une parole extrinsèque ; ils veulent une cause réelle et intrinsèque qui les produise. Et ici la cause intrinsèque n'existe pas ; il y a seulement la volonté d'autrui qui commande. Voilà un mystère qui donne à penser.

On dira que cette quantité de symptômes dépend de la maladie, en tant que, l'état maladif étant provoqué, il est naturel que l'homme se laisse conduire par la suggestion. Mais cela est faux : parce que si c'était une conséquence naturelle de la maladie, le malade aurait le délire à son gré, ce qui n'arrive pas chez l'hypnotisé. Si, d'un autre côté, il avait le délire par suggestion, ce délire serait incertain, difficile, imparfait, comme il arrive lorsqu'on cherche à suggérer quelque acte à un somnambule naturel : tandis que l'hypnotisé obéit à la baguette. Et en outre, la suggestion pourrait se faire par n'importe lequel des assistants, tandis que l'hypnotisé ne ressent pas la suggestion d'un autre que de l'hypnotiseur. En somme, la dépendance automatique de l'hypnotisé, pour réaliser tous les symptômes qui lui sont imposés, la soudaineté, le plein abandon, l'excès, en un mot, de son obéissance passive, non pas seulement par l'esprit, mais par les nerfs, par les muscles, par tous les systèmes vitaux, montrent qu'il y en a en lui une cause latente et opérante d'une force inéluctable, outre la parole suggestive extérieure.

Quelle échappatoire reste-t-il pour soutenir que les symptômes hypnotiques sont purement naturels ? On pourra encore dire que l'extrême versatilité de l'hypnotisé dépend de l'extrême exaltation mentale du sommeil cataleptique. A quoi nous répondons : Oui, la catalepsie exalte l'imagination, aiguise et accélère les mouvements de l'esprit, soit : on pourrait le contester, mais supposons-le. Qu'en résulterait-il ? Que l'hypnotisé, avec toutes les forces de l'imagination lancée à grande vitesse, se mettrait à divaguer sur une question, ne saurait plus s'en tirer et continuerait dans cette voie comme nous voyons qu'il arrive aux exaltés et aux hallucinés naturellement. Or, ici, c'est le contraire : l'hypnotisé, sur une seule parole, va où veut l'hypnotiseur, comme une machine à clavier. Plongé dans un genre de délire, il s'en retire sans aucune opposition et se plonge dans un autre délire absolument différent.

Aussi bien dans les hallucinations des sens que dans le délire de l'imagination et des facultés mentales, reste toujours la difficulté que nous avons déjà indiquée : il manque dans l'hypnotisé la cause propre de ces symptômes morbides. Ne nous lassons pas de le répéter, et que nos bienveillants lecteurs y fassent attention, parce que c'est un argument capital et invincible : la suggestion et la souplesse cataleptique, etc., du malade pourront faire qu'il cherche à sentir, à voir et à s'imaginer ce qui lui est suggéré : mais ils ne pourront jamais causer le désordre physiologique qui est nécessaire pour amener les hallucinations et les délires. On ne devient pas fou parce que quelqu'un vous dit : Faites le fou. Pour que quelqu'un devienne fou, il faut que physiquement son organisme soit troublé : pour qu'il sente la chaleur, il faut que la température s'élève physiquement : pour qu'il trouve amer ce qui est doux, il faut qu'objectivement le doux se change en amer ou que physiquement son sens du goût se pervertisse. Toutes choses que la suggestion externe ne peut faire. Non, répétons-nous avec une évidente raison, non, la suggestion est tout à fait impuissante à produire ces hallucinations très fortes et caractéristiques, ces délires résolus et énergiques de l'esprit, de l'imagination, des sens, que nous voyons chez les hypnotisés, et qui sont si facilement obtenus. Il reste donc que le phénomène ou symptôme morbide, n'ayant pas de causes propres, soit produit uniquement par la volonté de l'hypnotiseur. Ce qui étant absurde et impossible, force est de soupçonner l'intervention d'une autre cause qui produit cet effet à la volonté de l'hypnotiseur.

Voici une autre preuve que les symptômes

hypnotiques ne sont pas purement physiologiques. Il n'est que trop vrai que l'hypnotiseur conserve une certaine domination morale sur l'hypnotisé, même après l'expérience. Les hypnotistes médecins (M. Richer, par exemple) et les charlatans enseignent même que, par la fréquence des expériences, le patient reçoit une espèce d'*éducation hypnotique,* en vertu de laquelle il devient extrêmement facile à hypnotiser. Nous en avons cité divers exemples aux §§ I et V du ch. I. Mais pourquoi arrive-t-il que, malgré cette facilité au sommeil magnétique, le patient, en dehors du sommeil, n'obéit, en aucune manière, aux suggestions ni de l'hypnotiseur ni d'autres personnes ? Pourquoi la suggestion non hypnotique reste-t-elle inefficace ? Si c'est une cause physique, elle devrait opérer quand elle est mise en action. Et cependant le patient, s'il est hypnotisé, devient comme un jouet dans la main de l'hypnotiseur ; et s'il n'est pas hypnotisé, il n'y a pas moyen de le faire obéir. Dans les cas rapportés au § V du chap. I, il s'agissait d'une paralysie partielle provoquée dans l'hypnose, avec ordre qu'elle durât encore après le sommeil. La paralysie dura après le sommeil. Les médecins s'efforcèrent, en dehors de l'hypnotisme, de la faire cesser, en usant des remèdes ordinaires que l'art prescrit. Tout fut inutile. Il fallut rendormir la malade, et, dans le sommeil, ayant reçu le commandement de revenir à la santé, elle y revint instantanément. Une parole eut plus de puissance que toutes les suggestions naturelles, plus de puissance que tous les remèdes naturels. Donc, le symptôme de la cessation de la paralysie n'était pas produit par la suggestion, prise physiquement : parce que toutes les suggestions et les remèdes employés en dehors de l'hypnotisation restèrent sans effet. Il fallait l'hypnotisme ! Dans cet état, une légère suggestion, sans le secours de la médecine, obtint un effet triomphant. Or, n'est-ce pas là une preuve que, dans l'hypnose, il y a, outre la suggestion, l'action d'une autre force inconnue ? Une force inconnue qui obéit au signe de l'hypnotiseur, mais seulement pendant l'hypnose ? Donc, un tel symptôme est dépendant de la volonté ; donc ce n'est pas une force physique. Qu'est-ce donc ? Qu'on nous le dise, si nous avons tort de soupçonner que les symptômes hypnotiques ne sont pas naturels.

Que l'on considère aussi le cas du docteur Féré, rapporté au § VIII du chap. I. Pendant l'hypnose, on avait commandé à la malade d'oublier le médecin qui la soignait et de l'oublier indéfiniment. Après son réveil, il n'y avait plus moyen pour elle de reconnaître ce médecin : il était devenu un étranger pour elle, bien qu'il l'eût soignée jusqu'alors. Au bout de six jours, elle persistait encore dans l'oubli qui lui avait été imposé. Est-il naturel, demandons-nous, qu'une personne oublie quelqu'un qu'elle connaît et voit chaque jour, de manière que le voyant devant elle, parlant avec lui, elle ne se souvienne pas l'avoir jamais vu ni connu ? Pourquoi la suggestion produit-elle un symptôme si violent dans l'hypnose ? Et pourquoi, hors de l'hypnose, n'en produit-elle aucun ? Pourquoi la malade éveillée et libre d'esprit, pressée de reconnaître son médecin ne peut-elle le reconnaître, et à peine rendormie et déliée de cet ordre le reconnaît-elle aussitôt ? Il est évident que la mémoire de la malade était vinculée par un lien noué pendant l'hypnose et qui ne pouvait être délié en dehors de l'hypnose, pas même par l'hypnotiseur : sinon la même cause libératrice aurait dénoué le lien sans une nouvelle hypnotisation. Or, en quoi consiste ce lien ? Est-il physique ? non : parce qu'aucune cause physique, excepté certains poisons, ne peut produire la perte de la mémoire en produisant en même temps la folie. Qu'était-ce donc ? C'était un lien de nature inconnue, placé par une cause inconnue. Mystère très suspect !

Autre nœud gordien. Parmi les symptômes de l'hypnose il en est un très connu, observé par tous les médecins et étudié aujourd'hui également par les juristes, c'est celui des actes suggérés à échéance. « Vous, (dira, par exemple, l'hypnotiseur au sujet) : après que vous serez éveillé, vous ne pourrez plus écrire ; vous, à telle heure fixe, demain, ou dans vingt jours d'ici, vous exécuterez cet ordre, etc. » Et l'hypnotisé se sent forcé d'obéir ponctuellement. Nous en avons rapporté divers cas, aux §§ VI, VII du chap. I et un autre très étrange au chapitre précédent, — celui de l'officier invité au théâtre par Donato. Un autre beaucoup plus incroyable est rapporté par le docteur Seppilli : c'est un certain V. auquel on suggéra pendant le sommeil hypnotique « qu'à huit heures du soir il sentirait le besoin de dormir et serait éveillé à cinq heures du matin. A huit heures il s'endort profondément et on lui dit : Un quart d'heure après que vous serez éveillé, votre bras présentera sur ce point un V qui donnera du sang. Peu après avoir reçu cette suggestion, le malade tombe dans une de ses crises, à la suite de laquelle il se trouve au bras une effusion sanguine en forme de V (1). »

Et maintenant que les médecins consciencieux et savants nous disent si l'on peut considérer comme purement naturel un symptôme d'une né-

---

(1) Doct. Giuseppe Seppilli, dans la *Rivista sperimentale di Freniatria et di Medicina legale*, de Reggio Emilia, année 1885, fasc. II-III, p. 343.

vrose qui va, vient et revient au gré de la volonté ? C'est impossible, nous répondront-ils : les symptômes sont des effets physiques de la maladie, aucune volonté humaine ne peut les produire, comme aucune volonté humaine ne peut les détruire et les gouverner à son gré. Et si c'est évident dans tous les symptômes de l'hypnose, cela devient d'une évidence éclatante dans les symptômes commandés à échéance. Parce que, l'expérience terminée, le patient éveillé et l'état hypnotique dissipé, on, ne peut plus ergoter avec les causes prétendues, qui seraient la prédisposition, l'action hypnogénique, la suggestion. Tout cela est passé, et quelquefois passé depuis cinq, dix, vingt jours ; et le malade est pleinement guéri. L'officier cité plus haut, s'était moqué de l'invitation, il n'en voulait rien entendre. Et cependant l'heure fixée ayant sonné, il avait la démangeaison d'obéir. Dans le malade V..., quelle cause peut-on assigner à cet étrange phénomène, en dehors de la libre volonté *préalable* du médecin ? Si cette volonté n'agissait pas dans les cas d'échéances hypnotiques, qui se reproduisent même malgré le sujet, quelle serait donc cette cause qui reproduit précisément le symptôme voulu, après tant de temps ? Qui est-ce qui force le sujet guéri à retomber dans le délire pour un temps donné, et à faire acte de délirant, en commettant des choses inconvenantes, criminelles peut-être, certainement non déterminées librement par la personne qui les commet ? Pour que le patient soit en délire, même momentanément, il est nécessaire qu'il y ait en lui une cause morbide de délire, une ivresse, une épilepsie, une catalepsie, une névrose hypnotique, une hystérie aiguë momentanées, ou autre chose de semblable. Or, qui est-ce, qui a placé dans le patient cette cause morbide, après tant de jours, à heure fixe ? Ténèbres profondes ! Un agent moteur : il y en a un, mais il est entouré de mystère.

Si la cause des symptômes morbides était un fluide émanant de l'hypnotiseur, on pourrait dire que celui-ci le communique à la manière d'un poison savamment dosé, de façon qu'il produise son effet à un moment fixe. Mais le fluide est aujourd'hui et à juste titre rejeté par les médecins. Et en supposant qu'il opérât à la manière d'un poison bien dosé, quel est le docteur (et souvent les hypnotiseurs ne sont pas médecins) qui soit capable de mesurer l'action d'une potion pharmaceutique, assez juste pour la faire agir après une semaine, à une heure précise, ni une minute avant, ni une minute après ?

Avouons donc que les symptômes ou phénomènes à échéance sont inexplicables. Qui peut comprendre une maladie qui disparaît entièrement avec tous ses symptômes, et ensuite, à une heure librement choisie par le médecin, reparaît pour un moment et disparaît ? Ce serait une maladie dépendante de la volonté : ce qui est absurde en physique, en pathologie et en bon sens. Et cependant c'est le cas évident de la névrose hypnotique dont les symptômes sont tous plus ou moins dépendants de la volonté.

Concluons donc qu'ils ne sont ni sots, ni fous, ni fanatiques ceux qui, examinant les causes et les symptômes de la maladie hypnotique, trouvent que ces causes et ces symptômes sont diamétralement contraires à ce que nous voyons arriver dans toutes les maladies naturelles et à ce qui est une loi éternelle de la physique et de la pathologie, et par conséquent doutent fortement que l'hypnose n'est pas entièrement naturelle, mais plutôt mêlée de naturel et de préternaturel. Si l'on examinait les faits de suggestion purement mentale, que nous avons rapportés au § IX du chap. I, arrivés en présence du peuple et de savants à Rome, l'argument deviendrait encore plus concluant : surtout si l'on rencontrait des phénomènes transcendants de vision de choses cachées, de connaissance de faits éloignés ou à venir, de pensées intérieures, etc., comme nous en avons rapporté au § XI du ch. I. Mais nous ne voulons pas nous en occuper maintenant. Et même sans ceux-là, l'hypnotisme tel qu'il se présente aujourd'hui sur les scènes et dans les cliniques, laisse fortement soupçonner qu'il est une maladie non naturelle par ses symptômes auxquels un agent en dehors de la nature semble certainement concourir.

§ VII

Que la maladie hypnotique n'est pas naturelle dans sa prognose ni dans sa cure.

Les médecins fondent la *prognose* ou jugement probable de l'issue d'une maladie sur l'étiologie, c'est-à-dire sur les causes de cette maladie et sur la marche de ses symptômes ; d'après cela ils prescrivent la *thérapie* ou cure, quand elle est possible. Quel pronostic les docteurs et les hypnotistes en général portent-ils de la maladie hypnotique ? Qu'elle se terminera à leur gré, comme elle a commencé à leur gré. Tout enfant qui a assisté aux séances hypnotiques est capable de faire la prognose, comme un docteur en herbe et dira : N'en doutez pas : cette maladie finira subitement, et finira par une entière guérison.

La haute névrose ne procède pas, comme les autres névroses ses sœurs, d'anémie, de chlorose, d'hémorragie, de passions sensuelles, de souffrances d'esprit, de terreurs subites, de fatigues excessives de l'esprit, de lésions internes de parties délicates, de rhumes prolongés, etc.; rien de cela. L'hypnose naît de la fixation des yeux sur un objet brillant, ou d'un regard, ou de toute autre plaisanterie dite hypnogénique, aussi peu sérieuse que celles-là. Et néanmoins, de même que du comble de la plus florissante santé le patient est précipité dans les plus graves névroses par un rien; de même un rien suffira pour le faire rebondir du fond de la plus grave névrose à la santé la plus florissante.

Or un pronostic et une cure aussi contraires à la nature disent clairement que la maladie n'est pas entièrement naturelle. Que les lecteurs nous pardonnent, si, pour graver cette argumentation dans leur esprit et dans leur imagination, nous les invitons encore une fois à contempler les expériences hypnotiques. Asseyons-nous au parterre, pendant que sur la scène un hypnotiseur, Hansen par exemple ou Donato, travaille sur un patient qui est venu se jeter en pâture à la curiosité des assistants. Pauvre jeune homme! il est dans le paroxysme de la névrose hypnotique: nerfs, muscles, sang, tout est en rébellion contre les lois normales de la nature. Ses sensations deviennent tellement folles, qu'il mâche un charbon en le prenant pour une pêche; il croit entendre des hurlements horribles autour de lui pendant que tout se tait; il fait des cabrioles de saltimbanque et, un instant après, sur un signe de l'hypnotiseur, il se raidit comme un marbre. Si on le lui ordonne, il rit, il pleure, il se fâche. Le frappez-vous? il ne le sent pas. Il n'entend pas la cloche du dôme qui sonne à assourdir et se plaint du tic tac de votre montre qui lui martelle les oreilles. Sur un signe il sue, il brûle, il souffre du chaud; sur un second signe, il grelotte de froid; l'atmosphère et la température changent autour de lui à une seule parole. Sur votre ordre, il éprouvera les effets des médicaments que vous tenez renfermés dans un flacon et que vous approchez de lui derrière ses épaules, sans le toucher. Une autre parole encore, et, pour vous faire plaisir, il oublie tout ce qu'il a fait dans toute sa vie, il oublie ses parents, et ne sait même plus son nom : il n'a plus de volonté, c'est une bûche. Mais si l'hypnotiseur le lui commande, il revit dans un autre monde, il accueille toutes les hallucinations de l'imagination que vous lui suggérez : il se croit un héros historique, un écrivain fameux, un roi quelconque, un enfant, une femme, un singe, un crapaud, et joue les rôles de ces nouveaux personnages qu'on lui a imposés. Ensuite il s'imaginera (pour peu que son maître le lui ordonne), qu'il navigue sur l'Océan, qu'il se perd dans une forêt et est aux prises avec des lions et des serpents. L'opérateur veut-il en faire un faussaire? l'hypnotisé écrira et signera une fausse lettre. Veut-il lui arracher un secret dont il est jaloux? qu'il le demande et il le saura. Veut-il le changer en voleur, en assassin? qu'il lui suggère le délit à accomplir, qu'il lui place en main un pistolet : et le patient le déchargera dans la poitrine de sa propre mère. Veut-il que le délit soit accompli après dix jours? il n'a qu'à lui prescrire le jour et l'heure. Veut-il enfin que le patient fasse son testament et ensuite se tue? Qu'il commande, et il sera irrésistiblement obéi. En somme, le patient hypnotisé est un automate, comme disent les hypnotistes; c'est un instrument aveugle, qui ne se distingue pas autrement des machines que par l'âme, privée du libre arbitre.

Sa maladie n'est pas, à proprement parler unique ; c'est un tourbillon frémissant de huit ou dix maladies, ou si vous voulez, une névrose difforme, monstrueuse, dont on croirait l'existence impossible *in rerum natura*. Et, de ces malades, la scène peut en contenir non pas un seul, mais une douzaine, une troupe. Et tous semblablement en substance, mais différemment dans le mode, entrent en furie et font un sabbat du diable. Les spectateurs se croient transportés dans une fosse de l'enfer de Dante. Mais, chut ! le magicien, c'est-à-dire l'hypnotiseur se lève et apaise la tempête par un souffle. S'il y a beaucoup de patients, il les passe en revue, souffle sur chacun d'eux et le calme le plus profond succède à la tempête.

Pauvres médecins ! ils ne connaissaient pas jusqu'ici ces maladies à déclanchement, qui se déchaînent par un coup d'œil, et s'apaisent par un souffle ! Jusque maintenant, quand il s'agissait d'une légère névrose, guérissable par une cuillerée d'anti-hystérique, ils n'étaient jamais certains de la guérison ; s'il s'agissait d'une névrose caractérisée, ils jetaient leur langue aux chiens de désespoir, parce que la prognose et la guérison étaient pour eux un risque, une tentative en pleine obscurité. La névrose *est la croix des médecins*, s'écrie le docteur Kunze (1). Et les docteurs s'armaient, les malheureux ! d'une pharmacopée complète de spécifiques, et appelaient à leur secours le décubitus, les pressions, les aliments spéciaux, le mouvement, les bains, l'hydrothérapie et tout un monde d'autres remèdes puissants, remèdes dont se jouait souvent l'obstinée névrose. La névrose

(1) C. F. Kunze, *Sunto di medicina pratica*, trad. ital. Naples, 1875, p. 64.

hypnotique est au contraire aujourd'hui de si facile composition, qu'après avoir bouleversé le sujet un instant par des phénomènes effrayants, elle s'apaise par un simple souffle.

Par un souffle? Oui, par un souffle. Il y eut un temps où la thérapie du mal hypnotique était un peu plus variée. M. Braid le guérissait avec un coup vif sur la main ou sur le bras, ou en comprimant les paupières, ou avec un courant d'air frais sur le visage. On employa une fois un petit verre de genièvre (1). Nous avons vu au § VI du chap. I, guérir un cas d'hypnose obstinée, par un chatouillement. De même que, pour engendrer la maladie, tous les moyens sont bons, de même pour la guérir. Mais à notre époque, tant sur la scène que dans les hôpitaux, la cure indiquée, solennelle, universelle, est le souffle. Il est aujourd'hui passé en force de chose jugée en médecine que la haute névrose avec ses lugubres accessoires d'épilepsie, d'anesthésie, de délire, etc., se dissipe de la même manière que l'on éteint une chandelle ou que l'on crève une bulle de savon. Il est vrai qu'autrefois le souffle fut employé pour hypnotiser : peu importe, maintenant il est de mode pour déshypnotiser ; et il déshypnotise.

Reprenons maintenant notre argumentation. Nous ne nous adressons pas aux charlatans qui opèrent par la pratique, à l'aveuglette : nous parlons aux savants, aux docteurs diplômés en médecine. Croient-ils réellement, sur leur honneur, qu'un souffle, une chiquenaude, un chatouillement, soient des remèdes physiquement suffisants pour arrêter le cours d'une névrose effrénée, maladie qu'ils savent être presque incurable ? Et cependant les phénomènes de la haute névrose sont

---

(2) Braid. *Neurypnologie*, p. 52.

palpables, et un souffle les détruit. Qu'en disent-ils ? Qu'ils en disent ce qui leur en semble, pour nous, nous croyons raisonner strictement suivant les règles de la logique et de la physiologie, en disant que cette maladie est mystérieuse et non naturelle dans son issue et dans sa cure comme dans tout le reste.

Concluons donc : l'hypnose, tous les médecins en conviennent, est une névrose, c'est-à-dire une maladie de nerfs, courte, mais violente, provoquée pour un essai expérimental : on ne constate que trop bien les symptômes morbides, on les voit, on les touche. Mais dans leur mode d'existence, il n'y a rien de naturel. Il ne suffit pas pour expliquer les absurdités pathologiques de jeter là un mot : Hypnotisme. Que les hommes de science y réfléchissent sans passion et ils toucheront du doigt que ce mal très grave, contrairement à ce que nous voyons dans toutes nos maladies, naît sans étiologie, c'est-à-dire sans causes proportionnées ; l'acte hypnogénique lui-même n'est rien par rapport à la gravité de la maladie qu'il déchaîne, et en outre, il est choisi au gré de l'opérateur, ce qui répugne évidemment à une cause réelle et physique. Les médecins resteront convaincus ensuite que les symptômes, quoique matériellement physiologiques et possibles naturellement, ne sont cependant pas le fruit naturel de la maladie, parce que, par un prodige extraordinaire, ils dépendent dans leur genèse, dans leur variété infinie, dans leur véhémence ou leur faiblesse, du libre arbitre. La prognose n'est pas naturelle, parce que le mal se termine, non suivant le développement physique des symptômes, mais bien selon la libre volonté de l'hypnotisant qui impose la guérison. Enfin le moyen curatif du souffle ou du chatouillement n'est pas naturel, puisqu'il dissipe, et cela en un instant, une maladie réelle et souvent incurable.

Que les savants veuillent bien nous excuser si, en présence de si grandes absurdités, nous ne pouvons croire l'hypnotisme naturel, nous voulons dire *purement naturel*. Sachant qu'il n'y a pas d'effet sans cause, nous supposons que là où il n'y a pas de causes physiologiques, il doit y en avoir une extraphysiologique, c'est-à-dire non naturelle. C'est notre opinion et notre conviction ferme et absolue ; nous l'exposerons mieux dans les derniers chapitres, aux conclusions pratiques.

§ VII

Que l'Hypnotisme nuit à la santé : on le prouve par la doctrine des médecins

Que l'hypnotisme soit l'ennemi public de la santé, cela nous semble une vérité évidente par elle-même et qui n'a pas besoin de démonstration, après ce que nous avons dit jusqu'ici. Comment ? Serait-il donc possible qu'en excitant dans les masses populaires une maladie nerveuse il n'en résultât aucun mal ? Peut-il être sans danger de rendre endémique et épidémique le somnambulisme et le délire ? Surtout un délire mystérieux, suspect en toutes ses parties et digne de méfiance ? Néanmoins, afin que cette vérité reste basée sur l'autorité des juges compétents, qui sont les docteurs en médecine, nous nous contenterons de les interroger et de tirer profit de leurs doctrines.

Dès le temps de Mesmer, des cas très funestes provenant de cures magnétiques provoquèrent l'intervention énergique de la Faculté de médecine de Paris, par l'acte resté fameux, du 11 août

1784. Cet acte intimait aux médecins la défense formelle de faire usage du mesmérisme, tout juste parce qu'il était reconnu malfaisant pour la santé, pour les mœurs et pour la bourse, et parce qu'il était mystérieux dans ses procédés : *Civium saluti, bonis moribus et fortunis abstrusas molitur insidias* (1). Dans le rapport des docteurs (et parmi eux étaient Benjamin Franklin et Lavoisier), sur lequel se basa la Faculté pour prononcer sa sentence, on notait spécialement le dommage pour la santé provenant des spectacles publics de crises mesmériques, comme excitant facilement des névroses semblables chez les spectateurs, surtout dans le sexe faible (2). Dans le rapport que les mêmes docteurs composèrent ensuite pour le roi, ils insistaient sur le même argument : « Rien n'empêche qu'elles ne se répandent dans la ville comme une épidémie et qu'elles ne s'étendent aux générations futures (3). »

Or il est très certain que les cures hypnotiques sont en tout semblables et même identiques aux cures mesmériques, quant aux phénomènes qu'elles présentent au public. Aussi le docteur James Braid, lorsqu'il se mit à rajeunir le magnétisme, en lui enlevant ce qui dans sa vieille forme sentait le spiritualisme et le merveilleux, n'eut pas de peine à comprendre le côté dangereux de la cure hypnotique. « On ne doit pas en laisser l'usage, disait-il, comme un amusement, aux mains des ignorants désireux de satisfaire une vaine curiosité. Ceux qui sont disposés à l'apoplexie, ou souffrent d'un anévrisme ou de notables affections organiques au cœur, ne doivent en user qu'avec une grande précaution

---

(1) Cf. Figuier. *Histoire du Merveilleux*, trad. ital., t. III, p. 239.
(2) Cf. Figuier. Œuv. cit., p. 250, 251.
(3) Figuier. Œuvr. cit., t. III, p. 257.

et dans le but de diminuer la force et la fréquence de l'action cardiaque (1). » Et auparavant il avait écrit : « J'ai toujours condamné, dans les termes les plus énergiques, l'usage de ce moyen (l'hypnotisme) entre les mains de personnes étrangères à la médecine. Qu'elles s'en servent, si on veut, par curiosité, ou pour le motif plus noble et plus charitable de soulager les malades ; je suis convaincu que l'hypnotisme ne doit être pratiqué que par des médecins. Il m'est arrivé des cas dans lesquels j'ai cru dangereux de l'appliquer, etc. (2)»

Si du fondateur de l'hypnotisme, Braid, nous passons à son restaurateur et au chef de l'école moderne, Charcot, lui aussi, comme on sait, désapprouve les scènes publiques d'hypnotisme ; on a lu dans tous les journaux italiens ses félicitations au Conseil supérieur de santé réuni à Rome parce qu'il avait prohibé ces scènes dans toute l'Italie. Il est connu également que ce conseil avait motivé sa condamnation sur les dangers et les dommages auxquels la santé est exposée par les exercices d'hypnotisme. Nous avons donc, sur l'insalubrité de l'hypnotisme, l'opinion unanime des chefs mêmes du mouvement hypnotique, de ceux qui en particulier (nous ne disons pas maintenant avec quelle logique) le croient parfois utile ou du moins tolérable.

La raison qu'ils en donnent est que l'hypnotisme est en soi dangereux et, par conséquent, doit rester sous la garde d'hommes savants qui sachent en user avec la modération que la science prescrit. Raison évidemment très bonne. Est-il possible, demandons-nous à nos lecteurs, que l'hypnotisme, en parcourant les théâtres, reste toujours entre les mains de médecins sévères et

---

(1) James Braid. *Neurypnologie*, p. 52.
(2) James Braid. *Neurypnologie*, p. 18.

rut au Conseil sanitaire de la province ; et celui-ci, ayant considéré les dommages encourus non seulement par les hypnotisés mais aussi par les *simples spectateurs*, exprima le vœu que « l'on interdît à Donato, et éventuellement aux individus se disant hypnotiseurs, magnétiseurs, fascinateurs, les expériences publiques sur les théâtres et n'importe dans quels lieux publics. Et de plus, qu'on avertît le Gouvernement de pourvoir, par une défense générale, à la santé de l'Italie (1). »

Ce que fit le Gouvernement ainsi stimulé, tout le monde le sait. Il réunit le conseil supérieur de santé à Rome et y invita plusieurs autres médecins connaissant la matière dont quelques-unes ont été cités par nous un peu plus haut. Le docteur Guido Baccelli, ex-ministre de l'instruction publique, présida, et le rapporteur fut le docteur Francesco Vizioli, un de ceux dont nous avons déjà parlé. On peut lire les détails, si on en a le goût, dans le rapport plusieurs fois cité : *Relazione sull' operato del Consiglio supèriore di sanità*, etc., lu par

---

auteur du crime est celui qui lui en a imposé l'exécution dans le secret d'une opération mentale dont seul il se souvient.

Voici la teneur du projet de loi :

Art. 1. Quiconque aura donné en spectacle au public une personne hypnotisée par lui-même ou par autrui, sera puni d'un emprisonnement de quinze jours à six mois et d'une amende de vingt-six francs à mille francs.

Art. 2. Quiconque, n'étant pas qualifié pour exercer l'art de guérir, aura hypnotisé une personne qui n'avait pas atteint l'âge de dix-huit ans accomplis ou n'était pas saine d'esprit, sera puni d'un emprisonnement de quinze jours à un an et d'une amende de vingt-six francs à mille francs, alors même que la personne hypnotisée n'aurait pas été donnée en spectacle au public.

En cas de concours avec les infractions punies par les dispositions légales concernant l'art de guérir, la peine prononcée par le présent article sera seule appliquée.

Art. 3. Sera puni de la réclusion quiconque aura, avec une intention frauduleuse ou à dessein de nuire, fait écrire ou signer par une personne hypnotisée un acte ou une pièce énonçant une convention, des dispositions, un engagement, une décharge ou une déclaration. La même peine sera appliquée à celui qui aura fait usage de l'acte ou de la pièce.

(N. du T.)

(1) *Corriere della sera*, de Milan, cité par l'*Unità cattolica*, 3 juin 1886.

§ IX

Que l'hypnotisme nuit à la santé; on le prouve par les avis des commissions sanitaires.

Ce n'est pas ici que finit cette triste histoire : le Conseil directeur de la société royale italienne d'Hygiène, siégeant à Milan, assemblé pour délibérer sur les pratiques hypnotiques, rendit une sentence défavorable. La questure inquiète recou-

est d'ôter l'usage de son libre arbitre au patient, devenu l'agent passif des idées que le magnétiseur lui suggère ;
Le patient obéit inconsciemment aux suggestions du magnétiseur ; il n'en a conscience et ne s'en souvient que pendant l'hypnose ; le souvenir s'en efface, pour lui, à l'instant du réveil. Les actes suggérés par le magnétiseur sont accomplis par le patient, selon que le magnétiseur l'ordonne, soit pendant l'hypnose, soit après le réveil, à une échéance plus ou moins éloignée ;
Le patient agit et parle sous l'impulsion de la volonté du magnétiseur, avec toutes les apparences d'une spontanéité libre et réfléchie ;
La révélation des secrets qui le concernent personnellement ou dont il est le dépositaire peut être imposée au patient par le magnétiseur, elle peut aussi se produire spontanément par la seule influence de l'hypnose ;
Si même l'on admet, ce qui est douteux, que la passivité automatique du patient n'aille pas toujours jusqu'à céder à toutes les suggestions du magnétiseur, quelles qu'elles puissent être, il n'en reste pas moins certain que, dans l'hypnose profane tout l'organisme du patient est à la merci du magnétiseur ; maître de ses sens, le magnétiseur peut en exalter ou en suspendre l'activité et les halluciner, à son gré ; maître de sa volonté, il peut lui imposer irrésistiblement les actes les plus ridicules, les plus avilissants ou les plus criminels.
Le magnétiseur, à mesure qu'il renouvelle sur le même patient les pratiques hypnotiques, renforce progressivement la domination qu'il exerce sur lui et dont il s'est emparé le jour où, pour la première fois, il l'a hypnotisé ; il finit par le subjuguer à ce point que la résistance à l'influence magnétique lui devient impossible et qu'une parole, un regard, suffisent pour le faire tomber dans l'hypnose ;
L'hypnotisme expose le patient à des accidents nerveux, il altère ou affaiblit, tout au moins, ses facultés mentales ;
La vue des phénomènes hypnotiques présente des dangers pour les assistants, pour peu qu'il y ait, chez eux, prédisposition aux accidents nerveux.
Ces constatations, unanimement affirmées par l'élite des médecins de notre pays, ouvrent, dans le champ de la criminalité, des perspectives effrayantes.
Celui qui, résolument et de sang-froid, a accompli le meurtre ou l'empoisonnement, peut n'avoir été que l'instrument inconscient du crime. Il a voulu donner la mort, mais sa volonté s'était identifiée avec la volonté d'un autre et la pensée qui dirigeait ses actions n'était plus la sienne. L'unique

invasion de délire épidémique (1). Le doct. Tebaldi, prof. de Psychiatrie à l'Université de Padoue, combattit l'hypnotisme dans les journaux milanais, et le prof. Lombroso de Turin (2), fit connaître par une lettre les très graves dommages causés à la santé publique, par les pratiques hypnotiques. Une autre lettre très importante, signée des docteurs L.-M. Bossi et Henri Malespini, fut aussi publiée pour rappeler quelles conséquences très graves pourraient dériver non seulement de l'*abus*, mais aussi du seul *usage* mis en vogue des phénomènes hypnotiques (3). En somme, à Milan, Donato fit fiasco et fut regardé par les médecins comme un *untore* de Manzoni, comme un propagateur de la peste (4).

(1) *Unità cattolica*, de Turin, 27 mai 1886.
(2) *Oss. catt.*, 26-27 mai 1886.
(3) *Secolo*, de Milan, 27-28 mai 1886.
(4) Nous lisons dans le *Bien Public* de Gand n° du 6 mai 1890 :
Le projet de loi que le gouvernement belge a présenté aux Chambres donne suite à un vœu que l'Académie royale de médecine a exprimé en votant le 24 novembre 1888, à l'unanimité moins deux voix, la motion suivante :
« L'Académie royale de médecine de Belgique, considérant les inconvénients et les dangers de la pratique vulgarisée de l'hypnotisme.
Estime qu'il y a lieu de solliciter de la Législature les dispositions tendant à
1° Interdire les représentations publiques d'hypnotisme.
2° Prévenir et réprimer les abus qui peuvent résulter de la pratique de l'hypnotisme. »
Nous avons applaudi à cette décision médicale, si mûrement préparée, à laquelle l'Académie venait de soumettre toutes les questions que les phénomènes de l'hypnose soulèvent dans le domaine de la science.
Ce projet de loi sera très bien accueilli de l'opinion publique. Pour notre part nous nous félicitons d'avoir contribué à cette mesure en réclamant à plusieurs reprises contre les séances publiques d'hypnotisme.
On sait qu'une commission spéciale de l'Académie, composée de MM. Crocq, Boddaert, Masoin, Héger et Semal, avait été chargée d'étudier la question. M. Masoin, l'éminent professeur de Louvain chargé du rapport, avait tracé, dans un exposé lumineux, le résumé des considérations d'ordres divers qui avaient déterminé cette commission à adopter, à l'unanimité, les conclusions suivantes : « La commission, considérant que les séances publiques d'hypnotisme offrent des dangers pour la morale et la santé publique, estime qu'elles doivent être interdites par la Législature. »
Voici un passage de l'exposé des motifs :
L'hypnotisme provoque une perturbation des facultés mentales dont l'effet

dit que, dégoûté de la pauvre Italie indigne de ses hautes œuvres, il lui a tourné le dos et s'est embarqué pour la République Argentine. Certes, s'il eut à se louer de l'accueil qu'il reçut à Turin et de la faveur qui lui fut accordée par ceux de qui il devait le moins l'attendre, il ne put se féliciter autant de la bourgeoisie milanaise. Là les médecins remplirent leur devoir mieux qu'à Turin, où le célèbre prof. Henri Morselli publia, le 1er mai, un solennel article de près de vingt colonnes compactes dans la *Gazetta letteraria*, aussi érudit en magnétisme que faux en philosophie, flatteur envers l'hypnotiseur Donato et favorable aux exercices hypnotiques. Il fut le seul, dit Vizioli (il eut cependant quelques rares imitateurs), qui « fit vibrer une corde discordante parmi les savants d'Italie (1). »

A Milan, au contraire, excepté le docteur G.-B. Verga, premier médecin de l'asile provincial, qui encouragea, par une malheureuse lettre (2) les spectacles hypnotiques, nous ne connaissons pas d'autres médecins qui aient mêlé leurs louanges à celles des journaux adulateurs de Donato. L'*Osservatore cattolico* combattit même vigoureusement ceux-ci par de solides arguments (3), et peu après, au moyen d'observations médicales, le doct. Gonzales, directeur de l'asile de Milan, s'éleva contre les *épidémies hystériques*, comme il appela l'hypnotisme (4). L'excellent journal l'*Unità cattolica* avait déjà déconseillé les pratiques hypnotiques sous le titre très juste *d'Une*

---

(1) Doct. Fr. Vizioli, *Relazione*, déjà citée. Opusc. séparé, p. 7-8, en note.
(2) Dans l'*Italia*, 22-23 mai 1886.
(3) *Osservatore catt.*, 20-21 mai 1886, et dans d'autres numéros suivants. Deux autres journaux de très mauvais principes, comme la *Perseveranza* et le *Secolo*, combattirent aussi l'hypnotisme.
(4) Lettre datée de Milan, 24 mai 1886, dans l'*Oss. catt.*, 27-28 mai.

jeune homme robuste, souffre de maux de tête et d'affaiblissement mental. — D. T..., jeune homme de dix-huit ans, de Milan, auparavant très honnête, intelligent, de famille aisée, après avoir été hypnotisé et en avoir rapporté un état névrotique qui inquiétait les gens de sa maison, comme insomnie, cris nocturnes, perte de mémoire, mauvaise humeur, tenta une vengeance absurde sur Donato en lui demandant une somme d'argent s'il ne voulait pas que son secret fût révélé ; ce qui, évidemment, n'est que la manifestation d'une espèce de folie mentale... Il y eut beaucoup d'étudiants en mathématiques qui, après l'hypnotisation, restaient incapables de dessiner, lorsqu'ils fixaient leurs instruments de précision...

Les conséquences donc les plus fréquentes peuvent se résumer ainsi : continuation atténuée du grand accès provoqué (*de névrose hypnotique*), état de somnambulisme ou de demi-somnambulisme, facilité d'y retomber pour de très légères causes, exagération des phénomènes réflexes qui va jusqu'au Miriachit, aux convulsions, à l'aliénation, à l'affaiblissement mental, à l'amnésie (1), quelquefois à l'eczéma, ce qui ne paraîtra pas étrange à qui connaît les liens très étroits qui existent entre les affections cutanées et celles des nerfs (2). »

Tels furent les vestiges glorieux laissés derrière lui par l'hypnotiseur Donato à Turin. Il en fut plus ou moins de même à Milan, ainsi que l'attestèrent les docteurs Sapolini et Strambio. Il préparait de semblables faveurs à Florence et à d'autres villes italiennes, si le Conseil supérieur de santé à Rome ne lui eût fermé le chemin. On

---

(1) Perte de la mémoire.
(2) Prof. Cesàre Lombroso. *Studii sull' Ipnotismo*, etc., Turin, 1886, p. 20-24.

dessin. Giov..., lieutenant d'artillerie, déjà hypnotisé par Donato, riait d'une invitation que celui-ci lui donna de se trouver au théâtre et de se donner en spectacle ; mais, à l'heure fixée pour l'invitation, il se sentit une telle démangeaison d'y aller qu'il lutta violemment contre ses compagnons et ses supérieurs qui le retenaient ; empêché par la force d'exécuter son dessein, il s'endormit du sommeil hypnotique après un véritable accès de furie, oubliant à son réveil, ce qui était arrivé. — Bon..., étudiant en mathématiques, retomba après des pratiques hypnotiques, dans l'épilepsie dont il était guéri. — R..., marchand de vin, avoue avoir perdu la mémoire après ces pratiques et est, la nuit suivante, affecté d'un eczéma, s'étendant à tout le cou et à la poitrine ; cet eczéma dura huit jours. — X..., lieutenant, est attiré à courir dans les rues après toutes les voitures ayant des lanternes allumées. — Ercol..., employé au télégraphe, devint d'abord somnambule ou plutôt tomba dans un état d'hypnotisme continuel, ensuite dans des convulsions épileptiformes et dans le délire maniaque. — Le lieutenant Y..., exploité par quelques hypnotiseurs qui avaient appris de Donato la pratique de l'hypnotisme, fut pris aussi de somnambulisme, d'une espèce de Miriachit (1), avec tendance à l'imitation de tout geste, exagération de tous les réflexes et idées lipémaniaques (2) d'être sur le point de mourir, etc. — Catt..., jeune homme délicat, mais n'étant sujet à aucune maladie mentale, fut pris, après deux épreuves d'hypnotisation de Donato, d'accès de somnambulisme et de symptômes de folie qui durèrent un mois. — Civ...,

---

(1) Espèce de névrose assez commune en Russie, qui force le patient à imiter les actes et les gestes des assistants.
(2) Manie mélancolique.

Au reste celui qui voudrait savoir quels furent précisément les maux déplorés par Lombroso, peut l'apprendre de lui-même. Et nous, sachant que certaines têtes impressionnables ont vraiment besoin d'être détournées de l'hypnotisme par la peur du mal physique, pour leur avantage et pour l'avantage de ceux qui les dirigent, nous rapporterons ici une longue, mais très utile page de Lombroso lui-même : « Nous aliénistes, nous avons déjà ici à Turin plusieurs cas d'épilepsie, d'hystérisme, de somnambulisme, d'amnésie, développés ou réveillés après que ces manœuvres hypnotiques se furent répandues sans les précautions dont doivent et savent user (*pas toujours*, selon nous) les aliénistes. Criv..., procureur du roi et écrivain illustre, fut pris de parésie (1), après trois quarts d'heure d'assistance à un spectacle de Donato ; il fut guéri ensuite par les soins du doct. Bellosta. — Une dame F... fut prise d'un sommeil hypnotique avec catalepsie pendant un spectacle semblable. — Une dame R..., hystérique, se croit continuellement hypnotisée sans l'être et est dans un vrai délire hystérique. — Une dame X... eut des convulsions épileptiformes après avoir assisté au spectacle de Donato. — Col..., étudiant, déjà somnambule et ensuite guéri, ayant été hypnotisé par Donato, eut des accès de somnambulisme. — Lesc... retomba plusieurs fois dans l'hypnotisme, à la vue d'objets brillants ; il n'a pu résister à l'invitation de Donato de se présenter au théâtre à heure fixe, malgré sa volonté manifeste et l'opposition de ses compagnons. — R..., étudiant en mathématiques, se réhypnotisait chaque fois qu'il fixait son compas ; et il dut abandonner pour quelque temps le

---

(1) Espèce de paralysie légère et passagère.

note : « Et de cela nous en avons hélas ! de nouveaux exemples, après les derniers spectacles donnés par Donato sur les scènes de Turin et de Milan. ») Déjà, par la libre pratique de l'hypnotisme dans les réunions publiques, le nombre des personnes *sensitives* s'accroît d'une manière effrayante... Les expériences hypnotiques peuvent enfin causer un dommage direct. Je suis moi-même en mesure d'en rapporter un exemple. J'ai eu l'occasion de voir comment, chez un étudiant, l'expérience hypnotique exécutée sur lui, amena l'amaurose (*cécité absolue*) d'un œil et l'amblyopie (*cécité imparfaite*) de l'autre, et comment la vision perdue n'a pas pu se rétablir... Même dans les cliniques (*et cependant elles sont entre les mains des médecins!*) on ne devrait pas soumettre fréquemment à la pratique (*hypnotique*) des personnes très excitables, puisque, sans aucun doute, leur nervosité en est gravement augmentée (1).

Voilà ce qu'on écrivait de Vienne des scènes de Donato vues à distance. Le prof. Cesare Lombroso, qui les a vues de près de ses propres yeux, en a dit pis que pendre dans le conseil supérieur de santé où il fut invité à Rome. « Il a exposé, raconte Vizioli, une série de faits de personnes rendues malades pour s'être présentées comme sujets d'hypnotisme (2). » Le commandeur Sapolini et le prof. Strambio en firent autant dans l'assemblée romaine, en parlant des résultats de Donato à Milan, dont ils avaient été témoins oculaires (3).

---

(1) Nous ne nous souvenons plus dans quel journal médical nous avons lu ces paroles ; mais les paroles que nous citons sont exactes, et sont datées de : « Vienne, 30 juin 1886, » et signées par « M. Benedikt. »
(2) Doct. Franc. Vizioli, dans la *Relazione sull' operato del Consiglio superiore di sanità*, etc., lue à l'Académie de Médecine et de Chirurgie de Naples, dans la séance du 27 juin 1886, dans le *Giornale di Neuropatologia* de Naples, fasc. de mars et avril 1886, p. 136 et p. 150.
(3) Id., p. 136 et 150.

§ VIII

Que l'hypnotisme nuit à la santé : on le prouve par les faits.

Voyons maintenant comment les sombres pronostics de la science médicale ne sont, en réalité, que trop vérifiés par les faits. Et nous le ferons, en suivant pas à pas la série des malheurs répandus sous nos yeux par Donato dans sa funeste apparition en Italie. *Ab uno disce omnes*, puisque les magnétiseurs sont tous les mêmes et que Donato vaut autant que Verbeck, Hansen, Zanardelli. Le rideau était à peine baissé sur les faits hypnotiques de Turin, que paraissait, dans une gazette médicale, une lettre du docteur Benedikt, de Vienne (*hypnotiseur*), au prof. Gaetano Rummo, de Naples (*hypnotiseur fameux*), « sur le bruit soulevé récemment en Italie par un hypnotiseur charlatan. Après quelques jappements mystérieux et sentencieux sur les origines du mesmérisme, que le docte Allemand nous fait venir des très anciens peuples Ariens et des Sémites par la voie des Jésuites, il arrive au fait : « Maintenant, nous demandons si l'hypnotisme peut être nuisible à la santé. Sur le fait que l'hypnotisation augmente le nombre des hypnotiques, il ne peut y avoir de doute. Il s'en suit que le système nerveux réagissant contre cet affaiblissement engendre le trouble dans son mode normal de fonctionner. (Ici la rédaction médicale napolitaine insère une

---

Enfin au matin, on s'en empare, on le conduit à un médecin, qui très difficilement l'éveille. Il était alors exténué, constate le journal radical d'Arras, *l'Avenir*. (*Chronique Picarde.*)
(N. d. T.)

une congestion cérébrale. Quand on opère sur une personne qui n'a pas fini sa digestion, spécialement si elle est affectée d'embarras gastriques, la congestion suivie de mort peut se produire facilement. Les convulsions prolongées même après le réveil, la difficulté du réveil, certaines formes d'épilepsie et d'idiotisme persistant après la magnétisation, la folie même produite par le magnétisme, doivent persuader ceux qui n'ont pas beaucoup étudié, de s'abstenir de magnétiser (1). » Que faut-il de plus? Le professeur D. Zanardelli, qui a parcouru beaucoup de théâtres d'Europe en hypnotisant et qui hypnotisait dernièrement à Rome des savants, des princes, des députés (tous de peu de jugement), dans de grandes assemblées, a écrit un chapitre entier sur les « dangers de l'hypnotisme, » dans lequel il décrit les dangers de coups de sang à la tête et au cœur, de perte de la voix et de la respiration, de suffocations, de convulsions, de syncopes (2). Il est vrai qu'il trouve la solution de chaque difficulté, spécialement avec sa plaque Fechner; mais nous avons la faiblesse de croire plus aux dangers qu'à la plaque.

Ainsi, forcés par l'honnêteté naturelle, parlent les auteurs qui sont aussi expérimentés dans l'hypnotisme qu'ils sont peu connaisseurs en catéchisme, en histoire vraie et en sentiments religieux (3).

---

(1) *L'Ipnotismo svelato*, etc., Turin, 1886, p. 10.
(2) Prof. D. Zanardelli, *La verità sull' ipnotismo, rivelazioni*. Rome, 1886, p. 28 et suiv.
(3) A Arras, un jeune homme de 19 ans qui avait souvent servi de jouet à Donato, se trouvait au cabaret, jouant aux cartes. Soudain on le vit tomber dans un profond sommeil qui persista quelque temps malgré tous les efforts pour le réveiller. Puis, subitement, il sortit de l'estaminet et commença à grimper sur les tables du marché se livrant à toute sorte d'exercices de gymnastique sans qu'il fût possible de l'arrêter.
Puis il court aux remparts, y continue ses dangereuses excentricités, suivi par ses amis qui craignent un accident, mais n'arrivent pas à le maîtriser,

médecin français, ajoute : « Ce dernier mot n'est pas trop fort. » Vizioli avait eu, en effet, lui-même à soigner un jeune homme devenu fou pour avoir subi l'hypnotisme à Montpellier, lors du passage de l'hypnotiseur Verbeck (1). Le docteur James traite également des graves périls de l'hypnotisme, non seulement pour les hypnotisés eux-mêmes, mais encore pour les spectateurs des expériences hypnotiques. Il cite de formidables témoignages d'un grand hypnotiseur, le docteur Luys (2).

Il nous serait trop facile de multiplier les citations d'avis semblables de médecins italiens et étrangers : mais nous ne voulons pas enfoncer une porte ouverte. Seulement nous aimons à recueillir aussi l'aveu des fauteurs de l'hypnotisme. Dans l'opuscule *l'Hypnotisme dévoilé*, tout en faveur des pratiques de Donato, nous lisons : « Ce n'est pas un simple et innocent divertissement pour une personne susceptible d'entrer dans l'état hypnotique, de se soumettre fréquemment aux pratiques magnétiques : il peut arriver que par là, son esprit s'affaiblisse temporairement et même *perpétuellement*... Beaucoup d'accidents, quelquefois irrémédiables, ont été causés par l'inexpérience du magnétiseur... Quand on magnétise une personne d'une extrême sensibilité, on peut provoquer les symptômes de la suffocation, qui, si on ne les arrête pas à temps, peuvent produire une véritable suffocation. Pendant le sommeil, un somnambule peut être frappé par un accident fortuit et indépendant du magnétiseur, et si on n'en neutralise pas tous les effets, il peut se produire

---

(1) Cf. Fr. Vizioli. *Relazione sull' operato del Consiglio superiore di sanità*, etc., lue dans l'Académie Méd.-Chirurg., etc., insérée dans le *Giorn. di Neuropatologia* de Naples, fasc. de mars-avril, 1886, p. 147 ; dans l'opusc. séparé, p. 14.
(2) Doct. Constantin James. *L'Hypnotisme expliqué, etc.* Paris, 1888, p.25 sqq.

prudents ? Est-il possible que, parmi le nombre infini des ignorants, des imprudents, des étourdis, il ne vienne à aucun la fantaisie d'hypnotiser et d'en faire un jeu de société et de salon ? Nous avons vu qu'à Turin et à Milan, après le spectacle de Donato, les tentatives d'hypnotisation se multipliaient un peu partout, avec quels inconvénients, nous le verrons bientôt.

Nous avons, en outre, le consentement unanime d'autres docteurs dignes d'être cités, parce qu'ils se sont acquis un grand renom par leurs recherches hypnotiques. Paul Richer, qui pourtant approuve l'hypnotisme employé par les médecins comme sujet d'étude sur les personnes hystériques, convient que « les expériences sur les personnes jeunes et saines, conduites sans mesure, peuvent favoriser l'éveil de dispositions névropathiques latentes, et qu'il est à craindre que l'état de désordre mental momentané, qui est le caractère propre de l'hypnotisme, ne persiste entre une épreuve et une autre et ne devienne permanent (1). » En d'autres termes, l'hypnotisme peut conduire à des maladies nerveuses et à la folie. Les paroles du docteur Charles Richet sont beaucoup plus graves, mais nous les laissons de côté pour ne pas être trop long. Dans l'Université de Montpellier, un des centres des études médicales de France, le docteur Grasset, célèbre par sa clinique et ses ouvrages de névrologie, enseigne : « Si l'on prend un individu de bonne santé, seulement disposé à l'hypnotisme, susceptible de s'endormir et qu'on l'endorme un certain nombre de fois, d'un simple nerveux on en fera un névropathique, ensuite un hystérique et souvent un fou. » Et le docteur Vizioli, qui cite ce trait du célèbre

---

(1) Richer. *La Grande Hystérie*, p. 794.

le docteur Vizioli à l'Académie R. médico-chirurgicale de Naples, dans la séance du 27 juin 1886(1). Nous donnons ici volontiers le texte de l'avis du sénat médical de Rome (sans en louer la doctrine médicale), uniquement pour l'attestation pratique qu'il rend à notre thèse, des funestes effets de l'hypnotisme.

« Le Conseil supérieur de santé du Royaume, examinant objectivement la question de l'hypnotisme, des suggestions hypnotiques et spécialement des spectacles donnés jusqu'à ce jour en Italie, et dernièrement à Milan et à Turin, affirme qu'il n'est plus nécessaire de discuter sur la partie scientifique et technique du somnambulisme provoqué et des suggestions hypnotiques, étant tous deux partie intégrante des doctrines névropathologiques modernes ;

« Considérant ensuite que les spectacles d'hypnotisation peuvent produire une perturbation profonde dans l'impressionnabilité du public, ce qui, outre les épreuves scientifiques de la clinique et de la physiologie, est établi par les avis formels des corps scientifiques qui se sont occupés particulièrement de ce problème ;

« Retenant pour faits scientifiquement prouvés et officiellement confirmés, que l'hypnotisation peut être nuisible aux individus ;

« Et considérant que ce dommage peut être plus grand chez les adolescents, les névropathiques, les personnes très excitables ou affaiblies par un travail excessif d'esprit, personnes qui toutes ont droit à la protection de la société ;

« S'élevant enfin à la question éthico-juridique, et considérant que la protection de la liberté indi-

---

(1) Dans le *Giornale di Neuropatologia* de Naples, fascicule (en retard) de mars-avril 1886.

viduelle ne peut permettre que la conscience humaine soit abolie par des pratiques génératrices de faits psychico-morbides dans les personnes prédisposées, de façon qu'un homme se rende esclave d'un autre, sans qu'il ait connaissance des dommages qu'il peut subir ou produire :

« Le conseil est d'avis que les spectacles d'hypnotisme dans les réunions publiques doivent être défendus. »

Et ils furent défendus. Et ce fut un bien. Mais combien est pauvre et misérable l'acte enfanté par la grande assemblée romaine, si nous le comparons au splendide rapport des docteurs français d'il y a un siècle, délégués pour examiner la question du mesmérisme qui est frère de sang de l'hypnotisme, et en informer l'Académie de médecine et le Roi ! Ce rapport, signé par Bailly, entre au vif de la question proposée, il décrit en bel et bon latin les phénomènes mesmériques, en montre les dangers physiques et moraux avec une supériorité et une sûreté qui le feront toujours regarder comme un modèle de rapport médical. Le rapport romain, outre qu'il écorche la langue italienne, nous dit en quatre mots embrouillés que les médecins connaissent déjà l'hypnotisme et que l'expérience et l'autorité d'autres conseils médicaux persuadent la docte assemblée de voter comme eux et de condamner les expériences publiques d'hypnotisme comme nuisibles à la santé publique et à la liberté morale des citoyens. Pourquoi n'a-t-on introduit dans l'avis aucune des nobles et fortes paroles du rapporteur le doct. Vizioli au sujet des dommages moraux de l'hypnotisme ? On ne sait : peut-être a-t-il semblé indigne de docteurs médecins, hommes de progrès, de se montrer tendres pour la moralité.

Quoi qu'il en soit, leur avis est une sentence

médicale pleine d'autorité, et avec celles de Bailly et des deux Conseils médicaux de Milan, elle forme la quatrième réponse des corps académiques contre l'usage de l'hypnotisme. Nous croyons avoir vu de semblables avis venant de l'Espagne et du Portugal : mais nous n'en avons pas les documents. Nous devons des remercîments au prof. Enrico Morselli, qui nous rappelle comment « en l'année 1880, la police prussienne, sur l'avis de la R. députation médicale..., avait arrêté la course triomphante de Hansen au milieu des villes allemandes (1). » Nous remercions aussi le doct. Vizioli qui, dans son *rapport* à l'Académie napolitaine, nous parle de l'avis de la Faculté de Médecine de Vienne. « Nous croyions, dit le doct. Vizioli, être les premiers dans le monde civilisé à émettre un verdict qui devait sauvegarder la science d'une part, sans paraître être un signe d'obscurantisme et de réaction, et d'autre part, protéger la santé publique... Et puis, nous trouvâmes que, à Vienne, en 1880, une commission de la Faculté de Médecine, dont le rapporteur était l'illustre prof. Hoffmann, avait été appelée à donner son avis sur les conséquences possibles des représentations d'Hansen, le célèbre magnétiseur danois. Elle répondit que la perte de la connaissance et la contraction tétanique pouvaient avoir des inconvénients sérieux : qu'il s'agit d'états anormaux, dont personne ne peut établir jusqu'à quel point ils pourraient être poussés sans dommage pour le sujet. Le rapporteur fit remarquer la possibilité d'une paralysie subite du cœur, spécialement dans les individus cardiopathiques soumis aux expériences ; ajoutant d'autre part que la représentation des états

---

(1) Prof. Enrico Morselli. *Il Magnetismo animale, la fascinazione e gli Stati ipnotici*, Torino, 1886, p. 386.

névropathiques, en réalité ou en apparence anormaux, pouvait exercer sans aucun doute une influence nuisible sur les personnes disposées aux troubles nerveux ou mentaux, puisque l'expérience, non seulement du moyen âge, mais encore de l'époque actuelle, nous enseigne que de semblables excitations ont produit diverses épidémies d'affections mentales et nerveuses. Se basant sur ce jugement, la police de Vienne interdit les représentations d'Hansen (1). »

Récemment, encore, le Conseil cantonal de Berne, prohibait les spectacles d'Hypnotisme et de Magnétisme (2).

Un homme distingué de Hollande nous affirma à Rome que son gouvernement les avait également défendus. On en peut dire autant du gouvernement danois, comme nous le voyons par les journaux (3).

De ce que nous avons dit jusqu'ici, il ressort clairement :

1° Qu'un très grand nombre de docteurs, tant en particulier que réunis en assemblées solennelles, condamnent les spectacles d'hypnotisme comme nuisibles à la santé, sources funestes de névroses, d'hystérisme, de convulsions, de paralysies, de congestions cérébrales, d'affections cardiaques, d'épilepsie, d'amnésie, de folie, et d'autres maladies, y compris expressément la mort subite.

2° Que non seulement l'*abus* des pratiques hypnotiques est pernicieux, mais même leur simple *usage*. Parce que, outre l'affirmation des docteurs sérieux, la raison le dit elle-même : il est impossible que l'usage ne dégénère pas souvent en

---

(1) Doct. Fr. Vizioli. *Relazione* déjà citée dans le *Giornale di Neuropatologia* de Naples, p. 150 et les suiv., dans l'opuscule séparé, p. 17.
(2) Télégramme particulier de l'*Osservatore cattolico*, de Milan, du 30 sept. dans le N° du 1er octobre 1887.
(3) *Corriere di Torino*, 21 février 1887.

abus, quand on voit communément employé un instrument dangereux en lui-même et souvent par des personnes inexpérimentées, légères, imprudentes, sur des sujets faibles et disposés aux maladies qui bouleversent profondément l'organisme humain.

3° Que les plus exposés au danger de l'hypnotisme sont naturellement les insensés qui se présentent volontairement comme patients. Si ce sont des personnes maladives, des jeunes filles délicates, des femmes nerveuses, le danger alors équivaut à la presque certitude d'un malheur.

4° Qu'enfin, non seulement les hypnotisés, mais encore les simples spectateurs des scènes hypnotiques paient souvent cher leur curiosité en courant le risque de terribles maladies. Un docteur allemand, M. Drosdow, raconte d'une dame, institutrice municipale, qu'elle dut se démettre de son emploi, parce qu'elle avait contracté la maladie hypnotique, en assistant à des séances d'hypnotisme. Que nos lecteurs se rappellent combien de personnes, dans la seule ville de Turin, contractèrent des maladies très graves, rien que pour avoir *vu* Donato opérer au théâtre Scribe, et non seulement des jeunes filles faibles, mais aussi des jeunes gens robustes et des hommes de toute condition. Si l'on recueillait les tristes souvenirs de Milan, de Rome, de Naples, etc., avec l'adresse que le docteur israélite professeur Lombroso a mise à noter les malheurs de Turin, le catalogue des dommages causés par l'hypnotisme en Italie s'accroîtrait indéfiniment.

Ces vérités pratiques, nous les rappelons à tous les hypnophiles, mais spécialement nous les recommandons à certaines bonnes dames (nous dirions volontiers *bonasses*), qui admettent l'hypnotisme dans les soirées comme un amusement de salon. Qu'elles se persuadent que c'est une vraie trahison envers leur santé et celle de leur société. On ne joue pas impunément avec le feu, avec la dynamite, avec le choléra. De très grands malheurs pourraient en résulter et amener une issue funeste à ces divertissements; et ce ne serait pas la première fois qu'on devrait appeler en grande hâte le médecin le plus voisin, pour remédier aux douloureux accidents d'un hypnotisé ou d'une hypnotisée. Nous pourrions en donner divers exemples : mais il suffit de raconter ceux qu'avoua l'hypnotiseur public D. Zanardelli. « Plus d'une fois, il m'est arrivé d'être appelé, en toute hâte, près de quelque famille (*imprudente!*) pour éveiller des somnambules aventureusement magnétisés par quelque amateur: je me suis tiré facilement d'embarras, en me servant de la plaque électrique Fechner. A propos de cela, je me souviens qu'un soir je fus appelé en toute hâte à la maison du général Echevarria à Madrid, pour éveiller une jeune fille tombée en catalepsie, à la suite de manœuvres d'un magnétiseur ignorant (*et il y en a tant!*). La famille était épouvantée, dans la maison c'était une confusion indescriptible, la jeune fille pâle, raide, immobile, avait l'aspect d'un cadavre, etc., etc. (1) »

Plus loin nous donnerons d'autres raisons plus péremptoires encore contre les pratiques hypnotiques. En attendant bornons-nous là, quant au mal physique causé par l'hypnotisme tant dans les assemblées publiques que dans les maisons particulières ; disons un mot du mal moral.

(1) Prof. D. Zanardelli. *La verità sull' ipnotismo, etc.*, p. 36.

CHAPITRE IV

L'HYPNOTISME DEVANT LA MORALE

I

L'hypnotisme est profondément immoral

La question de la moralité ou de l'immoralité de l'hypnotisme se résoud substantiellement en démontrant qu'il n'est pas permis de renoncer à sa propre liberté morale, comme il arrive dans les pratiques hypnotiques. Cette démonstration est faite depuis longtemps et passée en force de chose jugée dans les Codes des nations civilisées. Tout esprit raisonnable sent avec une profonde conviction qu'il n'est pas permis d'éteindre la lumière de l'intelligence ni d'étouffer le jugement de la conscience : parce que l'homme resterait indifférent à vouloir le bien qu'il doit faire et indifférent à repousser le mal défendu. Autant l'obligation de faire le bien et d'éviter le mal est grave, autant est absolu le devoir de ne pas se rendre impuissant à l'un et à l'autre. De là, la condamnation admise par tous de l'ivresse, de l'usage de fumer l'opium ou de boire l'haschisch, et de tout acte qui mette obstacle, même pour peu de temps, à la liberté morale. Il n'est pas d'homme si sauvage qui ne sente l'avilissement et la culpabilité de celui qui volontairement se dépouille de son libre arbitre, s'expose naturellement à mille périls matériels et devient capable de toutes sortes de délits; comme si pour lui n'existait plus de loi et qu'il fût changé en brute.

Nous savons bien que quelques-uns défendent l'hypnotisme en le comparant au chloroforme. Mais l'usage du chloroforme lui-même est illicite pour la raison susdite, hors le cas de grave nécessité et toujours avec les précautions nécessaires. Et, dans ce cas, le bien durable qu'on obtient par ce moyen, compense le mal momentané de la suspension de la liberté morale. Mais ce qui constitue une disparité absolue entre l'hypnotisme et le chloroforme : c'est que le chloroforme n'expose pas le patient à un millième des périls auxquels l'hypnotisé est exposé, parce qu'il ne produit d'autre effet qu'un sommeil tenace et une bienfaisante anesthésie, durant laquelle le malade est non seulement insensible à toute douleur, mais aussi incapable de toute action mauvaise.

C'est tout le contraire qui arrive à l'hypnotisé. Sous l'influence de l'hypnose, son activité croît démesurément, et, au milieu des hallucinations et du délire, il agit aveuglément, suivant la suggestion extérieure. Il n'y a pas de désordre personnel qu'on ne puisse lui imposer, il n'y a pas de délit auquel il ne prête la main, du moment qu'on le lui ordonne. L'hypnotisé est un homme qui a signé une lettre de change en blanc et l'a mise en mains inconnues ; le fiduciaire peut y écrire tout mal, toute honte, tout méfait. Cette raison fondamentale a été reconnue aussi par le Conseil supérieur de santé réuni à Rome, par ces paroles, embrouillées si on veut, mais au fond très dignes de sages législateurs : « S'élevant enfin à la question éthico-juridique, et considérant que la sauvegarde de la liberté ne peut permettre que la conscience humaine soit abolie par des pratiques génératrices de faits psychico-morbides dans les personnes prédisposées (*et dans celles qui ne sont pas prédisposées*, ajouterons-nous) de manière à rendre un homme esclave d'un autre, sans qu'il ait connaissance du mal qu'il peut subir ou produire : le Conseil est d'avis que les spectacles d'hypnotisme en réunions publiques (*et pourquoi pas aussi dans les réunions privées ?*) doivent être prohibés (1). »

Nous savons la défense que tentent d'opposer les hypnophiles. Ils protestent que le péril d'abus est éloigné par le seul fait que personne n'est hypnotisé malgré soi ; et que, par conséquent, chacun est libre d'accepter l'hypnotisme dans les seules circonstances où il n'y a pas à craindre d'abus. Cette défense que nous avons déjà citée au § VII du chapitre Ier a été imaginée par le père de l'hypnotisme moderne, le docteur Jacques Braid (2), et rééditée par Donato (voyez ci-dessus § II de l'Avant-propos) et par tous les fauteurs des pratiques hypnotiques. L'honnête et consciencieux docteur James, affirme que « la puissance « du magnétisme est nulle sur quiconque refuse « de se soumettre à ses pantomimes. Sous ce « rapport, aucune surprise n'est possible, parce « que si vous tentez d'agir à l'insu du sujet, vous

---

(1) *Parere*, etc., cité ci-dessus.
(2) Braid, *Neurypnologie*, éd. cit., p. 28.

« n'arriverez jamais, je ne dis pas à l'endormir,
« mais même à lui faire sentir votre influence (1). »
Conca affirme la même chose: « Ce qui, sans
« conteste, est nécessaire et même indispensable,
« c'est le consentement du sujet qui s'expose à
être hypnotisé (2). »

Plût à Dieu qu'il en fût ainsi ! Et nous croyons qu'il en est ainsi en réalité presque toujours. Mais nous savons également que d'autres magnétiseurs nient absolument la nécessité du consentement et assurent au contraire pouvoir hypnotiser autrui par surprise et même contre la volonté formelle. Parmi ceux-ci est le docteur Husson dans son célèbre rapport à la Faculté de médecine de Paris (3), où il cite deux célèbres magnétiseurs, M. Lafontaine et M. Bertrand. Ce dernier dit expressément que les phénomènes magnétiques peuvent s'obtenir *avec la volonté, sans la volonté, contre la volonté* (4). On sait, en effet, pour citer seulement des faits modernes, que le docteur Robouam, a magnétisé un malade à l'Hôtel-Dieu, à Paris, et une dame âgée, malgré eux et en dépit de tous leurs efforts contraires (5). Le docteur Bernheim et d'après lui beaucoup d'écrivains hypnotistes racontent les cas lamentables de malheureuses femmes hypnotisées par surprise et par fraude (6), Richer raconte des cas de personnes hypnotisées pen-

(1) Doct. Const. James. *L'Hypnotisme expliqué*, etc. Paris, 1888, p. 28.
(2) Doct. Cr. Conca. *Isterismo ed Ipnotismo*. Naples, 1888, p. 133.
(3) Figuier, *Histoire du Merveilleux*, vol. III, p. 450.
(4) « Berger a montré qu'en tenant soit ses mains chaudes, soit une plaque « métallique modérément chauffée à proximité de la tête d'une personne *dor-* « *mant de son sommeil naturel*, on produit l'hypnose avec tous ses effets. » Il y a là, évidemment, un danger redoutable pour des enfants soumis à la surveillance d'un mercenaire, instrument des basses rancunes de quelque ennemi caché, ou dominé lui-même par les plus viles passions. (Méric, *Le merveilleux et la science*, p. 117.   (N. D. T.)
(5) Cf. *Civiltà cattolica*. Ser. V, vol. XII, p. 149.
(6) Fr. Vizioli, *Lettura* à la Section médicale du Congrès de Pérouse, dans le *Giornale de Neuropatol.* de Naples cité ci-dessus ; et dans la brochure séparée, p. 36 et suiv.; Cullerre, *Magnétisme et Hypnotisme*, p. 356 et suiv.

dant le sommeil, c'est-à-dire sans que ces personnes s'en aperçussent, bien loin d'y consentir librement. Elles se trouvèrent donc transportées du sommeil naturel et physiologique au sommeil hypnotique, dans lequel elles restaient *la proie brute*, comme dirait Lombroso, de l'hypnotiseur (1). Ces cas d'hypnotisation forcée sont rares, mais ils suffisent pour infirmer l'argument à décharge que l'on tire de la nécessité du consentement.

Mais supposons que le consentement de la personne à hypnotiser soit nécessaire pour recevoir l'influence hypnotisante : quel obstacle ce consentement peut-il apporter aux abus de l'hypnotisme ? Chacun sait combien il est facile d'obtenir un consentement. Nous avons vu dans les séances hypnotiques de Turin, de Milan, de Rome, de Naples, de Sassari, etc., la jeunesse et l'âge mûr y courir tête baissée ; nous avons vu des étudiants, des savants, des militaires, des princes romains se soumettre à l'hypnotisme. Chacun sait que, dans les réunions particulières, des jeunes filles, des jeunes femmes, avides de sensations nouvelles, se laissent hypnotiser sans la moindre résistance. Les médecins, dans l'intimité des familles et grâce à la confiance inspirée par leur profession salutaire, n'ont aucune peine à faire accepter une cure hypnotique ; dans les cliniques et dans les hôpitaux, tout docteur peut opérer comme *in anima vili*, en maître absolu. Quelle jeune fille éprise d'un jeune homme qui sait hypnotiser résistera à ses insinuations ? Quel jeune homme résisterait aux instances de ses amis avec qui il aimerait à faire du tapage ? Donc la nécessité du consentement de l'hypnotisable, en

(1) Richer. *La Grande-Hystérie*, p. 533-534.

supposant qu'elle existe (ce qui n'est pas toujours vrai), serait un obstacle presque nul et dont un hypnotiseur hardi peut facilement se faire un jeu.

Les hypnotistes présentent encore un autre moyen de défense : ils prétendent que, pendant le sommeil hypnotique, la lumière de l'esprit n'est pas toujours voilée ni la conscience oblitérée. Ecoutons encore avec patience cette vaine excuse. Pour ne pas accumuler ici une montagne de citations, rappelons seulement sommairement les trois opinions des hypnotistes. La première affirme que, pendant l'hypnose, la conscience reste libre ; la seconde le nie absolument ; la troisième concède à l'hypnotisé une sorte de crépuscule de conscience en vertu duquel il peut, jusqu'à un certain point, rejeter une suggestion extérieure si elle est immorale. La vérité entre ces opinions est qu'il y a des degrés possibles, mais que quand l'hypnotisation est parfaite, la conscience est aussi parfaitement abolie. Ainsi pensent, en effet, les docteurs les plus accrédités dont les avis ont été brièvement résumés par le doct. Paul Richer: « Heidenhain et Berger ont constaté que les symptômes les plus caractéristiques de l'automatisme peuvent exister sans la production du sommeil et avec l'entière conservation de la conscience. Le doct. Charles Richet a prouvé que l'illusion et l'hallucination pouvaient se réaliser dans des sujets à peine endormis, quand ils n'ont encore perdu ni la conscience de leur état et de leur personnalité, ni la mémoire des faits qui arrivent pendant leur sommeil. Le doct. H. Tuke... arrive à cette conclusion que le sujet hypnotisé peut être conscient ; il peut passer rapidement ou lentement à la pleine conscience ; les manifestations hypnotiques ne dépendent pas de la permanence ou de la suspension de la conscience, ce qui n'est qu'un pur épiphénomène. « Il ne nous est jamais arrivé à nous *(Paul Richer)* d'observer dans nos hystériques ces cas d'hypnotisme incomplet, avec persistance, à un degré variable, de la conscience. Le sommeil était toujours profond et, dès le premier moment, poussé à sa limite extrême(1). » Ce qui revient à dire que la conscience était entièrement obscurcie et abolie.

Le prof. Fr. Vizioli rappelle quelques hypnotisations pendant lesquelles il resta quelque lueur de conscience (2). Et nous aussi, nous en avons rapporté des exemples parmi les faits hypnotiques cités dans les premiers chapitres de ce traité (§ III, ch. I); ainsi, ce cas très singulier d'un médecin militaire, rendu tantôt immobile, tantôt mobile, quoique éveillé et jouissant du plein exercice de ses facultés mentales. Nous pourrions en ajouter quelques autres de notre connaissance personnelle. Mais deux choses sont indubitables : la première est que, dans les cas rares où l'hypnotisé conserve un crépuscule de conscience obscurcie et mourante, il lui est toutefois absolument impossible de résister à la suggestion impérative de l'hypnotisant : il accomplira par force le suicide, le parricide ou n'importe quelle autre atroce scélératesse qui lui soit *suggérée;* il se pliera au délit peut-être avec des signes de répugnance, avec quelque effort de résistance, mais il s'y pliera : la seconde est que, en général, lorsque l'hypnose est parfaite, l'aveuglement de la conscience est également complet; et cet aveuglement ne dure pas seulement pendant l'expérience, mais il peut, comme un nuage, reparaître

---

(1) Richer. *La Grande-Hystérie*, p. 772.
(2) Fr. Vizioli. *Lettura* déjà citée, opusc. séparé, p. 21.

sur l'horizon et obscurcir de nouveau l'esprit à échéance fixe. En outre, après l'hypnose, il ne reste plus aucune trace dans la mémoire de ce qu'on a fait de bien ou de mal sous l'influence de la maladie ; il en reste tout au plus une réminiscence faible et confuse. Pour confirmer ces vérités que nous affirmons comme certaines et hors de controverse, nous pourrions ajouter un volume de faits à ceux que nous avons déjà racontés, sans autre peine que de les copier à la lettre dans les traités d'hypnotisme et spécialement dans les écrits des médecins que nous avons cités jusqu'ici.

De fait les hypnotistes sont unanimes pour représenter l'hypnotisé comme un *automate* raisonnable. C'est l'expression solennelle et consacrée des docteurs. Au lieu de vingt ou trente citations faciles, bornons-nous à citer M. Seppilli, un des plus estimés écrivains italiens en cette matière. « L'individu hypnotisé ressemble à un mécanisme vivant qui répond aveuglément aux excitations qu'il reçoit du dehors ; et, grâce à cette propriété, l'hypnotiseur peut provoquer en lui à son gré au moyen d'excitations opportunes sur les divers sens, une série innombrable de phénomènes, des plus simples aux plus complexes, dans chaque sphère de l'activité cérébrale, c'est ce qu'on appelle du nom générique de *suggestions hypnotiques* (1). » Et cette doctrine, il la démontre en 25 pages compactes in-8°, toutes remplies de faits qui paraîtraient extraordinaires et incroyables, s'ils n'étaient pas entièrement semblables à ceux qui sont communément attestés par les médecins hypnotistes.

Maintenant nous demandons si la morale honnête (nous ne parlons pas de la morale chrétienne

---

(1) Doct. Joseph Seppilli, dans la *Rivista sperimentale di freniatria et di medicina legale* de Reggio Emilia, 1885, fasc. II-III, p. 325.

peut tolérer qu'un homme se *rende esclave d'un autre*, comme le déclare le Conseil supérieur de santé ? qu'il se *donne* à un autre, comme exige Donato ? qu'il se fasse la *proie brute* de l'hypnotiseur, comme s'exprime Lombroso ? qu'il descende à la condition d'un *automate*, d'une *machine* entre les mains d'autrui, comme en convient Seppilli, et avec lui tous les hypnotistes ? Cela fait horreur, cela répugne rien que d'y penser. L'homme ne doit se soumettre à un autre homme que lorsque celui-ci possède un droit légitime sur lui, parce qu'en ce cas, ce n'est pas devant l'homme, son semblable, qu'il s'incline, mais devant la loi, devant Dieu lui-même, auteur de la loi : et observer l'ordre constitué par Dieu, en conformant ses actes personnels à la rectitude infinie de la volonté divine, ce n'est pas abaisser la créature raisonnable, mais l'ennoblir et l'élever. Aussi est-il naturel que nous éprouvions un sentiment de mépris pour celui qui, volontairement, hormis le cas d'obéissance à une loi juste, abdique sa propre liberté et sa conscience. On peut retrouver les traces de ce jugement qui condamne les automates hypnotisés, au commencement de cet ouvrage, dans les relations que nous avons citées des faits hypnotiques de Turin et de Milan, bien qu'elles soient écrites par des journalistes très peu soucieux de la dignité humaine :

« Il y a, disent-ils, quelque chose de pénible, de convulsif dans leurs traits et de macabre dans leurs gestes. » — « Cette lutte entre la volonté impuissante et la force extérieure qui la subjugue, se révèle par des geste comiques et tragiques, qui font peine et surprise, qui suscitent le rire ou déchirent l'âme. » — « Le public impressionné hurla : « Assez ! »

En fait, quel homme honnête peut supporter la

vue d'une scène encombrée de jeunes gens bien élevés, d'hommes honorables, de militaires et d'officiers, de gentilshommes, tous réduits à l'état d'un troupeau d'idiots volontaires qui suivent un bateleur comme de petits chiens, qui lui obéissent comme des singes dressés, qui sautent comme des fous, qui rient sans motif, qui se déshabillent honteusement, qui se mettent dans toutes les postures de paillasses qu'on leur impose pour divertir l'assemblée ? Que nos lecteurs se rappellent la bande d'étudiants de Sassari hypnotisés par le prof. Ratone (§ IV. ch. I) se jetant par terre, remuant les pieds, se débattant, et ensuite, qu'ils nous disent si c'est une séance que l'on puisse supporter de gaîté de cœur ?

Il est impossible que de tels excercices n'abaissent pas le caractère moral par leur indignité même. En outre, un effet physiologique propre à l'hypnotisme est d'énerver la vigueur de l'âme, de disposer les facultés corporelles au vice d'accroître matériellement les inclinations mauvaises. Et pour que certaines âmes ingénues ne nous soupçonnent pas d'exagération, nous, hommes d'Eglise, qui cependant savons cela certainement mieux que tous autres et qui l'affirmons sans aucune hésitation, nous donnons comme garant un docteur d'un mérite réel dans ce genre d'études et de grande réputation, bien qu'égaré au point de vue des idées religieuses, nous voulons dire le professeur Cesare Lombroso. « Un dommage plus fâcheux, écrit-il, parce qu'on y prend moins garde, est celui que subit le caractère, déjà si faible en nous par tant de causes, et auquel maintenant on ajouterait une nouvelle cause et non moins intense d'affaiblissement. Il est notoire que le changement momentané du caractère moral, qu'on observe dans les accès (*hypnotiques*), peut se perpétuer après une série de semblables expériences ; et c'est naturel, puisque à chaque condition anormale de l'épiderme correspond une modification du caractère et de la moralité (*cette particularité d'une modification dépendant de l'épiderme, etc., n'en déplaise au docteur matérialiste israëlite, nous la croyons fausse*). On a déjà démontré comment ces individus deviennent facilement faux, immoraux ou du moins faibles, de façon à céder aux plus légères pressions, non seulement du suggestionneur mais aussi des autres, comme du reste on l'observe dans l'hystérie et dans toute irritation corticale (1). » Voilà ce que dit Lombroso qui parle entièrement selon la science et l'expérience.

Renoncer à la liberté morale et à la conscience, même pour peu de temps, sans de très graves raisons, est en soi-même un désordre et une source de corruption. Nous devrions aussi ajouter que l'hypnotisme est profondément anti-social, en tant qu'il peut ouvrir la porte et fournir une aide pernicieuse à mille fraudes et mille délits. Il est trop clair qu'une personne devenue *esclave, possession, proie, automate, mécanisme* entre les mains d'une autre est exposée à toutes les injures, du moment qu'elle tombe dans les mains d'un hypnotiseur habile mais criminel. Or qui ne voit que les malfaiteurs peuvent s'emparer de l'hypnotisme rendu désormais facile et vulgaire ? Et, sans tenir compte des malfaiteurs du métier, tout homme possédé d'un passion violente sera tenté d'appeler à son secours l'hypnotisme pour atteindre son but. On peut pendant l'état hypnotique ravir au patient des secrets de famille et d'Etat ; l'honneur de la femme est mis à la discrétion de

---

(1) Prof. Cesare Lombroso. *Studi sull' Ipnotismo*. Turin, 1886, pag. 22.

l'hypnotiseur et de quiconque voudrait en abuser par son moyen ; obligations, billets, testaments, consentements de mariage, seront imposés selon le bon plaisir de celui qui aurait pour complice un adroit magnétiseur.

C'est surtout vrai si on recourt aux suggestions dites à échéance; un fripon peut en faire des applications innombrables au préjudice de la paix des familles, des biens et de l'honneur d'autrui. Ce serait à n'en pas finir, si nous voulions entrer dans ce champ que nous laissons parcourir à l'imagination des lecteurs, éveillée et guidée par le peu que nous en avons dit en parlant des suggestions à échéance et des suggestions ayant un but criminel (1). Le fait est que non seulement les excellents écrivains de *l'Unità Cattolica*, du *Corriere di Torino*, de l'*Osservatore Cattolico* se préoccupèrent des faits et gestes de Donato, mais encore les docteurs-médecins ayant quelque conscience comme Tebaldi, Bufalini, Lombroso, et d'autres en grand nombre ; et les criminalistes comme Liégeois et Campili ont traité *ex-professo* des abus criminels de l'hypnotisation en général. Campili a pris la peine de publier une longue *Casuistique exemplificative sur l'abrégé du Code civil Italien* (2). C'est une vaste nomenclature de fraudes que l'on peut commettre facilement avec l'aide de l'hypnotisme. Et pendant que nous écrivons, on plaide devant les tribunaux la cause du docteur Castello Fusco, député au Parlement et de M. Conte, écheveau fort embrouillé de supercheries hypnotiques qu'il ne sera pas facile de démêler, comme nous l'avons appris par un journal médical napolitain.

---

(1) Cf. les §§ VI et VII du ch. I et les autres §§ où on raconte des faits semblables.
(2) Doct. Giulio Campili. *Il Grande ipnotismo*, etc., pag. 34, note A.

L'hypnotisme est donc un nouveau foyer d'immoralité, un nouvel attrait pour le libertinage, un nouvel instrument placé entre les mains des scélérats (1).

(1) Nous lisons dans *l'Ami de l'Ordre* (mai 1890) : *Un hypnotiseur poursuivi*. — Le tribunal de Nuremberg, en Bavière, vient de juger une intéressante affaire d'hypnotisme.

Dans la nuit du 26 au 27 juillet dernier, le commis-négociant Léonard Putz prenait des consommations au *café de l'Orient*. Les consommations lui étaient servies par une femme. Putz invita la femme à le regarder dans le blanc des yeux. La femme obéit, et elle ne tarda pas à tomber dans un état d'invincible somnolence ; elle en sortit cependant au bout de quelques minutes. Putz renouvela sa tentative une demi-heure après, avec plus de succès.

La jeune fille, se sentant prise de sommeil, eut encore la force de se traîner dans une pièce voisine, et là elle s'endormit si profondément que le propriétaire du café et sa femme essayèrent en vain, pendant dix minutes, de lui faire reprendre ses sens. Effrayés, ils appelèrent un médecin. Le médecin insuffla de l'air à la patiente par des moyens artificiels ; il chercha à réveiller la sensibilité de la peau par divers moyens : rien n'y fit, le sommeil persista. Enfin, le médecin passa la main sur la figure de la jeune fille et cria d'une voix forte : « Réveille-toi ! » La dormeuse se réveilla et, ouvrant les yeux, elle s'écria avec effroi : « L'homme aux yeux terribles est-il encore là ? » On la rassura, et elle reprit son service sans autre accident.

Putz fut cité à comparaître devant la justice pour avoir commis le délit d'attentat à la liberté de la jeune femme. L'affaire a été jugée à la fin de la semaine dernière. Le ministère public a requis la peine de l'emprisonnement pendant huit jours pour l'hypnotiseur. Putz a été acquitté, le tribunal ayant admis que la jeune fille savait quel pouvoir exerçait l'hypnotiseur, celui-ci ayant, à plusieurs reprises, fait en sa présence des expériences semblables à celle dont elle a été victime et au sujet de laquelle elle avait porté plainte.

Nous lisons dans le *Patriote*, 5 octobre 1890 : *L'Hypnotisme en matière civile*. — Vous avez déjà pu remarquer l'usage que l'on commence à faire de la *suggestion* dans les procès criminels. Les avocats ne se sont encore engagés que timidement dans cette voie ; mais, n'en faites nul doute, à mesure que les procédés à l'aide desquels le magnétisme endort ses sujets et les livre sans défense aux suggestions des opérateurs seront mieux connus du public et que l'emploi s'en généralisera, vous verrez les défenseurs des accusés recourir plus souvent à cet argument, qui sera d'autant plus commode qu'il pourra s'appliquer à tous les cas sans exception.

— Il est vrai que mon client a tiré sur la victime un coup de fusil ; mais il avait été hypnotisé ; il obéissait à une irrésistible suggestion. C'est lui qui a frappé ; soit. Ce n'est pas lui qui est le coupable.

Cet argument rappelle celui des enfants que l'on prend en flagrant délit d'un coup de poing allongé à un camarade :

— Ce n'est pas moi, Monsieur ; c'est ma main.

Et je me disais :

— Si l'on admet dans les affaires criminelles l'hypothèse de la suggestion, pourquoi ne l'admettrait-on pas dans les affaires civiles ? Un débiteur à qui l'on présentera une reconnaissance signée de sa main ne pourra-t-il pas refuser de payer, soutenant qu'il ne doit rien, que s'il a signé, c'est qu'apparemment on a abusé de lui, qu'on lui a suggéré de reconnaître par écrit une dette qui n'existait pas.

II

L'Hypnotisme est encore plus immoral pour la jeunesse et pour la femme.

Ce que nous avons dit jusqu'ici sur l'immoralité de l'hypnotisme en général pourrait suffire. Mais pour éclairer plus complètement nos lecteurs, nous leur rappellerons ce qu'ils savent et ce que les docteurs en hypnotisme sont d'accord pour reconnaître ; c'est que la jeunesse et la femme

<small>Un homme meurt, on ouvre son testament ; il laisse ses biens à un étranger. Les collatéraux ne vont-ils pas se lever et soutenir que leur parent a été victime de la suggestion, que s'il ne s'était pas soumis aux pratiques d'un magnétiseur, il ne les eût point dépouillés de sa succession ?

Il est étrange, ajoutais-je en moi-même, qu'on n'ait pas encore pris la question par ce bout. Savez-vous bien que tous les actes, quels qu'ils soient, même revêtus des formes légales, seraient par cela frappés de suspicion, que ce serait dans la société un effroyable désordre.

Je m'étais donc étonné qu'on ne se fût pas encore placé à ce point de vue. Aussi ai-je ouvert avec beaucoup de curiosité un volume qui vient de paraître de M. Albert Bonjean, qui a pour titre : *L'hypnotisme, ses rapports avec le droit*, et un sous-titre : *La suggestion mentale.*

M. Albert Bonjean a consacré un long chapitre à ces fraudes, qui peuvent se faire, dans l'ordre civil, sous le couvert de l'hypnotisme.

Il part de cette expérience qu'il a faite lui-même :

Joséphine S... est plongée dans le sommeil somnambulique. Elle est invitée par nous à écrire son testament. Sous notre dictée, elle rédige un testament olographe, absolument correct et répondant aux prescriptions de l'article 970 du Code civil. Elle écrit :

« Je soussignée, Joséphine S... déclare léguer toute ma fortune à Louis K...
« Fait à Verviers, le 15 octobre 1890. »

               Joséphine S...

Bien entendu qu'à son réveil la somnambule ne se souvient de rien.

Ce n'est qu'une expérience, une frime. Mais supposez une véritable fraude. Un beau jour la signataire meurt ; Louis K..., qui a gardé par devers lui ou qui a déposé chez un notaire le précieux écrit, le produit à la famille. Il y aura sans aucun doute des étonnements et des protestations ; mais quelle force ne possédera pas un titre émanant, sans qu'on en puisse douter, du testateur lui-même, titre représentant une volonté suprême et entraînant, si l'on ne trouve rien de pertinent à lui opposer, une dévolution de succession entourée de toutes les garanties et de toutes les protections légales.

Vous direz à cela que les intéressés provoqueront une enquête, qu'il y aura pour eux bien des façons de démontrer la fraude et de surprendre la main de l'hypnotiseur. Je crois qu'en effet cette expérience de laboratoire ne serait</small>

étant plus faciles à hypnotiser, sont aussi plus exposées à ressentir plus gravement les dommages moraux de l'hypnotisation.

pas bien commode à reproduire dans la vie ordinaire, et que si on la risquait, on aurait grande chance d'être pincé, et d'embourser, au lieu de l'héritage convoité, quelques années de prison.

Mais il faut admettre que ceux qui se livreraient à ces pratiques sont des magnétiseurs adroits, sachant à fond le mécanisme varié de l'art qu'ils exercent. Ces gens-là connaissent les mystères de la suggestion mentale et toutes les ressources qu'elle fournit au crime.

Prenons un magnétiseur habile et peu scrupuleux. Il entre en relations avec une personne riche ou simplement aisée, tête faible ou esprit curieux, malade ou indisposée, et par cela même aisément hypnotisable. Elle consent, pour une cause ou pour une autre, à se soumettre à une expérience.

Notre homme l'endort une ou plusieurs fois, peu importe. Il profite du sommeil pour faire écrire au sujet son testament et lui suggère l'oubli au réveil. S'il veut multiplier les précautions, il aura également suggéré à la personne endormie qu'elle ne se souviendra pas d'avoir jamais été magnétisée par lui. Enfin, il ajoutera cette autre suggestion qu'elle se rappellera avoir reçu de lui un très grand service et qu'elle profitera de toutes les occasions pour parler de lui avec respect et reconnaissance.

Vous vous récriez là-dessus :

— Ah çà ! mais la suggestion peut donc être durable, reproduire constamment les mêmes effets et gouverner, pour ainsi dire, toute une vie.

— Moi, dame ! mes amis, je n'en sais rien. Les médecins affirment qu'il en est ainsi, que le fait a été mis hors de doute par un nombre infini d'expériences scientifiquement conduites. Comme ce sont des gens de beaucoup de savoir, amoureux d'observations exactes, très honnêtes gens d'ailleurs et incapables du charlatanisme, je suis obligé de les croire sur parole.

Si vous vous refusez à admettre la possibilité de ces faits, voilà qui est dit et vous n'avez pas besoin d'aller plus avant, vous pouvez laisser là cet article. Mais si vous n'êtes pas réfractaire aux enseignements de cette science nouvelle, poursuivons ensemble cette analyse.

Le testament est donc écrit en entier et daté par le *de cujus*, pour parler la langue du droit. Les années s'écoulent. Dans le cours du temps, le testateur a manifesté devant plusieurs personnes, et à plusieurs reprises, la plus sincère et la plus délicate sympathie pour la personne qui, à son insu, a exercé sur elle les pratiques de la suggestion.

Il est vrai qu'il a eu d'autres affections plus intimes, en tous cas aussi chaudes, quoique moins mystérieuses. Mais le secret qui enveloppe le service rendu donne à celui-ci dans l'imagination populaire ou dans l'esprit de confidents d'occasion une importance extraordinaire et qui justifiera toutes les prodigalité de la reconnaissance.

La mort est venue.

On retrouve un écrit où sont consignées les dernières volontés du défunt. Le magnétiseur est proclamé légataire universel. Les parents sont stupéfaits et désillusionnés. Feront-ils un procès ? Comment établir qu'il y a eu fraude ? Comment prouver l'intervention directe du magnétiseur ? Le testateur n'a confié à personne la scène de l'hypnotisation. Une foule de personnes viendront affirmer, au besoin, avoir entendu fréquemment le testateur parler de M. X... dans les termes les plus élogieux et avec les sentiments de la reconnaissance la plus profonde.

Qui ne sait que la jeunesse est portée par l'âge lui-même à se laisser vaincre souvent et volontiers par l'attrait de la nouveauté quelle qu'elle soit ? Malheur si les scènes hypnotiques arrivent à attirer les jeunes gens ! L'épidémie hypnotique, avec tous ses dangers physiques et moraux, devient inévitable et pernicieuse. Ecoutons Lombroso, hypnotiseur, et non suspect d'exagération. Selon lui « l'état hypnotique est propagé rapidement et sur une large échelle un peu par l'ignorance, même des classes instruites, en cette matière... qui fait voir des phénomènes merveilleux et nouveaux quoiqu'en réalité déjà connus depuis longtemps ; par la vanité de figurer en public, alors qu'il devrait paraître répugnant de se mettre, comme une proie brute, aux pieds d'un homme vulgaire ; et un peu par cette espèce de volupté que procure toute modification nouvelle de nos grands centres nerveux et qui nous fait recourir aux narcotiques les plus désagréables. Tout cela fait qu'à peine l'invitation adressée au public, on y accourt à l'envi ; et non seulement les hypnotisés sont nombreux mais aussi les hypnotiseurs de seconde main qui trouvent après coup l'expérience plus facile sur des sujets déjà opérés et en abusent pour leur propre amusement : c'est ainsi que se produit une vraie épidémie ; non seu-

---

C'est là ce que M. Bonjean appelle le *péril hypnotique*. Il en poursuit l'examen dans tous les actes de la vie civile.

On a le frisson en lisant toute cette discussion.

Et puis on se rassure en se disant qu'il n'y a pas tant de gens aisément hypnotisables. Je défie bien qui que ce soit au monde de m'endormir, j'entends de m'endormir du sommeil magnétique, et d'abuser de ce sommeil pour me faire signer autre chose que ce qu'il me plairait d'écrire.

Les magnétiseurs n'ont raison que des névrosés, et encore faudra-t-il que les névrosés ne se tiennent pas sur leurs gardes.

C'est cependant là pour les légistes une curieuse matière d'études et un sujet inépuisable de réflexions.   Francisque Sarcey.

(N. D. T.)

lement les *clubs* mais jusqu'aux collèges (que nos lecteurs le remarquent : les *clubs* et les *collèges*) se remplissent de gens qui tentent ou exécutent ces périlleuses manœuvres. Souvent les hypnotiseurs s'hypnotisent réciproquement, prolongeant cet état et le renouvelant d'une manière dangereuse pour leur santé. Qui peut mesurer les dommages d'une semblable épidémie qui ne permet plus de compter comme rares les individus hypnotisés, comme ils l'étaient jusque-là dans les laboratoires, mais en grand nombre et sans les réserves et les précautions nécessaires usitées dans les cliniques, à toute heure du jour et par le fait du premier venu ? (1) »

Voilà ce que dit Lombroso après avoir vu de ses yeux les tristes malheurs qui sont arrivés à Turin, pendant les représentations théâtrales de Donato. Les mêmes faits, peut-être avec moins d'intensité, sont arrivés à Milan et se produisent un peu partout dans diverses proportions. En conséquence, nous ne saurions trop blâmer un certain directeur de collège qui invita Donato à faire des expériences d'hypnotisme sur les élèves. Il fit un acte au moins très imprudent, au grand dommage physique et moral des jeunes gens confiés à ses soins. Toutefois nous soupçonnons secrètement que cet abbé Bernard (c'est ainsi qu'on le désigne) président du collège de Saint-François à Mâcon, en France, n'est qu'un masque imaginé par Donato, dans la lettre où il avait à se défendre du reproche d'irréligion (2). Mais que cela serve d'avertissement à ceux qui devraient détourner des pratiques hypnotiques et qui les ont conseillées ou permises (3).

---

(1) Prof. Cesare Lombroso. *Studi sull' Ipnotismo*, Turin, 1886, pag. 23-24.
(2) Donato. *Lettera* datée de Milan, 8 juin 1886, dans l'*Osservatore cattolico* de Milan, 9-10 juin 1886.
(3) Nous ajoutons maintenant dans cette 3e édition, que de fait nous avions

Qu'on le remarque bien, ce qui arrive dans les institutions de jeunes gens, peut arriver dans les pensionnats de jeunes filles, avec des suites dix fois plus funestes. Tout le monde connaît l'extrême irritabilité des nerfs des fillettes : une épidémie nerveuse peut éclater en peu de jours. Les médecins nosographes en comptent des centaines d'exemples, enregistrés dans l'histoire. A notre souvenance, il y en eut un récemment en Amérique et un autre en Italie, qui arrivèrent par la faute des directeurs, tous gens du gouvernement ; seulement l'affaire fut pieusement étouffée par la charité maçonnique. Il y a plus de quarante ans, lorsque Braid divulgua la doctrine de l'hypnotisme et de l'authohypnotisme, les historiens rapportèrent le malheur d'un pensionnat de Glasgow, en Ecosse, où les élèves se firent toutes hypnotisatrices et s'hynotisaient tour à tour ; le lecteur peut penser le profit qu'en retirèrent l'étude, l'éducation, la discipline, et quelle fut la satisfaction des parents (1). Et il faut savoir que les enfants eux-mêmes dressés à ces pratiques, peuvent arriver à leur but au-delà de tout ce qu'on pourrait croire. Braid lui-même, le grave Braid, raconte qu'une enfant de cinq ans et demi, assista à une séance d'hypnotisme, et qu'étant rentrée à la maison elle imita ponctuellement les actes de l'hypnotiseur et hypnotisa sa gouvernante (2).

Mais le plus grand des dangers provient des visites, des soirées, des rendez-vous où se rencontrent dans une confiante familiarité des

---

deviné juste. De Mâcon nous avons reçu une lettre très importante du Directeur du collège de Saint-François de Sales, qui dément, comme on devait s'y attendre, toute cette fable. L'abbé Bernard n'a jamais existé et jamais Donato n'a exécuté les prétendues expériences d'hypnotisme au collège de Saint-François.

(1) Figuier. *Histoire du Merveilleux*, trad. ital., t. III, p. 425.
(2) Braid. *Neurypnologie*, p. 100.

hommes, des femmes, des jeunes gens et des jeunes filles. Que le lecteur s'imagine une nombreuse compagnie dans un salon ou dans une maison de campagne où arrive, non pas ce qui est arrivé sur la scène de Turin et de Milan, non pas l'orgie hypnotique des étudiants de Sassari, dont nous avons parlé un peu plus haut, mais seulement quelque chose de ressemblant, même de loin. Ce serait un spectacle si indigne et si dégoûtant que l'on a peine à le concevoir. Nous avons entendu de gentilles dames nous demander en tremblant : Que deviendrons-nous si l'hypnotisme pénètre dans les maisons ? Nous répondîmes et nous répondons que Dieu ne permettra pas que ceux qui font bonne garde dans leurs familles et fuient le danger, tombent dans le piège malgré eux : mais malheur à qui le provoque ! Malheur à ces pères et mères de famille, qui, sous un prétexte quelconque, laissent entrer chez eux les hypnotiseurs ! Nous connaissons beaucoup de cas où l'on eut à déplorer l'innocence trahie. Mais à qui la responsabilité ? A celui qui, par sa faute, va au-devant de son malheur.

Ce ne serait pas du reste, chose nouvelle. L'hypnotisme en 1778 (alors qu'on l'appelait magnétisme ou mesmérisme) remplissait de scandales les familles de Paris et de la France. Sans parler du *Miriachit*, qui quelquefois envahit des contrées entières en Sibérie et en Russie, et qui n'est peut-être qu'une simple épidémie nerveuse, nous avons, disent les médecins, une espèce d'hypnotisme très connu aux Etats-Unis sous le nom de *Jumping*, qui produit la folie accompagnée de gestes et d'actes dignes d'une brute chez ceux qui en sont atteints. Il est vrai que ce jumping, selon nous, est plus que toute autre chose une monomanie diabolique qui s'empare des *revivals* de certains protestants méthodistes. Les revivals sont des assemblées fanatiques qui se tiennent dans les bois pendant plusieurs jours ; on y voit s'y mêler dans une promiscuité peu édifiante hommes et femmes, sous la présidence d'un ministre déclamateur qui abasourdit les oreilles des auditeurs jusqu'à ce que les phénomènes de pénitence commencent ; on peut alors contempler parfois un décorum et une décence qui rappellent les mœurs des possédés. Et les *jumpers*, c'est-à-dire les danseurs, ont pour frères d'autres méthodistes dits *barkers*, c'est-à-dire aboyeurs, miauleurs, brailleurs, grogneurs et les *jerkers*, c'est-à-dire les secoueurs, les trembleurs disloqués de tous leurs membres. Chacune de ces sectes a ses exercices de dévotion séparés, avec des ministres particuliers. Tous peuvent très bien se regarder, en quelque sorte, comme affectés d'hypnotisme (1). Les voyageurs qui ont parcouru les terres malaisiennes décrivent une maladie indigène, véritable hypnotisme, qui est connu sous le nom de *Latah*. Or, « le *latah*, écrit un témoin oculaire, se montre rarement chez les jeunes femmes, mais est fréquent chez les femmes d'âge mûr et même chez les vieilles femmes. Chez les jeunes il est caractérisé par une absence complète de sens moral (qui du reste n'est certes pas la vertu caractéristique des belles Malaisiennes). Les femmes d'un âge avancé présentent le même symptôme et ce n'est certainement pas un des phénomènes les moins bizarres du *latah*, qu'un mot, un regard, un geste puisse pousser une femme de 65 ans à se conduire comme une coureuse de 20 ans (2). »

---

(1) On peut voir tout cela historiquement décrit dans le récit du P. Franco, *Le Vie del cuore*, chap. LXIV, *Jerkers, Jumpers, Barkers*, 5ᵉ édit., vol. II, p. 174 et suiv.
(2) *Bolletino della Società asiatica*, 1884, cité par le doct. Fr. Vizioli, dans

Un bonasse ou une dame légère nous objecte :
— Ces horreurs ne peuvent avoir lieu dans des pays civilisés, dans des sociétés honnêtes. — Dieu le veuille ! répondons-nous. Mais le fait contraste avec la vaine sécurité qu'on se promet.

Beaucoup de cas de corruption sont déjà avérés et on en peut craindre de plus fréquents. Donnez un débouché à un torrent, et alors seulement on connaîtra les ravages du torrent débordé. Et nous ne sommes pas les seuls à craindre les dangers moraux de l'hypnotisme, nous, hommes d'Eglise plus instruits par l'expérience et par conséquent plus compétents ; mais les hommes de professions médicales parlent aussi haut et clair, plus peut-être, que les ecclésiastiques. Nous citerons seulement le prof. Francesco Vizioli. Ce n'est pas un ascète timoré qui s'épouvante de la nouveauté ; mais c'est un professeur public de Névropathologie à l'Université de Naples, célèbre à plus d'un titre, et un des plus sérieux docteurs qui honorent la médecine dans cette ville ; très versé dans les études hypnotiques, il a été appelé, pour cette raison, au Conseil supérieur de Santé à Rome pour discuter le parti à prendre relativement aux représentations hypnotiques ; ses collègues l'ont choisi, entre beaucoup d'illustres médecins réunis sous la présidence du doct. Guido Bacelli, ex-ministre, pour être leur rapporteur.

Or, voici par quelles questions il termine son rapport à la docte assemblée : « Conseillerez-vous de laisser les spectacles d'hypnotisme continuer à se produire pour satisfaire une curiosité malsaine du public, ignorant de ce qu'il voit et avide d'émotions ? le laisserez-vous assister à une danse digne du public qui fréquentait les scènes de sab-

---

sa *Relazione* citée ci-dessus, qui a paru dans le *Giornale di Neuropatologia* de Naples, 4ᵉ année, fasc. II ; dans l'opuscule séparé, p. 12.

bats classiques et romantiques (entendus dans le sens français, ce qu'on appelle en italien *stregherie, striazzi*), permettrez-vous que des individus se prêtent aux expériences comme on faisait autrefois pour éprouver les poisons *in corpore vili*; laisserez-vous se produire en plein XIXe siècle les spectacles des Ilotes des anciens Spartiates? Du moins alors ces malheureux étaient-ils donnés comme exemple des effets dégoûtants de l'ivresse, afin d'apprendre aux jeunes gens à l'éviter. Nous, quel est notre but?

« Conseillerez-vous de répéter ces spectacles au nom de la science ? Ce n'est pas à son profit, du reste, qu'ils furent jamais organisés ou dirigés; la science n'a besoin que du calme, du silence, d'analyses longues, laborieuses et méthodiques, faites dans les Instituts et dans les Cliniques d'où sont venues les études les plus sérieuses et les découvertes les plus importantes sur l'hypnotisme.

« Conseillerez-vous, au nom de la morale publique, de continuer ces spectacles pour disposer nos femmes à se transformer en autant de Malaises affectées du *latah,* chez lesquelles un geste, un regard, un mouvement sont capables de porter une femme de l'âge respectable de 65 ans à agir comme une coureuse de 20 ans?

« Conseillerez-vous enfin de continuer ces spectacles au nom de la civilisation, de la liberté et du progrès, pour voir de jeunes Italiens inconscients de leur état, ressembler, à s'y méprendre, ne fût-ce que momentanément, à des Indiens moschites, à des Malais et à des gens affectés de *jumping*, tombés dans l'abaissement moral et intellectuel et dont l'état est un triste héritage de races et de tribus dégénérées ?

« A votre science et à votre conscience de répondre (1). »

L'assemblée médicale donna pleinement raison au rapporteur Vizioli et sans un seul dissentiment. C'est cependant quelque chose qu'un tel jugement unanime des premiers médecins de notre pays qui certainement ne sont ni trop cléricaux ni trop scrupuleux. Il aura du moins de la valeur pour ceux qui se rendent difficilement aux jugements des ecclésiastiques, et qui les regardent sottement comme mal informés ou comme excessivement prévenus contre les nouveautés.

(1) Doct. Fr. Vizioli. *Relazione* déjà citée dans le *Giornale di Neuropatologia*; dans l'opusc., p. 16.

CHAPITRE V

L'HYPNOTISME DEVANT LA FOI

I

Certaines pratiques hypnotiques sont certainement impies

§ 1. — *Cette seconde partie est pour les chrétiens seuls*

Pour ceux qui, au milieu des lumières de l'Evangile, s'entourent des ombres de l'infidélité et de l'irréligion, notre traité hypnotique se termine ici. Qu'il leur suffise, pour se retirer des pratiques hypnotiques, de savoir que cette maladie, provoquée artificiellement, est profondément ténébreuse en elle-même et ne peut se comparer avec aucune maladie produite par la nature et connue de la science ; et que, de plus, elle est pernicieuse pour la santé, pour les bonnes mœurs et pour la société civilisée. Nous croyons avoir présenté à cet égard des démonstrations évidentes et des autorités irréfragables.

Nous soupçonnons que bien peu de nos lecteurs doivent être comptés au nombre de ces malheureux qui s'aveuglent volontairement. Et cependant la plupart d'entre eux, si ce n'est tous, insisteront et nous demanderont : L'hypnotisme est-il irréligieux et diabolique comme le rapporte le bruit public ? Pour leur répondre, nous supposerons tout d'abord qu'ils se soumettent avec sincérité d'esprit et de cœur à l'enseignement de l'Eglise et à la révélation de l'Ecriture-Sainte ; et c'est à eux seuls que nous répondrons. Si nous voulions convaincre d'irréligiosité certains phénomènes hypnotiques devant le tribunal des sceptiques, des positivistes, des matérialistes, des athées, nous aurions à parcourir un chemin trop long. Nous devrions prouver l'existence de Dieu et ensuite la création, la Providence, l'immortalité de l'âme, la révélation, l'Eglise, la Bible, la chute des anges, etc., etc. Un gros volume suffirait à peine, et ce volume, nous ne sommes pas disposés à l'écrire, de même qu'ils ne sont guère disposés à le lire.

Nous démontrerons donc aux catholiques que l'hypnotisme est irréligieux ; mais que tous ses phénomènes ne le sont pas à un égal degré. Pour plus de clarté, nous les diviserons en trois classes et nous parlerons de la culpabilité particulière de chacune. Ainsi nous ferons voir quelles pratiques d'hypnotisme sont absolument coupables et défendues et quelles sont celles que l'on peut tolérer quelquefois et dans une certaine mesure. En même temps, nous aurons l'occasion opportune de récapituler et de répéter les plus importantes observations que nous avons faites jusqu'ici et qui sont utiles à retenir pour s'éclairer dans la pratique.

2. — Quelles sont les pratiques les plus irréligieuses

Dans la classe des phénomènes qui offensent certainement la religion, nous rangeons : 1° la pénétration des pensées d'autrui, sans qu'elles soient manifestées d'aucune manière, et la communication d'idées entre l'hypnotisé et l'hypnotisant ou d'autres personnes sans le moyen de signes extérieurs ; 2° la manifestation d'idées que l'hypnotisé ne peut former par lui-même, comme de parler des langues inconnues par la seule vertu de l'hypnotisme ; 3° la divination de l'avenir et la vue d'objets ou de faits en des lieux éloignés.

Tous ces phénomènes et autres semblables, très communs chez les anciens mesméristes et chez les spiritistes modernes, ont été un certain temps divisés en clairvoyance, sommeil lucide, extase magnétique, etc., et parfois on les renfermait sous le nom générique de phénomènes supérieurs. Beaucoup de ceux qui se sont efforcés de réduire le mystérieux magnétisme à des formes purement scientifiques et médicales, ont nié la possibilité ou la certitude des phénomènes supérieurs ; tels sont Braid, Richer, Morselli, Gonzales et enfin Donato, dont nous avons parlé aux § III de l'Avant-propos et § IX du chap. I, et nous pourrions en accroître la liste. Nous avons rapporté cependant des exemples récents ; plusieurs d'entre eux, bien que se rattachant au spiritisme n'en appartiennent pourtant pas moins à l'hypnotisme. Nous en avons raconté qui sont arrivés à Rome en 1886, sous les yeux des savants (§ X du chap. I) et d'autres qui nous ont été rapportés par des lettres de personnages très dignes de foi (§ XI du chap. I). Nous en avons qui sont attestés par des professeurs de médecine distingués comme Cervello et Semmola (§ XIV du chap. I). Le professeur Zanardelli en réunit un grand nombre sous le nom de phénomènes de *clairvoyance* dans lesquels il se vante d'avoir été ou témoin ou partie (1). Des savants ouvertement matérialistes eux-mêmes n'hésitent pas à les admettre pour possibles et vrais. Le professeur Cesare Lombroso rapporte plusieurs cas, provoqués par lui, d'hypnotisés qui, dans le sommeil magnétique, disent et font ce qu'ils n'ont absolument jamais su. L'un écrit en allemand sans connaître cette langue ; un autre fait de la photographie ; un autre, de la musique ; un autre de la broderie (2).

Ailleurs, il admet pour vrais, à la suite des docteurs Pierre Janet, Gley, Charles Richet, les cas « de la vision et de la transmission de la pensée à distance (3). » Au congrès médical de Pavie, en 1887 il soutint comme indubitables les phénomènes de divination, comme aussi l'efficacité de la médecine à distance sur les hypnotisés (4). Le docteur Jules Campili les admet et prétend les expliquer, comme nous le verrons, par le mouvement mécanique !

Du reste, nous ne cherchons pas à prouver ici que ces phénomènes sont fréquents dans les pratiques hypnotiques : nous affirmons simplement au point de vue doctrinal, que de pareils faits, qui sans aucun doute se réalisent parfois, sont certainement impies et illicites.

§ 3. — *On prouve que les phénomènes supérieurs sont certainement préternaturels*

Démontrons-le. Le critérium que nous donnent les philosophes et les théologiens comme infail-

---

(1) Prof. D. Zanardelli. *La verità sull' Ipnotismo*, p. 45 et suiv.
(2) Prof. Ces. Lombroso. *Studi sull' Ipnotismo*, p. 1-11.
(3) Prof. Ces. Lombroso. *Studi sull' Ipnotismo*, p. 18.
(4) V. la Revue médicale de Naples, *La Riforma medica*, livraison de décembre 1887.

lible pour distinguer un fait préternaturel des faits naturels, et sa disproportion avec les forces naturelles. Tous les effets qui surpassent certainement l'activité de la nature doivent être attribués à un agent hors de la nature ; puisque rien ne peut exister qui n'ait sa cause proportionnée. Or, qu'on considère sans prévention les phénomènes susdits, on aura une sorte d'intuition immédiate et rationnelle que tous en général et chacun en particulier sont impossibles aux seules forces naturelles. Tout homme sait, par la certitude du sens intime et avec pleine évidence, qu'il ne peut pénétrer les pensées d'autrui, et que, si cent mille hommes se réunissaient pour pénétrer dans les siennes, ils n'y réussiraient pas. L'expérience de tous les siècles nous est garante que jamais cela ne fut possible, et de fait le genre humain a toujours reconnu comme un acte de puissance supérieure de lire dans le cœur des hommes. Les théologiens catholiques, à leur tour, guidés par les divines Ecritures, considèrent comme un attribut propre à la Divinité le pouvoir de scruter les idées intérieures de l'homme : *Scrutans corda et renes Deus* (1) ; *ego Dominus scrutans cor et probans renes* (2) ; *ego sum scrutans renes et corda* (3).

On en peut dire autant de la divination des actes libres et futurs et des faits éloignés. Dans le nom même de *divination* on retrouve l'idée que s'en font les hommes, comme d'une œuvre *divine* (4).

Et c'est avec raison, parce que l'intelligence humaine, ne pouvant connaître les actes libres de l'esprit d'autrui quand ils ont lieu au temps présent, pourra bien moins encore connaître ceux qui n'existent pas encore et qui sont simplement

---

(1) Psalm. VII, 10. — (2) Jer. XVII, 10. — (3) Apoc. II, 23.
(4) *Annuntiate quæ ventura sunt, et sciemus quia dii estis vos.* Isaie. XLI, 23.

futurs, et les faits qui en dépendent. L'infirmité humaine ne permet pas même de conjecturer avec certitude les effets qui dépendent de causes physiques et nécessaires et qui arriveront dans un temps quelque peu éloigné : vu le nombre presque infini de combinaisons possibles, parmi lesquelles l'esprit ne peut reconnaître la véritable. On peut prédire que, l'an prochain, l'hiver sera très froid : mais il n'est pas au pouvoir de la science humaine de prédire à quel degré le thermomètre descendra à tel jour, à telle heure.

Le même raisonnement peut s'appliquer au cas où quelqu'un, par le moyen de l'hypnotisme, parlerait des langues inconnues. Car les nouvelles paroles n'étant pas connues par l'esprit individuel de celui qui les ignore, il faut qu'elles lui soient suggérées par un autre esprit qui les connaît. Le verdict du sens personnel et du consentement universel sur ce cas particulier est consacré d'ailleurs par le jugement de notre Mère la sainte Eglise qui, quand il s'agit de faits merveilleux, juge toujours comme préternaturel le phénomène de parler des langues inconnues : l'attribuant soit à Dieu, comme vrai miracle, si les circonstances en font foi ; soit au démon, comme vain prestige, ce qui n'est pas rare dans les possédés.

C'est pourquoi, dans la pratique, si le sujet hypnotisé révèle des actes de l'esprit d'autrui, ou comprend des commandements purement mentaux, ou donne le diagnostic d'une maladie interne, sans connaître la médecine, ou prescrit un remède juste, ou prophétise l'avenir, ou annonce des événements qui arrivent dans des contrées lointaines, ou découvre un voleur caché, ou bien un objet perdu, ou s'il s'exprime dans une langue qu'il n'a jamais connue auparavant ; ou s'il fait ou dit n'importe quoi de ce genre ; il laisse voir clairement que, dans le sommeil hypnotique, un autre esprit plus perspicace que l'esprit humain l'assiste et le rend apte à l'acte que, par ses propres forces, il ne pourrait accomplir. Tel est le raisonnement philosophique que les simples chrétiens un peu instruits sur le catéchisme savent former pour juger préternaturels les phénomènes du spiritisme proprement dit. S'ils voient par exemple une table s'élever de terre, courir, danser, par le seul contact d'un médium, ou bien le pied d'une table divinatoire écrire une réponse rationnelle à une question, ils raisonnent de suite ainsi : Un simple contact humain ne peut détruire les lois de la nature qui fait que tout corps pesant tend vers la terre ; un morceau de bois ne peut entendre une question ni imaginer une réponse ; donc, dans les deux cas, une cause nouvelle, en dehors de la nature, est venue produire les effets que les causes naturelles sont insuffisantes à obtenir.

§ 4. *Vaines explications et objections des hypnotistes*

Ce serait ici le lieu de répondre à la difficulté connue et rebattue depuis longtemps : Que nous ne connaissons pas toutes les forces de la nature, ni jusqu'à quel point s'étendent celles mêmes que nous connaissons : difficulté vaine qui milite contre la vérité et la cognoscibilité des miracles. Elle ne prouve rien si ce n'est ce que tous savent, c'est-à-dire qu'il y a des cas fréquents dans lesquels il est difficile ou impossible de distinguer avec certitude une œuvre surnaturelle des œuvres naturelles. Mais cela ne prouve pas que l'on ne puisse *jamais* faire la distinction. Il y a en effet certains cas dans lesquels les lois de la nature connues, universelles et certaines, sont violées si évidemment et avec un tel cortège de circonstances, que l'intervention préternaturelle et même surnaturelle et divine, y brille avec une évidence absolue. Tout homme raisonnable qui, dans des circonstances données, voit un paralytique guéri radicalement par un signe de croix, ou un boiteux redressé, ou un aveugle guéri, ou un mort ressuscité, etc., aura beau vouloir radoter et sophistiquer ; s'il est de bonne foi, il reconnaîtra le miracle. S'il s'obstine à ne pas le reconnaître, ce n'est plus un pauvre aveugle ignorant, c'est un orgueilleux coupable qui ferme volontairement les yeux à la manifestation divine pour ne pas s'y soumettre. Notre-Seigneur Jésus-Christ donnait, en effet, comme preuve de la divinité de sa Personne et de sa doctrine, les miracles qu'il opérait (1), ce qui n'aurait pas été logique si les miracles n'avaient pas été vrais et susceptibles d'être reconnus et distingués.

D'une façon analogue, parmi les phénomènes hypnotiques, on en voit qui sont tellement contraires aux lois ordinaires de la nature, qu'il est absolument impossible de les lui attribuer. Tels sont ceux dont nous avons parlé jusqu'ici : vue de la pensée d'autrui, divination, etc. Que tout lecteur qui cherche sincèrement la vérité se demande à lui-même s'il se sent porté à attribuer à Dieu ou à ses anges ces faits préternaturels opérés sur les scènes de théâtres ou par un médecin hypnotiseur. Il entendra une impérieuse réponse de sa conscience raisonnable : Impossible ! Ceci n'est pas divin mais diabolique. Nous démontrerons un peu plus loin qu'il raisonne juste. En attendant, que cela suffise pour répondre à ceux qui objectent que les forces de la nature nous sont inconnues. Nous connaissons assez de forces

---

(1) *Si non facio opera Patris mei, nolite credere mihi. Si autem facio, et si mihi non vultis credere, operibus credite, ut cognoscatis et credatis quia Pater in me est, et ego in Patre.* JOAN. x, 37, 38.

de la nature pour pouvoir, en beaucoup de cas hypnotiques, répondre avec une inéluctable conviction : la nature ne va pas jusque-là ; le diable y intervient. Mais laissons cette difficulté qui n'est pas exclusivement propre à l'hypnotisme : pour les catholiques auxquels seuls nous parlons dans cette dernière partie, la réponse est déjà complète et péremptoire, bien qu'effleurée seulement au passage. Ecoutons plutôt les explications des phénomènes hypnotiques qu'ont imaginées les hypnotistes, spécialement les sectateurs d'Epicure qui, dans le monde, ne voient rien d'autre que la matière.

Certains savants matérialistes prétendent nous donner la théorie de la transmission de la pensée par voie d'effluves très subtils qui la transportent de cerveau à cerveau. Pour eux la pensée n'est autre chose qu'un mouvement moléculaire dans l'encéphale. D'autres savants de cette école réduisent l'acte mental à une combinaison chimique, à un oxyde cérébral, à une secrétion de phosphorescence. Mais revenons au mouvement. Le mouvement de la pensée doit produire sphériquement, autour de lui, une onde de vibrations dans les cellules adhérentes, onde qui se propagera aux plus éloignées et ensuite autour du crâne dans l'air ambiant jusqu'au cerveau d'autrui, et reproduisant en celui-ci un mouvement semblable à celui du premier point vibrant, y reproduira en même temps la pensée. Mais pourquoi l'onde, étant sphérique, ne communique-t-elle pas la pensée à la tête de chacun des assistants, mais seulement à celle de l'hypnotisé ? Le pourquoi est clair, reprend l'hypnotiseur matérialiste, l'hypnotisé seul est hyperesthétique, c'est-à-dire extrêmement sensible, et c'est pour cela que lui seul perçoit l'impression issue du cerveau d'autrui. Tel est le tissu de sottises qu'avec une gravité doctorale, nous présente Huxley, reproduit ensuite et copié fidèlement par d'autres grands hommes. Nous, Italiens, nous recevons ce boniment du doct. Giulio Campili, jurisconsulte, qui nous le sert avec une rare ingénuité (1). En répondant à ceux-ci, nous répondons à beaucoup d'autres, parce que, en ce genre de paralogismes, les médecins et les hypnotistes ne font que se copier fidèlement les uns les autres.

Ce n'est pas ici le lieu d'opposer à leurs erreurs un traité de métaphysique ; d'autant plus qu'eux tous, comme Campili, professent avec un profond dédain qu'ils n'en font aucun cas. Mais le lecteur sensé remarquera lui-même combien est absurde l'idée de réduire le plus noble des actes humains à un simple tic-tac d'horloge qui bat dans la caisse cérébrale. Ce serait une extrême ignominie pour l'homme. Il est vrai que l'homme a été défendu et qu'il est encore défendu d'une telle dégradation par les plus vigoureux penseurs du monde ; il est défendu par le sens intime de chaque homme pensant qui a conscience d'un bien autre travail intérieur que celui d'une vibration mécanique ; l'Eglise aussi le défend, en condamnant cette brutale philosophie comme hérésie contraire à la révélation divine.

La raison se lève triomphante pour démontrer que la pensée ne peut pas être matérielle : parce que, quelle que soit la vibration d'une cellule ou d'un corpuscule, ou si vous voulez, d'une molécule intégrante ou constituante, quel que soit son mouvement ou son activité, ce n'est et ne peut être autre chose qu'un changement de place. Or

---

(1) Doct. Giulio Campili. *Il Grande Ipnotismo nei rapporti col diritto penale et civile.* Turin, 1886, p. 27 et suiv.

un changement de local et non substantiel d'une parcelle de matière ne peut la transnaturaliser de son infime état de matière, il ne peut l'éclairer pour lui faire connaître aucune chose ; il ne lui imprime l'image cognoscitive d'aucun objet, il ne peut lui communiquer l'acte très élevé de la pensée. Il y a une disproportion infinie entre un mouvement mécanique et un acte mental, tel que l'expérience nous enseigne être notre acte d'imaginer, de penser. Chacun sent ce qu'il y a de divin dans l'idée, et comment par elle, l'esprit, avec une agilité infinie, abstrait, juge, raisonne, observe, se promène dans le ciel et sur la terre, lit le cours des astres, apprivoise la foudre et s'en fait un serviteur fidèle dans le télégraphe, se plonge avec délices dans le vrai et se complaît dans la contemplation du beau, s'arrête avec une volupté divine dans le bien, craint, espère, a conscience, brûle d'indignation, jubile d'amour. Une molécule, qu'elle soit dansante ou fourmillante, est inapte à de si sublimes opérations, et, pour la même raison, tout organe du corps en est également incapable. L'homme sent que tous et chacun de ces actes mentaux ne sont ni carrés, ni ronds, ni mous, ni durs, ni larges, ni étroits, ni verts, ni jaunes, qu'en un mot ils surpassent toute condition matérielle, et sont des actes simples et spirituels. Une puissance matérielle n'est pas apte à un acte spirituel. Donc, à la pensée, il faut nécessairement un principe simple, indépendant comme les actes qu'elle doit accomplir et qu'elle accomplit en réalité ; en un mot il lui faut l'âme spirituelle, *une parcelle du souffle divin*, comme chante Horace, traduisant presque dans ses vers les paroles de la Genèse : *Faisons l'homme à notre image... et Il souffla sur son visage le souffle de la vie, et l'homme fut doté d'une âme vivante* (1). Ainsi le comprirent Platon et Aristote, et, avant eux comme après, le genre humain tout entier.

Si la pensée était uniquement une oscillation mécanique, comment expliquerait-on que l'homme est libre de la sentir ou de ne pas la sentir ? En d'autres termes comment arriverait-il que je puisse, à mon choix, penser à une chose ou ne pas y penser ? Il est clair qu'il existe une pensée libre. En outre, je me sens libre de vouloir ou de ne pas vouloir tant de choses, d'aimer ou de ne pas aimer, etc. Tous ces faits sont des actes de liberté ou de mouvement propre ; or le mouvement mécanique répugne absolument à la liberté : un morceau de matière ne peut pas agir sur lui-même et se communiquer le mouvement qu'il n'avait pas et qu'il n'a pas, comme un œil ne peut pas se regarder lui-même ; et l'on n'a jamais vu une horloge se révolter contre l'horloger ni une locomotive lutter avec le chauffeur. Donc il faut ou nier le libre arbitre, ou admettre un principe non matériel, spirituel, se déterminant par lui-même à agir, et pour cela capable d'actes libres.

Ainsi les hypnotistes qui soutiennent que la pensée est matérielle, arrivent à nier le libre arbitre. Mais ils ne s'effrayent pas de voir leurs théories hypnotiques en contradiction avec la liberté humaine, bien plus ils s'en font une arme contre elle, et ils ne dédaignent pas de faire cause commune avec les matérialistes les plus répugnants. Le brave docteur Campili, dans ses recherches sur les peines à établir contre les abus de l'hypnotisme, n'a point honte de combattre de

---

(1) Faciamus hominem ad imaginem et similitudinem nostram. *Genes*. I, 26 ; et inspiravit in faciem ejus spiraculum vitæ, et factus est homo in animam viventem. Ib. II, 7.

tout son pouvoir « la prétendue liberté humaine (1). » Bravo, notre jurisconsulte ! Et vous ne vous apercevez pas que, si vous enlevez la liberté, vos lois pénales deviennent une infâme tyrannie ? Si vous niez la liberté, vous niez la faute, et même vous niez tout l'ordre moral, la vertu, le mérite, le devoir, la religion, les espérances et les sanctions éternelles ; l'humanité entière ne serait qu'un troupeau de pourceaux dont le Code civil ne viserait qu'à empêcher l'un de se vautrer dans l'auge de l'autre ; et cela encore serait injuste parce que, la liberté étant enlevée, tout citoyen de la république porcine opérerait par nécessité et ce serait cruauté que d'imposer une peine à l'honnête porc qui, par un appétit irrésistible, croquerait le gland là où il le trouve. En voilà assez des absurdités des savants hétérodoxes. Nous croyons avoir assez clairement montré où nous conduisent logiquement les prétentions des hypnotistes qui veulent transmettre la pensée d'homme à homme par la seule intervention des forces naturelles et matérielles.

Autant l'acte intellectif répugne à la molécule, soit immobile, soit oscillante, autant et peut-être plus encore répugne la transmission de la pensée d'un cerveau à un autre par le moyen proposé par les hypnotistes. Supposons avec eux que l'acte intellectif, le sublime verbe de l'âme, soit précisément une oscillation mécanique d'un point cérébral ; c'est une absurdité colossale, mais admettons-le pour un moment. Qui a révélé à Huxley et aux hypnotistes qui le suivent, que l'oscillation primitive ne s'éteint pas subitement dans les parois entre lesquelles elle se produit ? La prétendue onde sphérique de vibrations devrait

---

(1) Doct. Campili, ouvrage cité, pag. 31.

certainement s'amortir dans la masse non élastique du cerveau qui l'entoure. Ce n'est pas tout : comment ne se brise-t-elle pas lorsqu'elle heurte contre la *dure-mère?* Mais non, les hypnotistes en ont besoin, et pour cela cette onde obéissante et docile traverse les pores de l'os, se répand hors de la tête, et, bien que toujours plus atténuée dans son chemin sphérique, elle ne s'arrête que quand elle trouve une autre tête humaine hypnotisée, elle pénètre alors hardiment dans l'os si dur du crâne et dans la masse cérébrale, et va tout juste chatouiller le point de l'encéphale qui correspond au point de l'encéphale d'où provient la première vibration, et l'ébranle jusqu'à ce qu'il reproduise le mouvement et avec lui la pensée de la tête dont il est sorti. Telle est la physiologie hypnotique !

Mais pourquoi, demandons-nous, cette onde de pensée ne porte-t-elle qu'une pensée seulement ? Si, comme s'imaginent les hypnotistes, l'idée n'est autre qu'un tic-tac, tous les tic-tac du cerveau devraient, pour la même raison, se communiquer également, et alors toutes les pensées de l'hypnotiseur, ou de toute autre personne communicatrice, se transmettraient dans le cerveau hypnotisé, conduites par la sphère respective des vibrations. Ce qui est faux, de l'avis même des hypnotistes. De plus : pendant que la pensée de l'hypnotiseur s'achemine vers le cerveau de l'hypnotisé, pour la même raison, les pensées des autres assistants devraient aussi se mettre en voyage, puisque toutes sont des tic-tac cérébraux, et que toutes engendrent leur propre sphère de vibrations. Et ainsi l'hypnotisé se trouverait en un instant informé des pensées d'une foule de gens et de tout ce qui se passe dans leur intérieur : folle conception contraire à l'expérience et si exorbitante qu'aucun hypnotiste n'osa jamais l'exprimer. Bon Dieu ! quelle philosophie de centaures ! Et dire que les bonnes gens écoutent de tels oracles ornés de grands mots scientifiques, grecs, qu'il ne comprennent guère et froncent les sourcils en disant : Qui sait ? L'hypnotisme !... la science !... La science ? c'est une science de Polichinelle en habit de philosophe ; c'est une science où il n'entre pas un brin de physiologie, ni de physique expérimentale, ni de médecine, ni de simple bon sens ; c'est une science de fous et de fous dignes de la camisole de force.

§ 5. *De quelques autres erreurs moins graves sur la transmission de la pensée*

Nous regrettons de devoir faire remarquer que certains catholiques eux-mêmes, sans pour cela tomber dans le matérialisme, se rapprochent de l'erreur que nous venons de réfuter. Le savant Gœrres semble avoir regardé comme non impossible la transmission de la pensée quand il a imaginé la *réverbération* des idées et des volitions d'âme à âme. *Quamdoque bonus dormitat Homerus !* Réverbération est un mot métaphorique, réduisons-le à son sens positif et propre, et disons communication d'idées, vision réciproque des actes mentaux entre plusieurs personnes. Or, on en sentira aisément l'absurdité, pour les raisons que nous avons discutées jusqu'ici, et parce que cela détruirait toutes les doctrines des idéologistes et des logiciens sur l'acte de l'idée et de la pensée. Sans entrer de nouveau dans le vif de la question, il nous suffit, pour le prouver, du sens intime contraire qu'en ont tous les hommes. Depuis qu'il existe des tribunaux au monde, les juges se sont toujours efforcés de pénétrer la vérité renfermée dans l'âme des coupables, mais ils n'ont jamais trouvé d'autre moyen d'y arriver que d'en provoquer l'aveu. Chacun sait que tous les efforts faits pour transmettre une pensée, un commandement, une idée, sans le secours de signes extérieurs, restent absolument vains. Si ces efforts étaient efficaces dans l'hypnotisme, il conviendrait de dire qu'une maladie (car l'hypnotisme en est une) produite par le regard d'un médecin ou d'un charlatan, a la vertu de changer la nature de l'homme et de lui infuser une faculté supérieure à toutes les facultés observées jusqu'ici dans la nature, une faculté angélique, c'est-à-dire celle de communiquer les idées sans signes matériels. Outre que cela est absurde en soi, ce serait le renversement universel de l'ordre établi par Dieu dans les relations entre les créatures humaines, et observé jusqu'à ce jour ; renversement qui apporterait avec lui des désordres infinis. Grâce à Dieu, il n'y a rien à craindre : l'expérience nous assure que toute âme et tout cœur reste toujours impénétrable aujourd'hui comme hier et comme dès le commencement du monde. Les hypnotiseurs ne peuvent pas, suivant leur bon plaisir, nuire à la société humaine. Si quelquefois ils réussissent dans leur dessein, ce n'est pas grâce à une force naturelle qui puisse devenir d'un usage commun, mais seulement par l'abus de moyens préternaturels, qui ne peuvent devenir communs et qui ne nuiront qu'à celui qui, par sa faute, va au devant de sa perte.

Un autre catholique, philosophe italien, qui n'est pas sans valeur, a versé dans cette ornière, avec cette seule différence que, pour véhiculer l'idée d'homme à homme, il n'a choisi ni l'onde dynamique de Huxley, ni la fantastique réverbération de Gœrres, mais le fluide magnétique. Il supposa que le magnétisé et le magnétisant se trouvaient enveloppés dans une même atmosphère magnétique, et « supposé cette immersion de deux personnes dans un même fluide, il ne répugne pas, disait-il, qu'au moyen de ce fluide, les deux immergés produisent des mouvements l'un sur l'autre et communiquent entre eux ; comme, par le moyen du fluide aérien, les hommes produisent des mouvements l'un sur l'autre et par eux se font entendre (1). »

Dans cette théorie, le savant philosophe ne prend pas garde que le fluide magnétique humain a toujours été une hypothèse que l'on n'a jamais prouvée, une hypothèse qu'aujourd'hui les savants, surtout les hypnotistes, relèguent au rang des chimères. Il ne remarqua pas que les mouvements produits par ce prétendu fluide seraient des mouvements mécaniques et non des idées, car il répugne qu'un mouvement mécanique de la matière devienne un acte simple et spirituel. La comparaison du fluide aérien ou de la parole, est également sans valeur, parce que la parole ne porte pas vraiment l'idée, mais produit mécaniquement (la seule chose que puisse faire un moteur corporel) une impression physique dans l'organe auditif, laquelle, portée au centre sensoriel, y est lue d'une manière intellectuelle par l'âme, qui seule a la vertu spirituelle active de produire la pensée. L'esprit ne reçoit pas proprement la pensée de la parole, mais il la forme par lui-même selon l'habitude qu'il a de se reporter à tel objet quand il reçoit l'impression de telle parole. Ce qui est si vrai, qu'un même son peut être une cause occasionnelle de pensées très différentes : *caldo* pour un Italien éveille l'idée de *chaleur,* pour un Espa-

---

(1) D. Pietro Chiaf. *Corso elementare di filosofia*, Brescia, 1869, vol. I, p. 13, en note.

gnol l'idée de *bouillon* ; *onos* pour un Latin signifie *honneur*, pour un Grec il signifie *âne*. Par conséquent, les mouvements mécaniques d'un cerveau, quand même, par impossible, ils seraient sentis magnétiquement par un autre cerveau, resteraient de simples oscillations brutes et ne seraient jamais la semence ni l'étincelle d'un verbe de l'esprit ; surtout que l'âme humaine n'est ni apte, ni habituée à les traduire en des conceptions spirituelles déterminées.

Insistons néanmoins sur l'explication de Chiaf, parce que beaucoup de personnes s'attachent à ces vaines hypothèses. Supposons que le mouvement mécanique produit par le prétendu fluide magnétique dans le cerveau d'autrui, soit en tout semblable à celui qui lui a donné naissance dans l'intérieur du premier opérant, et que, comme dans le premier opérant ce mouvement est lié à l'idée, ainsi l'idée soit excitée dans la seconde personne qui reçoit par ricochet le mouvement. De cette manière, le mouvement même, en ne portant pas avec lui l'idée, l'occasionnerait, comme la parole l'occasionne. Qui sait ? c'est peut-être ce que le célèbre professeur voulait précisément dire. Mais cette montagne de suppositions ne résiste pas non plus au marteau. Pour qu'une explication hypothétique de certains phénomènes soit quelque peu sérieuse, elle doit se fonder sur des lois naturelles déjà connues et certaines, qui lui donnent sa valeur et sa force ; elle s'accrédite ensuite beaucoup et se confirme indirectement quand la théorie imaginée s'applique aux divers faits de la même classe, et s'accordant exactement avec eux, montre que l'hypothèse a, pour ainsi dire, deviné la vraie loi cachée de la nature. C'est ce qui donne de la valeur aux explications en partie hypothétiques de la propagation du son et de la lumière ; tandis que dans la théorie de la pensée communiquée par le mouvement magnétique, tout est hypothèse sans fondement. C'est une pure hypothèse que les personnes immergées dans l'atmosphère magnétique (hypnotique elle-même) communiquent physiquement d'une certaine manière entre elles ; pure hypothèse que le fluide magnétique soit sensible aux mouvements de l'un ou de l'autre ; pure hypothèse que le mouvement une fois transmis arrive tout juste à faire impression dans le cerveau d'autrui ; pure hypothèse que, faisant une impression, cette impression soit équipollente à la parole. En faveur de toutes ces hypothèses, on ne peut alléguer ni un fait qui en éclaircisse le mode, ou en prouve l'existence, ou seulement la probabilité. Ce n'est donc pas une explication hypothétique, mais bien un amas de suppositions gratuites et fantastiques qu'on doit rejeter comme vaines et impossibles ; surtout parce qu'elles prétendent rendre possible ce que l'expérience de tous les siècles a reconnu comme impossible et qu'elles se fondent sur l'existence d'un fluide qui ne fut jamais prouvé et qui aujourd'hui est rejeté pour de très bonnes raisons (voyez § 2 du chap. III) par la presque totalité des savants, spécialement des hypnotistes.

Ajoutons que cette prétendue explication, si elle expliquait quelque chose, servirait pour le seul cas de communications de la pensée à une petite distance ; à vingt ou trente mètres, elle aurait déjà de l'incroyable, et, à la distance de quelques kilomètres, elle deviendrait absurde. Or, nous avons cité des exemples de pensées transmises ou de commandements donnés par l'hypnotiseur à des distances indéterminées, surtout dans les phénomènes imposés à échéance ;

ces commandements peuvent suivre ou frapper soudainement l'hypnotisé partout où il est, et sans souffrir d'atténuation, pour le dire en passant, de la loi connue et inévitable de la raison inverse du carré des distances. Dans ces cas, la prétendue explication de Chiaf n'expliquerait rien. De plus, irons-nous supposer que, non seulement dans un lieu éloigné, mais aussi dans un temps éloigné, le mouvement magnétique continue à se faire sentir? En somme, l'hypothèse de Chiaf est une sottise, comme les hypothèses des autres hypnotistes que nous avons examinées un peu plus haut et comme celle de M. Battandier dont nous allons dire un mot.

Un Français, le docteur Battandier, après avoir raconté les cas de suggestion purement mentale de l'hypnotiseur prof. D. Zanardelli, propose timidement une explication naturelle de la transmission de la pensée. Il se sert de la comparaison d'un diapason (il pourrait également prendre celle d'une corde de violon) qui vibre de lui-même et rend un son correspondant à celui d'un autre diapason qui, près de lui, vibre sous l'impulsion d'une force extrinsèque (1). Ce serait une explication analogue à celle de Huxley et de Chiaf. Elle tombe pour les mêmes motifs : il n'y a pas lieu de nous en occuper.

§ 6. *Du phénomène de divination en particulier*

Remarquons plutôt l'incroyable hardiesse avec laquelle certains matérialistes tentent d'expliquer non seulement la transmission de la pensée, selon eux, matérielle, mais aussi la vision physique à travers les corps opaques, etc., et surtout la prévi-

---

(1) Docteur Battandier, dans le *Cosmos*, de Paris, cité ci-dessus au § IX du chap. I.

sion de l'avenir, chose évidemment spirituelle et même divine. A la vérité, tous les hypnotistes ne sont pas crédules au même degré ; ceux qui sont les plus jaloux de ne pas faire rire d'eux, nient carrément ces phénomènes et se tirent ainsi de l'embarras d'avoir à les expliquer par les seules forces de la nature. Mais d'autres frappés du grand nombre de ces faits et de leur certitude, font de nécessité vertu et entreprennent la tâche herculéenne et ridicule de faire prophétiser la matière. Il faut la voir pour y croire, la gymnastique insensée à laquelle ils livrent leur esprit ! Campili, par exemple, s'en prend à Hertzen, à Huxley, pour venir nous dire ensuite, avec les paroles mêmes de Fouillée : « Connaître et penser l'avenir n'est peut-être pas seulement le *prévoir* ; c'est aussi dans une certaine mesure le *déterminer* (1). »

C'est d'une belle force ! Sans doute on sait que si quelqu'un se propose d'aller demain à la campagne, il peut, sans intervention préternaturelle d'autrui prophétiser : Demain, j'irai à la campagne. C'est une chose naturelle, très naturelle. Mais il ne s'agit pas d'aussi sottes divinations, il s'agit au contraire d'expliquer comment, par des moyens naturels, on peut connaître les faits d'autrui et les siens propres dans un temps futur et éloigné. C'est ici que trébuche quiconque essaie de prophétiser. Eh ! bien, pour prouver comment l'homme peut, par les forces naturelles, connaître l'avenir, Campili ne fait pas la plus légère tentative, et aucun des maîtres dont il cite les textes, ne se montre en cela plus habile que lui. Tout finit en un assemblage confus de conceptions nébuleuses, dans lesquelles, sur notre honneur, nous n'avons pas été capable de trouver une raison qui ressem-

---

(1) Doct. Campili, *Il Grande Ipnotismo*, etc. p. 31.

blât à une preuve. Tout aboutit à affirmer, affirmer toujours, sans jamais prouver. Le plus fort argument pour démontrer comment l'hypnotisé peut prévoir l'avenir, se réduit à exagérer les privilèges de l'état hypéresthétique, c'est-à-dire la grande excitabilité et de la subtilité qu'acquiert un cerveau sous l'influence de l'hypnotisme. Mais chacun voit que, même en admettant ce merveilleux raffinement de l'organe pensant, comme disent les matérialistes, il reste encore un abîme à franchir pour arriver de la vivacité de la pensée à la vision de l'avenir.

C'est pitié de voir comment des hommes qui ne manquent pas de talent arrivent à prendre en dégoût les vérités solides, éclatantes et confirmées par l'expérience des siècles, les vérités qui ont satisfait des intelligences supérieures comme Platon, Aristote, Cicéron, saint Augustin, saint Thomas d'Aquin, Dante, Galilée, Newton, et échangent ces vérités contre des enfantillages qu'eux-mêmes ne comprennent pas et qui ne les persuadent pas, puisqu'ils ne peuvent les soutenir par une bonne raison, ni même par un sophisme un peu spécieux : tant ils sont aveuglés par la manie de ne rien « attribuer à des forces latentes et mystérieuses (1) », c'est-à-dire aux forces spirituelles ! Ils s'obstinent, en dépit de la logique, de l'honneur, de la conscience, à publier, sans le croire, que « la doctrine hypnologique, débarrassée de toute la superfétation hyperphysique et de tout le mysticisme dont elle avait été enveloppée par l'imagination superstitieuse du vulgaire, peut maintenant dire qu'elle a atteint sa dernière phase, vengée qu'elle est des insanités peu pieuses des démonologues ou des stériles conjectures des

---

(1) Campili, op. cit., p. 28.

métaphysiciens, par l'analyse de la science positive (1). » C'est ainsi que la passion les aveugle; c'est ainsi qu'ils avalent des montagnes de mystères absurdes, pour éviter des mystères si simples qu'ils ne furent jamais des mystères pour les philosophes de bon sens.

§ 7. *On conclut que les phénomènes supérieurs montrent l'intervention diabolique.*

Après avoir discuté et anéanti les principaux arguments mis à l'essai pour prouver que les phénomènes hypnotiques, dits supérieurs, sont naturels, nous sommes en droit de les appeler préternaturels, c'est-à-dire effectués, ou entièrement ou du moins avec un concours partiel, par quelque agent hors de la nature. En vérité, nous l'affirmons : la pénétration et la communication de la pensée, les idées infusées sans l'emploi des moyens destinés à ce but, la divination des faits qui se passent dans un lieu ou dans un temps éloigné et autres faits semblables ne sont point de la compétence de l'homme ; et si, dans l'état hypnotique, ils se réalisent quelquefois, il est clair que l'homme est aidé par une activité qui n'est pas son activité naturelle.

D'où procède cette nouvelle activité ? Ce n'est certainement pas de Dieu ni des bons esprits. Nous parlons à des croyants. L'opération immédiate de Dieu qui produit des effets contraires aux lois constantes de la nature, est ce qui s'appelle un *miracle*, et l'acte miraculeux est en rapport avec la majesté de l'*opérant* et avec les attributs de la nature divine. S'il se produit, c'est toujours avec le grand et noble but de la glorification divine, et de l'avantage de la créature humaine ; il

(1) Même ouvrage, p. 41-42.

est constant dans sa durée et honnête dans ses moyens, comme nous le voyons pour les miracles racontés dans l'Ancien et le Nouveau Testament, et selon ce que démontre la philosophie et la théologie (1). On peut en dire autant des habitudes des anges et des saints ; d'autant plus qu'ils n'interviennent dans l'œuvre miraculeuse que par l'ordre et la puissance de Dieu, qui est l'unique arbitre des lois naturelles, comme Il en est l'unique créateur. Maintenant il est évident que les prestiges (on appelle ainsi proprement les œuvres préternaturelles qui ne procèdent pas de Dieu), les prestiges de l'hypnotisme n'ont aucune ressemblance avec l'acte miraculeux, si ce n'est dans la violation des lois naturelles. Il répugne absolument à un esprit religieux de supposer que l'Esprit-Saint obéisse au signal d'un médecin ou d'un charlatan et s'abaisse jusqu'à se mettre à leurs ordres chaque fois que l'un d'eux, par profession ou par intérêt, a la fantaisie d'hypnotiser un client qui peut être un ennemi de Dieu, comme le peut être aussi le médecin ou le charlatan. Il répugne d'admettre que l'Esprit-Saint intervienne pour révéler à l'hypnotisé ce qu'il ignore, les pensées d'autrui ou une langue inconnue, ou un objet caché, ou un voleur en fuite, ou un événement futur ; cela répugne beaucoup plus encore dans des circonstances souvent inconvenantes pour la sainteté de Dieu.

Il demeure donc certain que l'agent qui intervient dans ces cas est l'esprit mauvais, Satan ou un autre des anges déchus. Il est bien vrai que le démon ne peut opérer de vrais miracles, parce qu'il n'est le maître ni de la nature, ni des lois

---

(1) Cf. Th. 1, q. 110, art. 4 : *Utrum angeli possint facere miracula*, et 1 q. 114, art. 4 : *Utrum dæmones possint homines seducere per aliqua miracula*.

naturelles ; mais il est vrai aussi qu'il peut, avec la permission de Dieu, contrefaire les miracles au point de tromper les hommes imprudents ; il lui est quelquefois facile naturellement, à lui esprit très parfait, de faire ce qui est naturellement impossible à l'homme, comme de suggérer des mots d'une langue ignorée, ou de faire connaître ce qui arrive dans des régions lointaines. Nous traiterons cette question plus loin avec plus de clarté. Qu'on remarque en attendant comment ce concours diabolique dans les prestiges est une coutume antique de l'adversaire de notre salut. L'Ecriture et l'histoire nous enseignent que toujours il dressa des embûches au genre humain par de semblables moyens; et il n'y a rien d'étonnant qu'il tente aujourd'hui ce qu'il a tenté dans tous les temps, et souvent avec trop de succès.

Cela étant entendu, il est superflu d'ajouter que communiquer volontairement avec les esprits maudits et ennemis de Dieu et les appeler comme compagnons ou comme aidants, dans n'importe quelle œuvre, c'est un acte de rébellion contre la Divinité, encore que nous le fassions sous prétexte d'une fin honnête. Tout commerce avec le diable est prohibé, avec des menaces formidables, dans la Sainte Bible; voyez saint Thomas, 2^a $2^{æ}$, question 92 et suivantes, qui ont pour but de démontrer combien les superstitions sont coupables. La Sainte Eglise catholique, non seulement condamne ce commerce comme superstition hérétique et faute énorme, mais anathématise, c'est-à-dire sépare de son sein celui qui l'entretient volontairement. Il existe à ce sujet de nombreux documents : un des plus récents est le décret de la Sainte Inquisition Romaine adressé en 1856 à tous les évêques de la catholicité, dans lequel sont condamnés expressément comme *superstitions*, *les prestiges de la divination, du somnambulisme magnétique, de la clairvoyance, de la découverte de choses ignorées et lointaines et autres choses semblables.* Mais, pour ne rien exagérer non plus en cette matière, il est à noter que, pour se rendre coupable, il suffit d'une des superstitions que nous avons énumérées ; tandis que pour encourir l'excommunication, il faut qu'il y intervienne aussi une profession hérétique ; ce qui est fréquent dans les pratiques spiritistes et assez rare dans les pratiques hypnotiques.

Et maintenant il nous reste à parler des autres phénomènes de l'hypnotisme, à en mesurer la plus ou moins grande culpabilité, et ensuite à conclure par un aperçu synthétique sur l'action diabolique au milieu de la société civile de nos temps.

II

De certaines autres pratiques hypnotiques très probablement impies.

A cette seconde classe nous rattachons quelques phénomènes merveilleux, analogues aux précédents, mais pas aussi évidemment diaboliques. Ce sont : 1° la vision au travers des corps opaques ; 2° la transposition des sens ; 3° les suggestions à échéance ; 4° certaines hallucinations que nous expliquerons plus loin.

§ 1. *De la vision au travers des corps opaques.*

Quelques hypnotistes nient la possibilité d'un tel phénomène, comme Richer et Morselli. Ce dernier affirme que la seule prétention de lire une lettre renfermée dans une enveloppe serait un tour de charlatan (1). D'autres hypnologistes, qui ne sont ni rares, ni vulgaires, admettent la vision d'objets couverts d'une enveloppe impénétrable. Parmi ceux-ci est Campili qui la soutient comme un phénomène certain et purement naturel (2). Nous aussi nous en avons cité des exemples (§ 9 du ch. 1) réalisés publiquement à Rome par Mme Emma Zanardelli, qui lisait l'heure sur le cadran d'une montre renversée, et voyait les petits objets que les assistants tenaient renfermés dans leurs portefeuilles. Dans les assemblées spiritistes c'est un phénomène élémentaire et très usité, comme il l'était déjà dans les premiers temps du mesmérisme.

Or que nous dit notre expérience individuelle et l'expérience universelle sur la vision des objets couverts ? Qu'elle n'est jamais arrivée. Certes nous ne saurions inventer aucune explication naturelle d'un tel phénomène, s'il arrivait. Personne n'ignore que les corps opaques, comme une table, un mur, un simple carton interceptent la lumière, et par conséquent tout rayon qui puisse apporter l'image à la rétine de l'œil. Là où il n'y a pas d'image qui fasse impression sur la rétine, la transmission au sensorium commun ni l'acte vital de l'homme qui la perçoit ne sont possibles. Toutes les fantaisies de Campili, humble disciple de Hertzen, de Huxley et d'autres babillards, pour nous expliquer le mode du prestige, sont puériles et ridicules. Tout se résume à nous raconter que, « même à travers les corps opaques, les rayons lumineux passent, quoique diminués par la rencontre de masses compactes et non élastiques, et arrivant à l'œil hyperesthétique du sujet (*hypno-*

---

(1) Voyez les paroles de Richer et de Morselli, déjà citées au § 3 de l'Avant-propos.
(2) Doct. Giulio Campili. *Il Grande Ipnotismo*, etc., p. 27 et suivantes.

tisé) y produisent une excitation, qui, dans l'état normal de l'organisme, n'aurait pas été perçue et localisée (1). »

Mais quoi, mais quoi, doct. Campili ? Vous jetez de la poudre aux yeux des sots et vous les trompez avec de grands mots. La vérité est, et vous le savez comme tout le monde, que les rayons lumineux au travers d'un carton ou d'un mur ne produisent aucun effet, parce que dans notre cas, il ne faut pas seulement une excitation quelconque mais une excitation assez forte pour équivaloir à celle d'un œil impressionné par l'image d'un objet visible ; ce qui ne peut arriver lorsque les rayons rencontrent un obstacle. Toute force qui se rencontre avec une force égale se neutralise et s'annule. Deux boules égales en masse et en vitesse, se heurtant sur la même ligne, s'arrêtent subitement. De même les rayons lumineux, se heurtant contre un mur, doivent se briser et s'anéantir. En admettant même qu'une partie en passât au travers des pores du mur, il en résulterait tout au plus une excitation infinitésimale qui, en mathématiques, en mécanique, en physique, en physiologie, est regardée par les savants comme égale à zéro. Et quand la sensation est égale à zéro, il n'y a aucune excitabilité, ni hypéresthésie des sens qui puissent la percevoir ou seulement la remarquer. En parlant selon la rigueur mathématique, pour ressentir une secousse infinitésimale, il faut une faculté développée à l'infini, en d'autres termes, un organe sensitif élevé à une sensibilité égale à l'infini. Ce qui, dans notre cas, est évidemment absurde ; parce qu'aucune force physique particulière n'est infinie. Notre bon jurisconsulte donc, et avec lui ses maîtres en hypnologie, comptent trop sur la naï-

(1) Doct. Giulio Campili. *Il Grande Ipnotismo*, etc., p. 27 et suiv.

veté de leurs lecteurs, quand ils viennent nous raconter avec un ton sérieux, qu'on voit au travers des corps opaques grâce à la délicatesse des organes hypnotisés.

Les choses étant ainsi, on nous reprochera peut-être d'être trop indulgents envers les hypnotistes, en rangeant le phénomène de la vision au travers des corps opaques parmi ceux qui sont très probablement impies, tandis que nous devrions le considérer comme absolument préternaturel. Il est certain que la S. Pénitencerie le condamne comme *illicite*. Peut-être ont-ils raison et avons-nous tort. Si tel est leur avis, qu'ils transportent ce phénomène au chapitre précédent et le placent parmi ceux que nous avons décrits comme tout à fait impossibles aux forces de la nature, et par conséquent franchement diaboliques. Dans ce cas, ils devront estimer coupables de tenter commerce avec le diable tous les sujets qui s'y exposent volontairement, dans les expériences hypnotiques, et beaucoup plus encore les médiums spirites, auxquels ce phénomène est familier.

§ 2. *De la transposition des sens.*

Chacun sait en quoi consiste ce qu'on appelle transposition des sens ; c'est exercer l'acte propre d'un sens avec l'organe d'un autre, par exemple sentir une odeur avec les doigts, goûter avec le coude, entendre avec les genoux. Le cas le plus fréquent est l'abus de la vue qui se transporte à un membre n'ayant pas la faculté de voir, souvent à l'occiput ou à l'épigastre. Ce prestige est très connu depuis les premiers temps du mesmérisme, quand le docteur Pétetin en fit la découverte. Il devint ensuite phénomène usuel dans les réunions mesmériques, et pain quotidien dans celles des spiritistes. Les médecins hypnotistes modernes affirment aussi l'existence de faits semblables : selon eux les cinq sens peuvent changer de siège et errer sur toute la surface du corps. Le docte israélite Cesare Lombroso en cite des cas obtenus par lui-même et par une foule d'autres médecins et savants : Heidenhain, Vizioli, Cervello, Raffaelli, Carmagnola, Despine, Franck, Angonova, Gori (1). On n'en peut donc douter.

Non content d'affirmer les faits, Lombroso, en fidèle matérialiste, se met en devoir de démontrer que « cela ne sort pas du domaine de la matière : il s'agit de la transposition, non de la création d'une nouvelle faculté ». Prenant par exemple la vue il en explique la transposition ainsi : de même que les altérations des centres corticaux des sens pervertissent ou suppriment la sensation propre de tel organe sensoriel, ainsi « il faut admettre que c'est le centre cortical correspondant qui crée ou exclut la vision ». De cette manière, l'acte de la vision s'accomplit sans l'intervention de l'œil. Pour confirmer la possibilité de voir sans l'usage des yeux, Lombroso en appelle aux faits analogues qui arrivent (dit-il) parmi les animaux d'espèces infimes, « comme les oursins, dans lesquels la vision se confond avec le toucher... Ce phénomène ne nous élève pas au-dessus d'Adam, il nous fait descendre (2). »

A ces théories nous répondons : il est vrai que la transposition des sens n'exige pas de création, mais elle exige la production d'un acte par des facultés impuissantes à le produire : ce qui équivaut à créer une faculté efficiente là où il n'existait qu'une faculté inepte. Restons dans l'exemple de la vue proposé par Lombroso, et revenons à ce que nous

(1) Prof. César Lombroso. *Studi sull' Ipnotismo*, p. 15 et suiv.
(2) Lombroso. Paroles citées par Campili. Op. cit., p. 34.

avons dit un peu plus haut de l'élément essentiel de la vision. Il est nécessaire que l'image de l'objet visible et éclairé se peigne sur la rétine, rétine vivante et communiquant par la voie du nerf optique avec le centre des sensations, où l'homme la lit par un acte vivant de la faculté spirituelle de l'intelligence. Or la rétine ne se transporte pas à l'occiput, ni à l'épigastre, ni aux talons. Donc ici le travail vital et humain nécessaire pour la vision devient impossible. Les hypnotistes (et Lombroso aussi), pour parer à cette claire réfutation, ont recours à la sensibilité indéfinie des parties hypnotisées du corps humain, ce qui les rend excitables à l'égal des organes sensoriels et capables des fonctions propres à ces organes. Mais c'est là une affirmation contraire à la vérité manifeste de la nature, et inventée évidemment pour expliquer le phénomène inexplicable d'un genou qui regarde et voit, « sans devoir recourir à des interventions supérieures aux sens (1). » De fait, étant supposée mais non concédée la grande sensibilité acquise par le genou sous l'influence de la maladie hypnotique, le genou reste toujours un genou, c'est-à-dire un membre extrêmement sensible aux impressions tactiles du chaud et du froid, du dur et du mou, du solide et du liquide, mais qui ne sera jamais changé en un miroir reflétant une image. Entre une impression tactile et l'image représentée par la peinture, il y a un monde de différence.

De plus, voir est un acte vital et spécifique ; il est déterminé par l'objet propre et par la manière particulière dont la faculté perçoit cet objet, au moyen de l'organe approprié à ce but par la nature. Personne n'est si novice dans la physiologie et l'anatomie, qu'il ne connaisse, au moins confu-

---

(1) Lombroso, *Studi sull' Ipnotismo*, p. 19.

sément, l'incomparable organisation de l'appareil visuel : la cornée et, derrière elle, les deux lentilles, celle du cristallin qui est biconvexe et celle de l'humeur aqueuse qui est convexe seulement du côté extérieur ; toutes les deux ayant pour fonction de recueillir les rayons de l'objet visible ; la merveilleuse structure stratifiée du cristallin ayant pour but d'en accroître le pouvoir réfractif ; l'assemblage des surfaces courbes et des couches de diverses densités, de manière à produire l'achromatisme de l'image ; la vigilance de l'iris chargée de corriger le défaut de sphéricité en se resserrant plus ou moins selon le besoin de donner ou de refuser l'accès aux rayons tombant sur les bords du cristallin et qui pourraient effiler les contours de l'image ; la prodigieuse organisation de la rétine, membrane qui se forme naturellement par l'expansion de l'extrémité du nerf optique en forme d'écusson et son extension juste sous le bulbe de l'œil vis-à-vis de la fenêtre que laisse ouverte pour lui l'iris. Cette membrane n'a pas une épaisseur supérieure à quatre dixièmes de millimètre, et se compose cependant de sept doubles placés les uns sur les autres ; le microscope en découvre les éléments variés, sans en révéler le but mystérieux ; ajoutez-y l'influence presque inconnue provenant du mode d'opérer du centre sensitif du cerveau sur ces organes d'une délicatesse infinie ; ajoutez-y la fonction des liquides animaux qui les recouvrent, et des fluides impondérables qui les accompagnent et les entourent, non sans leur apporter une avantageuse coopération ; ajoutez-y une foule d'autres secours qui tous aussi concourent à effectuer l'acte de la vision (1)... Grand Dieu ! la nature aurait donc

(1) Cf. Salis Seewis. *Della Conoscenza sensitiva*. Prato, 1884, partie IVme, chap. v, *Della vista*, p. 452 et suiv.

élaboré avec un si savant travail, une machine si merveilleuse pour former l'organe de la vision, tandis qu'il suffisait d'accroître un peu la sensibilité d'un centre nerveux sous-cutané ? Si cela suffisait pour convertir tous les membres en organes de la vision, la nature pouvait nous faire tout yeux, tout odorat, tout ouïe, tout goût; comme elle nous a fait tout tact, et à bien peu de frais. Et les naturalistes savent que la nature ne fait jamais rien de superflu, quoique nous n'arrivions pas toujours à comprendre le but et l'utilité de ses appareils. Il est donc impossible d'excuser l'homme qui imagine que l'incomparable organe de la vision peut être suppléé par un genou dont les nerfs sont un peu perfectionnés. Lombroso est encore plus inexcusable, car il connaît, plus et mieux que le vulgaire, les merveilles des organes destinés par la nature aux sensations.

C'est donc une sotte chicane de mots que de prétendre que, dans certains petits animaux inférieurs, la vision se *confond* avec le tact. Elle ne se *confond* pas : Lombroso, pour parler en toute rigueur scientifique, devait dire que le tact *supplée* à la vue. Il y supplée comme chez les aveugles la main supplée à l'œil, ni plus ni moins, sans que pour cela le tact de l'aveugle se *confonde avec la vue*, ou que la main de l'aveugle devienne voyante. De fait, ces insectes d'organisme imparfait trouvent, dans le milieu où ils vivent, tout ce qui est nécessaire à leurs fonctions individuelles et de relation, et ils le rencontrent avec tant d'abondance qu'ils n'ont pas besoin de le voir pour en faire le choix; il leur suffit du contact que nous pouvons supposer très délicat pour reconnaître la présence des aliments et de tout ce qui est nécessaire à l'individu et à l'espèce. Nous ne voyons aucune difficulté à admettre, par la même raison, que le tact seul leur suffit pour se conduire à tâtons dans telle ou telle direction où leur besoin actuel les appelle. Par conséquent, apporter l'exemple des animaux imparfaits qui suppléent à la vue par le tact ne démontre nullement la possibilité de voir avec les organes tactiles, même indéfiniment raffinés par le moyen de l'hypnotisme.

Il nous reste maintenant à répondre au docteur Campili, et avec lui, à beaucoup d'autres copistes de copistes. Il prétend démontrer la possibilité de la transposition des sens par une voie un peu différente de celle que suit Lombroso, bien qu'indiquée par celui-ci. Selon Campili, l'hypnose concentre toutes les forces vives de l'homme dans une partie donnée du corps ; et comme parmi ces forces, il y a aussi celles des cinq sens, on ne doit pas s'étonner qu'une partie hypnotisée accomplisse les actes propres de plusieurs sens, bien que les organes propres des sensations respectives n'y résident pas ; et ainsi il arrive que le pouvoir visuel étant transporté hypnotiquement dans l'occiput, l'occiput voit autant qu'un œil pourrait voir. Il en est de même pour tout autre sens. Campili éclaircit cette doctrine par l'exemple de la cellule primordiale, dans laquelle, les facultés humaines étant encore indivises, pourraient avoir des fonctions indivises, voir, par exemple, et toucher et sentir et entendre et goûter avec un même organe.

Telle est l'explication de la transposition des sens proposée par le vaillant jurisconsulte ! Là où Lombroso suppose que l'hypnotisme nous rabaisse à la condition des animaux imparfaits, Campili suppose que l'hypnotisme nous ramène à l'état embryonnaire. Et cette miraculeuse découverte de la science, il l'expose, ou plutôt il l'embrouille en des pages ténébreuses que nous nous sommes efforcés de traduire en langue intelligible. Outre Lombroso, qu'il révère comme un maître, il appelle à son secours Brown-Séquard, Müller, Büchner, Clausius, et avec leur autorité il s'enfonce dans le matérialisme le plus abject, enseignant que la cellule primitive contient en germe, non seulement les facultés matérielles, mais même la volonté humaine. Là dessus, il exulte en lui-même et triomphe de la *métaphysique effrénée*, de l'*idée du surnaturel*, de l'*élément du supra-sensible*, etc., etc.

Pauvre science ! Nous rougissons de honte pour notre patrie, où de tels échafaudages d'erreurs s'enseignent dans les chaires et se divulguent dans les livres sous le nom de science. Qui a dit à Campili que la cellule primordiale de l'homme pourrait exercer les actes de chaque faculté comme si elles étaient déjà développées et pourvues d'organes proportionnés ? Qui l'assure que l'hypnotisme a cette vertu magique de ramener toutes les facultés sensitives sous un seul organe ? Il doit lui aussi savoir que l'hypnose est une maladie, au dire même de son vénéré prophète, Lombroso : or, comment peut-il admettre qu'une maladie ait la vertu infinie de délier le patient de toutes les lois de la nature en vigueur pour lui, de le réduire à l'état d'embryon cellulaire, et, avec ce nouvel état, de renverser tout l'organisme existant, de concentrer toutes les forces sensitives en un seul point et de les mettre en action au gré de l'hypnotiseur qui le commande par sa parole ? Ce sont des montagnes de folies monstrueuses et ridicules.

Et si, par impossible, l'hypnose possédait une si merveilleuse vertu pour concentrer les forces, comment Campili expliquerait-il que la main devenue capable de voir ne soit pas en même temps capable d'entendre, de goûter, de flairer ? comment expliquerait-il (puisqu'il est matérialiste) que la main n'est pas capable aussi d'imaginer, d'entendre, de vouloir, de raisonner et de parler ? Et cependant, si l'on admet que dans la main hypnotisée se réunissent toutes les facultés, comme elles l'étaient toutes dans la cellule primordiale, la main devrait pouvoir exercer toutes ces facultés. Vous sentez-vous disposé, doct. Campili, à accepter les conséquences de votre théorie ? Nous croyons que non. Enfin la concentration absurde des facultés étant même concédée, ne comprenez-vous pas que les facultés concentrées auront toujours besoin d'organes appropriés, si elles doivent être mises en action ? N'avez-vous jamais observé que le muet, avec toute la puissance de parler qu'il a reçue de la nature, comme homme, ne parle néanmoins pas, parce son organe vocal n'en est pas capable ? et pareillement que le sourd n'entend pas, par suite du défaut de son appareil auditif ? De même l'aveugle ne verra pas, tant que l'organe visuel sera défectueux, et tout membre humain sera comme l'aveugle, lors même qu'il serait hypnotisé.

Quels miracles avalent ces hommes ! miracles excessifs, extravagants, imaginaires ! Et tout cela pour s'émanciper du *psychisme* (entendez de l'âme spirituelle), comme le désire ardemment Campili, et de *l'intervention des âmes vivant d'une vie d'outre-monde*. Mais qu'il remarque bien (et les hypnotistes, ses pareils, également) combien est ignoble la tâche d'un jurisconsulte, fût-il magistrat, qui tente de faire accroire ces doctrines monstrueuses au vulgaire, naturellement incapable de se défendre de l'erreur, sans en avoir lui-même une idée claire, et encore beaucoup moins une conviction rationnelle ? Nous faisons à son intelligence l'honneur de ne pas le croire lui-même convaincu par ses phrases creuses, de la page 25 à la page 48 de son *Grand hypnotisme*, mais nous regardons comme une insulte au bon sens italien, d'appeler de pareils contes de fées : *nouveaux horizons aux sciences juridiques*. Nous plaignons de tout notre cœur le doct. Cesare Lombroso : lui, comme Israélite, ne jouit pas de la lumière évangélique, et par conséquent il l'attaque et ne la trahit pas : mais Campili est dans d'autres conditions. Il ne devrait pas échanger facilement les grandes vérités de la philosophie chrétienne contre les balayures des écoles matérialistes, qui font le déshonneur et le malheur de la société civile.

Venons-en à la conclusion. La transposition des sens n'est pas possible aux forces de la nature. La maladie hypnotique ne crée pas l'organe sensoriel où la nature ne l'a pas placé ; et l'organe sensoriel est l'instrument propre et nécessaire aux forces humaines pour voir, pour entendre, pour goûter, etc. C'est si manifeste que beaucoup d'hypnotistes nient la possibilité de ce phénomène. Nous, à la vérité, nous l'admettons et comme possible et comme réellement arrivé dans les scènes hypnotiques. Et ne pouvant l'attribuer aux forces de la nature, nous l'attribuons aux forces préternaturelles : non pas à Dieu qui ne s'abaisse pas à la fantaisie de produire de pareils prestiges pour plaire aux médecins et aux charlatans : donc au démon.

§ 3. *Des phénomènes à échéance et d'autres faits hypnotiques excessifs.*

Quant aux phénomènes d'hypnotisme à échéance, nous ne referons pas l'histoire, ni les raisonnements déjà présentés. Nous en avons assez parlé quand le sujet l'exigeait. Voyez le § VII du chap. I, où nous racontons plusieurs exemples, et au § VI du chap. III, où nous le discutons. Nous y avons démontré qu'on ne peut en aucune manière assigner une cause naturelle aux phénomènes commandés pendant l'hypnose et exécutés après sa cessation. Si tous les autres phénomènes sont suspects, celui-ci paraît si clairement non naturel que nous ne pouvons le qualifier autrement que de très probablement diabolique.

A ce phénomène nous croyons devoir joindre les cas de poisons et de remèdes non appliqués ni vus et qui cependant produisent leurs effets sur l'hypnotisé, de par la volonté de l'hypnotisant. Nous en avons donné des exemples dans cette nouvelle édition au § III du chap. I vers la fin. Pour nous, une cause non appliquée est une non-cause. Et quant aux effluves qui pourraient passer au travers du cristal, nous les jugeons impuissants à rien produire, comme nous l'avons démontré en son lieu (§ II du chap. V). Les agents infinitésimaux n'ont qu'une action infinitésimale et celle-ci en mathématiques équivaut à zéro. De fait, un pharmacien vit sain et tranquille au milieu de ses flacons d'arsenic et de morphine, et même hypnotisé il ne deviendrait pas pour cela plus sensible, sans la volonté de l'hypnotiseur à l'action des poisons de ses bocaux bien bouchés.

Nous portons le même jugement sur les accès d'aliénation mentale excessive, variant indéfiniment selon le bon plaisir du magnétiseur, extrêmement énergiques, et portant la trace d'idées inspirées par le magnétiseur, sans les signes extérieurs propres à les communiquer. Madame A. en fournit un exemple très remarquable rapporté par le docteur Richet (voyez § VIII du chap. I); cette dame, en peu de temps, représente successivement cinq personnages, avec les idées et les paroles convenant à chacun, chose qu'il serait impossible à une dame de trouver sur le champ. Lombroso en présente d'autres exemples très remarquables que nous avons rapportés au § V du chap. III. Or, nous ne pouvons en aucune manière attribuer tous ces phénomènes à des causes naturelles. Quiconque s'y trouve présent, en sort convaincu par la chose elle-même et par les circonstances, que ce délire violent, soumis à la volonté de l'hypnotisant, ne peut prendre son origine dans les idées propres de l'hypnotisé et rappelées en lui par la maladie ; il faut bien l'attribuer à l'intervention d'une force préternaturelle qui fournit à l'hypnotisé les nouvelles attitudes qu'il prend et ses nouvelles idées. Telle sera certainement l'impression de celui qui relira attentivement les deux paragraphes susdits.

§ 4. *Conclusion pratique sur ce qui est licite ou illicite.*

Plus d'un lecteur nous demandera maintenant si en aucun cas, il ne peut être licite de provoquer quelqu'un des phénomènes de cette seconde catégorie, c'est-à-dire la vision au travers des corps opaques, la transposition des sens, les suggestions à échéance, l'aliénation excessive. Nous répondons que nous les jugeons toujours illicites. Si personne ne peut entrer licitement en communication volontaire avec l'ennemi de Dieu, comme nous l'avons dit au chapitre précédent, il sera de même illicite de s'exposer au péril manifeste d'une telle communication. D'autant plus que l'acte, probablement injurieux à la divinité, ne peut être justifié ni par la nécessité urgente, ni par un avantage certain à obtenir. Telle est notre conviction, fondée sur les raisons que nous avons déjà exposées et sur d'autres encore. Mais nos convictions ne font pas loi pour la croyance générale et ne forment pas la règle de conduite universelle. Nous attendons le jugement autorisé de notre Mère la Sainte Eglise, bien qu'à la vérité ce jugement ne nous manque pas tout à fait. Déjà la sacrée Pénitencerie en 1841, en condamnant comme illicite la tentative de communication des pensées et les diagnostics médicaux donnés par des personnes ignorantes en médecine, ajoute les phénomènes consistant à lire dans un livre fermé et à transférer la vue sur la tête ou à l'épigastre ; et elle les condamne même dans le cas où celui qui use du magnétisme protesterait tout d'abord qu'il renonce à tout pacte ou intervention diabolique (1).

Il nous semble que la sacrée Pénitencerie en condamnant comme illicite la tentation de lire dans un livre fermé, a condamné aussi, implicitement, les phénomènes de remèdes opérant à distance, sans que le patient les avale, les touche ou même en connaisse la présence.

Du reste nous ne voyons pas pourquoi un fidèle voudrait s'engager parmi les écueils que nous avons signalés jusqu'ici. Les commandements hypnotiques à échéances seuls pourront parfois tenter un médecin à les employer dans le but de corriger une imagination malade, ou pour tout autre but salutaire. Nous donnerions volontiers aux médecins le conseil de ne jamais céder à cette tentation : parce que l'expérience de graves docteurs enseigne que les améliorations obtenues par de tels moyens sont rares et douteuses (2) ; en outre la doctrine chrétienne nous fait savoir que

---

(1) Cf. Perrone. *De virtute religionis*, Ratisbonne, 1866, p. 252.
(2) Voyez les cures médicales rapportées au § X du ch. I.

si on peut en tirer quelque avantage, on peut toujours craindre que le démon caché sous ces pratiques si douteuses ne les rende quelque peu utiles sous un rapport pour les rendre très nuisibles sous un autre. Nous traiterons plus spécialement ce détail à la fin du paragraphe suivant, après avoir parlé des phénomènes simplement suspects d'intervention diabolique.

III

Tous les phénomènes hypnotiques, même les plus innocents en apparence, sont suspects.

§ 1. Etat de la question.

Il nous reste à parler des phénomènes hypnotiques plus élémentaires, qui semblent à première vue n'être que des modifications du système physiologique et le plus souvent de simples symptômes morbides. A cette nombreuse catégorie appartiennent presque tous les phénomènes des expériences académiques et des cliniques médicales, excepté les rares cas précédemment discutés, dans lesquels l'influence diabolique est certaine ou presque certaine. Il y a donc avant tout la léthargie ou sommeil hypnotique; l'épilepsie et la catalepsie qui abolissent en partie ou en entier le mouvement et la sensibilité; l'état de somnambulisme dans lequel croissent l'énergie musculaire et l'imagination, et dans lequel le travail intellectuel devient parfois très puissant; mais tout cela gouverné par une suggestion externe. On peut y ajouter les phénomènes particuliers de désordres dans la circulation du sang; les désordres dans le système musculaire, comme l'immobilité, la raideur, les sauts, les contractions, les mouvements de tout genre ; les désordres du système nerveux et des sens qui en dépendent, comme l'anesthésie et l'hypéresthésie de la vue, du goût, de l'odorat, etc., comme les sensations trompeuses de froid, de chaleur, de saveur, etc.; les désordres des facultés mentales et de l'imagination, comme les hallucinations, le délire, la perte momentanée de la mémoire, de la volonté, etc. Le lecteur peut se rappeler toute cette variété de phénomènes que nous avons décrits théoriquement au § III de l'avant-propos et historiquement dans le chap. I.

Ce que nous affirmons ailleurs est vrai tout spécialement pour ces phénomènes, c'est-à-dire qu'ils sont naturels dans leur substance et dans leur matérialité, parce que les docteurs les observent isolément dans quelques maladies. Nous concédons aussi le cas où l'homme fatigué et malade est amené par de faibles causes naturelles à un état qui présente quelques symptômes semblables. L'expérience des médecins en fait foi. Mais en même temps nous affirmons que tous et chacun de ces phénomènes produits par l'hypnotisme ne sont pas exempts de soupçon diabolique, soit en raison du moyen par lequel ils se produisent, soit en raison des circonstances. Là est la grande question et peut-être la plus pratique. Beaucoup de médecins et de personnes consciencieuses, qui rejettent avec horreur la clairvoyance, la divination, la transposition des sens et autres phénomènes transcendants, ne peuvent cependant pas se résoudre à condamner ceux qui paraissent moins contraires à la nature. Toutefois, nous prions les savants de considérer les raisons de nos soupçons. Nous n'avons aucun intérêt à démontrer l'influence diabolique où elle n'est pas : nous parlons seulement pour éloigner nos lecteurs d'un péril que nous croyons très réel et menaçant.

§ 2. *Premier motif de soupçons : L'hypnotisme est une partie du spiritisme.*

La première origine de nos soupçons est historique. Le mesmérisme, inauguré en 1778, devint peu après le magnétisme, riche de tous les phénomènes qu'on appelle aujourd'hui hypnotiques et de bien d'autres beaucoup plus merveilleux. Et ceux-ci augmentèrent encore lorsque le spiritisme américain vint se greffer sur le magnétisme européen. Cela arriva avant que Braid eut institué ou découvert l'hypnotisme, et même après Braid, le magnétospiritisme continua son cours jusqu'à l'époque actuelle, en possession non-seulement des phénomènes hypnotiques de clairvoyance et de divination, mais aussi d'apparitions de fantômes parlant et touchant, etc. (1)

Quelle fut l'œuvre de Braid ? Ce fut simplement de détacher un rameau du grand arbre magnétique et après l'avoir émondé, pour ainsi dire, des branches trop évidemment préternaturelles, de le présenter aux médecins comme un simple produit physiologique et naturel. Les magnétistes voulaient fonder une religion, Braid voulait fonder une science. Mais, en réalité, l'art de magnétiser et celui d'hypnotiser ne sont qu'un ; les mêmes actes produisent l'état hypnotique et endorment le médium spirite ; le magnétisme, l'hypnotisme et le spiritisme produisent absolument les mêmes phénomènes. La seule différence est que l'hypnotisme est plus réservé et le spiritisme plus pas-

---

(1) Cf. l'histoire que nous avons racontée brièvement aux chap. II, et Franco, *Idea chiara dello Spiritismo*, Prato, 1885, p. 15.

sionné ; mais il n'y a pas de phénomène hypnotique qui ne soit également commun au magnétisme et au spiritisme. Donc l'hypnotisme est une partie intégrante du spiritisme dont on a voulu le séparer.

Qu'on remarque que le rameau magnétique que l'on a voulu séparer, c'est-à-dire l'hypnotisme, ne put jamais dégénérer de sa condition primitive jusqu'à renoncer entièrement aux phénomènes merveilleux que Braid tenta de lui enlever. En fait, aujourd'hui même, les hypnotistes résolus à ne demander à l'hypnotisme que de simples effets naturels, reconnaissent néanmoins pour effets hypnotiques la communication des pensées, la divination, le fait de parler des langues étrangères. Enfin des hypnologistes matérialistes admettent ces phénomènes transcendants et s'efforcent de les attribuer à la nature matérielle. Donc, non seulement l'hypnotisme est une partie intégrante du spiritisme historiquement, mais il lui est identique quant aux phénomènes qu'il produit. Le docteur A. Mosso en convient expressément, nous avons cité sa dissertation au ch. I § I ; il fut, si nous nous en souvenons bien, un des médecins appelés à Rome par le Conseil sanitaire qui prohiba les représentations de Donato. Le docteur Paul Richer et le docteur Crescenzo Conca que nous avons souvent cités sont d'accord pour ne voir aucune différence entre le magnétisme et l'hypnotisme.

Or il est très connu que la science chrétienne et l'Eglise condamnent le magnétisme thaumaturge et le spiritisme, comme *superstitions hérétiques*. Comment pourrions-nous cueillir avec sécurité les fruits de l'hypnotisme qui est une branche de la même plante maudite? On n'a que trop de raisons de soupçonner que tout ce qui vient de l'hypnotisme, n'est pas exempt d'influence diabolique.

§ 3. *Seconde raison : Tous les phénomènes dépendent d'une même cause préternaturelle.*

La seconde raison de notre soupçon est que les phénomènes hypnotiques, même les plus innocents en apparence, dépendent de la même cause qui produit des effets certainement diaboliques. Expliquons-nous. Voici un jeune homme qui, dans une réunion de personnes honnêtes, se divertit lui-même et divertit l'assemblée en hypnotisant une demoiselle. Tout se fait avec la plus rigoureuse décence et avec la plus prudente modération. On ne demande à l'hypnotisée ni prévision de l'avenir, ni divination de choses cachées, ni phénomènes dangereux pour la santé, et on ne prétend pas la faire lire avec le coude, etc., seulement les assistants s'amusent à lui faire boire un verre d'eau fraîche qu'elle boit comme un rossolis exquis, et à la coiffer d'un chapeau d'homme qu'elle croit être son propre chapeau, etc. Or pourquoi, demandent quelques-uns, soupçonner l'action du diable dans ce cas? On peut en dire autant d'un pauvre médecin qui, désespérant de soulager les douleurs d'un client avec la morphine, l'assoupit par le sommeil hypnotique. Où est le mal? par quelle fenêtre peut entrer l'influence diabolique?

Nous répondons que le mal y est et y entre de lui-même, par ce seul fait que le jeune homme ou le médecin demandent à l'hypnotisme ces effets; parce qu'ils demandent l'action et l'intervention d'une cause malfaisante. Il n'y a certainement qu'une seule cause pour les effets naturels et pour les effets préternaturels. Cela est si vrai que le jeune homme et le médecin, qui obtiennent des effets vulgaires, pourraient aussi bien obtenir des effets transcendants s'ils les cherchaient. Il est donc manifeste que l'hypnotisé est placé sous l'influence d'un pouvoir nouveau en vertu duquel il pourrait produire des phénomènes diaboliques. Comment peut-on en conscience accepter l'influence de ce pouvoir ? Comment peut-on en conscience assujettir un de ses semblables à l'action de l'ennemi éternel de Dieu et de la nature humaine ? Demander au démon peu ou beaucoup, des faits d'apparence naturelle ou d'apparence préternaturelle, ne change pas la nature de l'acte et ne lui ôte pas sa propre malignité. Pour rendre licites ces phénomènes, il faudrait pouvoir les soustraire à leur cause mauvaise et les faire produire par une cause bonne et étrangère à l'hypnotisme. Or, il n'y a qu'une seule cause : car on veut l'hypnotisme, et on use des moyens propres à hypnotiser ; on n'emploie pas d'autres moyens et l'on n'introduit pas d'autres causes.

Nous concluons donc que même les plus simples phénomènes hypnotiques sont suspects, parce qu'ils sont produits par un agent qui opère ou peut opérer des phénomènes diaboliques.

§ 4. *Troisième raison : Même les plus simples phénomènes portent des traces de préternaturel.*

Il n'y a pas d'effet hypnotique si simple, qu'il ne fasse partie de cet ensemble qui porte le nom d'hypnotisme, c'est-à-dire de cette maladie nerveuse dont nous avons décrit les phénomènes multiples et variés au commencement de notre traité. Chacun d'eux est, par sa nature, une partie constituante du tout, ou du moins peut l'être. Donc le raisonnement que nous avons établi pour tous, convient en quelque manière à chacun d'eux,

En effet : duquel d'entre eux peut-on nier qu'il apparaisse sans cause proportionnée, puisque ni la fascination, ni aucun acte hypnogénique n'est naturellement apte à le produire ? puisque le sommeil hypnotique lui-même, fondement de tous les phénomènes même très légers, est déjà par lui-même un effet naturellement inexplicable ? Les moindres phénomènes ont aussi contre eux l'instantanéité avec laquelle ils sont produits, contrairement à l'action graduelle de la nature ; ils ont aussi contre eux la mutabilité avec laquelle on peut les changer en leur contraire, chose inouïe dans les maladies ordinaires ; ils ont contre eux la dépendance absolue de la volonté de l'hypnotiseur, ce qui répugne beaucoup aux actes physiques et naturels, et la facilité prodigieuse avec laquelle on les fait croître, ou changer, ou cesser, contrairement aux exigences de toute maladie naturelle.

On doit donc avouer que même les phénomènes hypnotiques les plus vulgaires, présentent en eux-mêmes de graves soupçons d'intervention de quelque agent en dehors de la nature.

§ 5. *Quatrième raison : Ils ont aussi deux cachets diaboliques.*

La quatrième raison de suspecter les faits même les plus simples, c'est qu'on rencontre en eux les deux caractères ordinaires et solennels de l'action diabolique : la cruauté et la luxure. Or nous avons démontré avec d'irréfragables autorités médicales (§§ VIII et IX, du ch. III) le mal physique et le mal moral de la créature humaine produits par l'hypnotisme et notamment par les phénomènes les plus usuels. Et il est à remarquer qu'en parlant de ce dernier, nous nous sommes abstenus de certains coups de pinceau trop vifs, peu en rapport avec la délicatesse de nos lecteurs.

Nous avons prouvé ailleurs, l'histoire à la main (1), que la cruauté et l'immoralité accompagnent inséparablement tout commerce avec l'ennemi de la nature humaine et nous pourrions aisément développer cette démonstration dans un gros volume. Mais il suffit ici de rappeler au lecteur instruit que tous les cultes païens (et par conséquent diaboliques), soit anciens, soit modernes, dont on a gardé la mémoire, se composent invariablement de ces deux éléments. Nous trouvons le même caractère dans les mystères anciens, d'Eleusis, des Cabires, de Mithra, etc., et dans les mystères modernes en usage chez les nègres et dont nous savons, par des relations particulières, des choses si cruelles et si détestables, que seul l'ennemi de Dieu et de l'homme peut les avoir inventées ; enfin nous voyons la même chose chez les sectes florissantes en Russie, les *Flagellants*, les *Victimes* et autres semblables (2). Et les sorcelleries de tous les temps, y compris le nôtre, ne visent-elles pas toujours à l'avilissement et au mal physique de la nature humaine ? Et les possédés ne sont-ils pas continuellement poussés à se nuire à eux-mêmes et entraînés aux sensualités les plus honteuses ? En somme où le démon vient à dominer, le sang et la chair deviennent son but immédiat ; et ainsi il combat la créature humaine en haine de Dieu Créateur et de la Divine Incarnation. Là où il ne peut obtenir de victimes (et il en a aujourd'hui dans plus de nations qu'on ne pense), il se contente de maltraiter ses sectateurs ; là où il ne peut obtenir les orgies

---

(1) Cf. Franco. *Gli spiriti delle tenebre*, chap. XCIV, *Sangue e tabe della religione spiritica*, vol. Ier, p. 358 et suiv.
(2) Cf. *Civ. Catt.* Sèrie XIII, vol. I, p. 252 et suiv. Numéro 866, 17 juillet 1886.

effrénées, il se contente de ce qui conduit à l'orgie.

Nous n'entendons pas, par ce que nous venons de dire, avoir apporté une raison démonstrative, mais simplement un indice. Mais pour qui connaît l'histoire des commerces diaboliques de l'antiquité et du temps présent, et qui connaît un peu intimement les phénomènes hypnotiques et leurs résultats, l'indice s'éclaire d'une lumière terrible et équivaut à une raison démonstrative. Il justifie à coup sûr le soupçon que l'hypnotisme et ses phénomènes dépendent plus qu'il ne parait de l'adversaire de la nature humaine.

§ 6. *Cinquième raison : L'inimitié de l'hypnotisme contre la religion.*

Une cinquième raison, très grave pour ceux qui regardent les choses d'en haut, est que la science hypnotique et sa pratique, avec tous les phénomènes transcendants et vulgaires, sont communément employées comme machines de guerre contre la religion et tout ce qui s'y rattache. A entendre les hypnotistes de profession, tous les sortilèges, les maléfices et la magie, que la sainte Eglise défendait, n'étaient autre chose que des phénomènes hypnotiques très naturels qu'elle n'a pas compris par ignorance et qu'elle a cruellement punis. C'étaient des phénomènes hypnotiques, pour eux, que les prétendues possessions que l'Eglise changeait en invasions diaboliques : tant les possessions individuelles que les possessions épidémiques que nous remarquons dans les siècles écoulés et dans le présent. Phénomènes hypnotiques les révélations, les visions, les extases, les saints stigmates, et toutes les autres grâces surnaturelles que nous admirons dans les vies des saints. Phénomènes hypnotiques, non-seulement les miracles des saints, les prophéties, les guérisons, les morts ressuscités, etc., mais même ceux qui sont rapportés dans les divines Ecritures et ceux qu'opéra Notre-Seigneur Jésus-Christ. En un mot, l'hypnotisme pour eux est la révélation de la nature, destinée à détruire toute idée de relations avec les êtres qui sont hors du monde, à dissiper en même temps toute peur du préternaturel diabolique et tout respect du surnaturel divin : deux intentions nettement diaboliques.

Cette opinion n'est pas isolée et propre seulement à quelque tête vide, elle est commune à tous les hypnologues profanes. Ainsi pensent Braid (digne d'indulgence parce qu'il est protestant), Richer, Figuier, Seppili, Cullerre, Donato, Bourneville, Regnard, Bochut, Campili, Morselli, Rummo, Skepto, qui prétend balayer du monde tout le surnaturel par voie d'hypnotisme, et d'autres en grand nombre. Nous n'en citons pas les textes, parce que nous ne voulons pas fagoter ici ici vingt à trente pages de blasphèmes et de sottises. Ce qui nous porte le plus à reconnaître dans cette œuvre la main du diable, c'est que beaucoup de ces personnages, la plupart savants, se lancent dans la guerre au surnaturel non pas avec la sereine bien que rigoureuse critique de la science, mais avec la haine et le mépris et surtout avec une prodigieuse ignorance de l'histoire et des faits qu'ils veulent expliquer hypnotiquement. Ils entendent de travers, ils défigurent, ils faussent, ils tirent à mal les circonstances vraies ou inventées ; tout moyen leur est bon, du moment qu'ils substituent l'hypnotisme et par lui le naturalisme au surnaturel chrétien.

Donnons un exemple de la façon dont s'expriment ces Messieurs, en citant les paroles des docteurs Vizioli et Féré. « Des considérations jusqu'ici exposées, des observations rapportées par divers auteurs et de cinq observations qui nous sont personnelles, on peut déduire les conclusions suivantes : 1° que toutes les guérisons obtenues dès les anciens temps et attribuées tantôt à une force supérieure inconnue, tantôt à un fluide quelconque, tantôt à des manipulations spéciales, etc., ne peuvent probablement être aujourd'hui expliquées que comme résultat de la simple suggestion ou de l'autosuggestion, déterminées par le mécanisme connu dont nous avons plusieurs fois parlé plus haut. Les guérisons si vantées de l'homéopathie n'ont peut-être pas d'autre origine. Considérées sous cet aspect, les guérisons obtenues par Pyrrhus, Adrien, Vespasien, Gassner, etc., ne doivent pas nous étonner davantage. La foi religieuse également qui met en jeu avec une grande puissance le mécanisme autosuggestif, peut nous donner l'explication des guérisons instantanées, arrivées à la suite de pèlerinages, au contact d'une relique, etc. « *Et quand on dit que* c'est la foi qui sauve, *on n'emploie qu'une expression rigoureusement scientifique : il ne s'agit plus de nier ces miracles, mais seulement d'en comprendre la genèse et d'apprendre à les imiter.* » (FÉRÉ, *La Médecine d'imagination*, dans le *Progrès médical*, avril 1884.) Ainsi parlent le doct. Raffaele Vizioli, qui est pourtant modéré (1), et le doct. Féré. Tous les deux ignorent qu'il se présente des cas où l'on peut soupçonner l'imagination comme cause efficiente, mais qu'il y en a d'autres aussi qu'il est impossible d'attribuer à l'imagination. Seuls ces derniers sont appelés *miracles* dans l'Eglise. Nous en parlerons au paragraphe suivant, n° 3.

---

(1) Doct. Vizioli Raffacle. *La suggestione di terapeutica*, estratto dal *Giorn. di neuropatologia*, année IV, num. 5 et 6. Naples, 1887, p. 39.

Cette tendance générale des hypnologues et des hypnotistes nous semble, nous ne dirons pas une raison positive, mais un indice très sérieux que l'hypnotisme est une invention diabolique, ni plus ni moins que le magnétisme thaumaturge et le spiritisme, ni plus ni moins que, dans le siècle dernier, la pseudophilosophie, et plus tard la fausse archéologie, les études dévoyées de la géologie, de l'anthropologie, de l'astronomie, et autres embûches qui, selon la marche variée des temps, ont causé de grands maux à la société chrétienne. Certains esprits *forts* souriront peut-être de notre simplicité. Nous en faisons autant à leur égard. Nous avons ri tant de fois et si cordialement de leur ignorance grossière, qu'il nous semble courtois de ne pas leur défendre la maigre compensation d'un sourire.

§ 7. *Sixième indice : L'intervention diabolique étant supposée, tout l'hypnotisme s'explique clairement.*

Finalement une sixième et dernière raison de notre soupçon est qu'admettre l'intervention diabolique dans les faits hypnotiques, c'est comme y introduire un rayon de lumière qui les rend tous intelligibles, logiques et clairs ; tandis que sans cette hypothèse ils resteraient éternellement douteux, déraisonnables et obscurs. Quand une clef entre dans une serrure, ouvre et ferme, c'est signe qu'elle correspond aux ressorts de la serrure et qu'elle est la vraie clef. Ainsi quand une hypothèse, soit physique, soit autre, explique parfaitement les cas et les problèmes d'un ordre déterminé de faits, c'est un signe que l'hypothèse est vraie.

Cet indice nous semble si lumineux et si concluant que nous voulons le développer pleinement en dernier lieu, comme conclusion de notre discussion. Mais auparavant, finissons-en avec les phénomènes élémentaires.

§ *8. Ce qui est licite dans les phénomènes élémentaires.*

Ici nous voulons être clair et explicite, au risque de nous répéter et d'ennuyer quelque peu le lecteur. Nous avons distingué les phénomènes hypnotiques en trois classes : ceux qui sont certainement impies, ceux qui le sont probablement et ceux qui sont simplement suspects. En ce qui concerne les premiers et les seconds, nous avons prouvé dans les chapitres précédents que c'est une faute grave d'exciter ces phénomènes chez soi ou chez les autres. Quant aux troisièmes, c'est-à-dire ceux qui sont seulement suspects d'intervention diabolique, nous disons que la question du licite ou de l'illicite retombe dans la doctrine générale relative à l'usage des moyens dont l'honnêteté est douteuse. L'honnêteté d'un moyen est douteuse quand on a des raisons positives et solides tant en sa faveur que contre lui. Cela rend probable les deux opinions mais aucune des deux n'est certaine et obligatoire. Dans ce cas l'une et l'autre est licite, la liberté humaine n'étant liée par aucune loi certaine contraire ; bien plus, il est prudent, dans notre cas, de croire naturel tout phénomène qui nous apparaît, jusqu'à ce que le contraire soit prouvé, comme l'enseignent expressément saint Alphonse de Liguori à la suite de saint Augustin et d'illustres docteurs (1). C'est entendu : telle est la règle du bon sens.

Appliquons la doctrine qui est générale et sûre, excepté dans quelques cas qui maintenant ne nous regardent pas. Pour ce qui est des phénomènes d'hypnotisme élémentaire, existe-t-il vraiment de

---

(1) Lig. *Th. mor.*, liv. III, 20.

solides raisons en leur faveur et de solides raisons contre eux ? Nous devons avouer que nous n'en découvrons aucune favorable à l'usage qu'on en pourrait faire, nous en apercevons de contraires : les six raisons que nous avons rapportées jusqu'ici contre les phénomènes hypnotiques, même les moins dangereux en apparence, nous font une telle impression, qu'il ne reste presque plus place à aucun doute favorable.

Nous estimons donc sans aucune hésitation qu'il n'est pas permis de provoquer ne fût-ce que le sommeil hypnotique, la catalepsie, le somnambulisme même simple, les mouvements musculaires et nerveux ou un autre des phénomènes les plus élémentaires.

Mais en même temps nous ne condamnons pas ceux qui, n'étant pas convaincus par nos raisons, croient permis ces phénomènes ; nous ne voulons pas blâmer les théologiens, les médecins, les fidèles en général qui, découvrant de nouvelles raisons que nous ne connaissons pas, toléreraient ces faits.

Pour éviter toute équivoque, éclaircissons notre opinion quelle qu'en soit la valeur, et délimitons-la selon la science morale, afin qu'elle ne devienne pas, étant mal entendue, une pierre d'achoppement ; nous allons esquisser une espèce de catéchisme hypnotique à l'usage des catholiques.

Et d'abord qui peut licitement avoir son opinion en cette matière ? Certainement ce n'est pas chaque simple fidèle, mais seulement celui qui a fait les études voulues et est capable de porter un jugement, c'est-à-dire qui connaît suffisamment la théologie, la philosophie, les sciences physiques et naturelles.

Quels sont les phénomènes tout à fait inexcusables ? On doit être unanime à désigner comme tels: les phénomènes de « somnambulisme (*lucide*), de clairvoyance (*la connaissance des pensées, la possibilité de parler des langues qu'on ne connaît pas*, etc.), la vision de choses cachées (*prophéties et choses semblables*)... l'évocation des âmes des trépassés, le fait d'en recevoir des réponses, de découvrir des choses occultes et lointaines (*par exemple: des voleurs inconnus, des maladies intérieures, des médicaments, des événements qui se passent dans des contrées éloignées*), et autres semblables superstitions. » Ces pratiques sont défendues manifestement par la raison théologique et l'Eglise les condamne explicitement dans les termes que nous avons cités de l'Encyclique de la S. Inquisition R. U. à l'épiscopat universel, en date du 4 août 1856. Nous disons qu'on ne peut pas non plus se former librement une opinion au sujet des phénomènes de vision au travers des corps opaques, de la lecture des livres fermés, de la transposition des sens. Ces pratiques sont déclarées illicites par la S. Pénitencerie, comme nous l'avons indiqué à la fin du § précédent.

Nous en disons autant des commandements qui forcent à obéir beaucoup de temps après l'expérience hypnotique (voir § VI du ch. I.) de certaines hallucinations soudaines et variables avec infusion d'idées nouvelles comme dans les cas décrits plus haut par les docteurs Féré, Bernheim, Morselli, Lombroso (voir §§ VIII du ch. I ; V et VI du ch. III). Ces phénomènes ont une grande affinité avec les précédents, et pour nous, tout en respectant le jugement des plus sages, nous ne saurions les excuser en aucune manière ; nous croyons devoir y ajouter les phénomènes de remèdes opérant à distance (voir § III du ch. I).

Nous ne saurions excuser non plus les expériences d'hypnotisme publiques ou privées, dans lesquelles se produisent des phénomènes mêlés, c'est-à-dire supérieurs et inférieurs, comme dans les spectacles donnés par Donato et ses pareils.

Quels phénomènes pourrons-nous tolérer ? Dans l'état présent des sciences naturelles tel que nous le connaissons, aucun phénomène ne nous semble ni à permettre ni à tolérer. Mais nous ne condamnons pas celui qui tolérerait le sommeil hypnotique et quelques autres phénomènes musculaires, nerveux, ou autres semblables suggérés pendant la catalepsie et le somnambulisme (somnambulisme *simple* : la *clairvoyance* est condamnée par l'Eglise). Peut-être quelqu'un étendra-t-il la tolérance jusqu'à certaines suggestions à échéance pour empêcher le retour d'un mal. Dans ces cas d'usage très limité de l'hypnotisme, et dont nous laissons la responsabilité à ceux qui les auraient autorisés, il devrait toutefois rester certain et hors de controverse qu'il ne serait pas licite de recourir à de tels moyens de moralité douteuse, par divertissement ou par curiosité, mais seulement pour de graves motifs thérapeutiques, avec toutes les précautions que la science prescrit pour les remèdes dangereux, avec espérance fondée de bon succès, et seulement en l'absence de remèdes également efficaces. Ajoutons que, en pareils cas, le conseil unanime et constant des docteurs de morale est que l'on fasse auparavant une protestation qu'on ne veut avoir rien de commun avec l'ennemi de Dieu (1), protestation qui,

(1) Pendant que nous écrivons ces lignes, les journaux français nous annoncent un procès pendant devant les tribunaux, d'une malheureuse demoiselle de très bonne famille lâchement déshonorée par le moyen de l'hypnotisme, dans des circonstances à faire dresser les cheveux sur la tête. Avis aux jeunes filles et aux parents ! Un médecin nous affirme que certains collègues moins honnêtes que lui se servent habituellement de l'hypnotisme pour des fins ignobles. Que les médecins honnêtes y regardent donc à deux fois et, s'il leur arrivait même de procurer par là quelque avantage thérapeutique à leurs malades, qu'ils ne s'empressent pas de s'engager naïvement dans une voie si inconnue et si ténébreuse !

si elle peut excuser de faute morale dans les cas douteux, n'excuserait jamais dans les cas d'une intervention diabolique certaine.

Enfin nous voudrions mettre en garde les docteurs en médecine et tous autres hypnotistes amateurs contre la fascination qu'exercent les remèdes nouveaux et la renommée de quelque cure heureuse obtenue par ces remèdes. Qu'ils se rappellent que, d'après l'avis commun de médecins de grande autorité, l'hypnotisme est ordinairement nuisible à la santé, surtout pour les personnes faibles, et qu'il n'est pas moins nuisible aux bonnes mœurs. Qu'on relise le § VII du ch. I: *Faits de suggestion dans un but criminel;* on pourrait en dire dix fois autant sur les cas de cette espèce. La raison et les plus graves docteurs de théologie, saint Thomas entre autres (1), sont d'accord pour enseigner, que l'ennemi du genre humain fait quelquefois un bien réel, mais toujours avec la mauvaise intention de nuire : de sorte qu'en fin de compte l'avantage se résoud en perte. Le démon dit quelque vérité pour arriver à répandre l'erreur, comme l'observe expressément saint Augustin ; il éclaire pour ensuite obscurcir; il fait une petite faveur pour enlever un bien important, et souvent il offre le temporel pour ravir l'éternel.

Tel est notre avis sur les divers phénomènes hypnotiques, jusqu'à ce que notre Mère la Sainte Eglise ait jugé opportun de nous donner un autre enseignement.

(1) Th. I, q. 64, a. 2, ad 5.

IV

Théorie chrétienne sur l'intervention diabolique

§ 1. *Nature et état des démons.*

Pour compléter notre traité nous devons expliquer clairement le point que nous avons plus d'une fois effleuré en parlant *d'intervention diabolique* dans les phénomènes hypnotiques.

Si nous voulions traiter complètement la démonologie chrétienne, un volume tout entier ne nous suffirait pas ; tant nous en parlent la divine Ecriture, la tradition ecclésiastique, l'histoire sacrée et profane ! Nous n'en donnerons qu'un abrégé, en remontant un peu haut et en touchant seulement les points principaux. D'abord il est de foi que certains anges déchurent, par leur faute, de leur condition native et qu'ils furent condamnés par Dieu à l'enfer. Ils s'appellent démons ou diables. Ce serait une hérésie de nier leur existence, qui est ouvertement révélée dans la Bible, et qui est enseignée de mille manières par la Sainte Eglise.

Mais quel est le nombre des anges déchus ? quels sont-il ? et de quelle espèce fut leur faute ? Ici la foi est remplacée par la doctrine, reposant sur de bons fondements et reçue communément dans l'Eglise, mais qui n'est pas proprement de foi. Les docteurs pensent que le nombre des démons est très grand, quoique inférieur aux phalanges innombrables restées fidèles. Saint Thomas croit que chaque damné a son démon propre pour le tourmenter. On croit que chaque ordre angélique a perdu de ses membres, et il est probable que le plus élevé de tous avant la rébellion fut celui qui est appelé par antonomase le Démon, Satan, Lucifer. Chacun des anges inférieurs participant à la rébellion fut coupable en proportion de sa plus ou moins grande intelligence, et ainsi encourut un châtiment proportionné de damnation.

Quant à leur faute, les savants pensent, en se basant sur la Bible, que Lucifer aspirait orgueilleusement à devenir semblable à Dieu, non par son excellence naturelle, ce qui était évidemment impossible, mais en s'égalant à lui dans l'acquisition de la béatitude par sa propre vertu. C'est dans ce sens que saint Thomas explique les paroles d'Isaïe : *Je monterai dans le ciel, je serai semblable au Très-Haut* (1), paroles que, par appropriation, l'on attribue au démon ; il les entend en ce sens que Lucifer ne voulut pas supporter l'union avec le Verbe, qui lui fut révélée comme destinée à la nature humaine et par laquelle Jésus-Christ est égal au Très-Haut et est assis à la droite du Père. (*Il ne crut pas commettre une usurpation en se disant égal à Dieu* (2).) Il envia, lui ange, l'homme qui lui était préféré : *Puisque Dieu n'éleva point les Anges, mais la descendance d'Abraham* (3) ; et il s'indigna d'être obligé de s'incliner devant l'Homme-Dieu, de le reconnaître et de l'adorer comme son Créateur et son Seigneur ; et ainsi il renonça à la béatitude surnaturelle.

Cette opinion expliquerait à merveille comment le démon, obstiné dans sa faute (comme sont tous les damnés), a ensuite toujours manifesté dans son commerce avec les hommes une inimitié inextinguible contre la nature humaine privilégiée de Dieu

---

(1) *In cœlum conscendam... similis ero Altissimo.* Is. xiv, 13, 14.
(2) *Non rapinam arbitratus est, esse se æqualem Deo.* Philip. ii, 6.
(3) *Nusquam enim angelos apprehendit, sed semen Abrahæ apprehendit.* Hebr. ii, 16.

et un éternel effort pour usurper les honneurs divins. Du reste quelle qu'en soit la cause, il est certain que ces tendances et ces desseins du démon résultent de beaucoup de passages des divines Ecritures et sont admis de doctrine certaine par les docteurs de théologie. L'histoire de tous les temps ne le confirme que trop. « *Je suis un dieu à l'envers,* » dit-il lui-même dans une communication spirite dont la date n'est pas ancienne. Chacun peut voir les fondements de ces doctrines dans les théologiens et particulièrement dans saint Thomas (1). Nous en donnerons un aperçu plus loin, en parlant des coutumes diaboliques.

Les anges rebelles, comme tous les autres damnés, ne furent pas changés dans leur nature, mais punis. Ils conservèrent donc les qualités essentielles à la nature angélique : seulement ils furent dépouillés de tous les dons de la grâce. C'est pourquoi ils restent éternellement obstinés dans leur péché et tourmentés « dans le feu éternel qui fut préparé pour le diable et pour ses anges », comme l'affirme Jésus-Christ (2). Ce lieu de séquestration et de prison pénale assigné aux anges damnés, ne les empêche pas de pouvoir en sortir, comme le comporte la nature angélique, et d'étendre ainsi leur action en dehors de l'enfer, dans la mesure que Dieu leur permet.

La divine sagesse, en effet, ne permet pas que les démons se soustraient entièrement à l'ordre et à l'harmonie universels contre lesquels ils tentèrent librement de se révolter. Elle profite même de leur volonté ennemie du Créateur et de la créature et la force à servir aux sacrés desseins de Dieu ; les déchaînant, pour ainsi dire, non pas du

---

(1) Cf. Th. 1, toute la quest. 63 ; et la suiv. 64 ; et quest. 113, a. 4, in c.

(2) Matth. xxv, 41.

supplice, mais du lieu du supplice, et les laissant agir au milieu de la société humaine. Le diable y vise à satisfaire son propre orgueil et son envie en ruinant la créature et la gloire du Créateur, et Dieu, au contraire, modérant l'œuvre du démon selon la règle de sa providence infinie, procure sa propre gloire en punissant justement les coupables et en éprouvant la vertu des bons. Cette doctrine ancienne et commune a été tout récemment prêchée par le sage Maître de la vérité chrétienne, Léon XIII, dans l'oraison qu'il vient d'imposer à l'Eglise universelle : « Saint Michel, archange, défendez-nous dans le combat ; soyez notre protecteur contre la malice et les embûches du démon. Nous supplions humblement que *Dieu le réfrène par son pouvoir* ; et vous, Prince de la milice céleste, par la vertu divine, renfermez dans l'enfer Satan et les autres esprits malins qui vont courant dans le monde pour la perdition des âmes. Ainsi soit-il (1). » Or, la forme de la prière est la règle de la croyance, comme l'a déjà observé saint Augustin : et il en ressort aussi une preuve nouvelle qu'aucune doctrine, universelle dans l'Eglise, ne vieillit jamais ni ne tombe jamais en désuétude.

Que les chrétiens croyants voient par là quel jugement ils doivent former de beaucoup de hâbleurs modernes qui, s'occupant d'hypnotisme et de magnétisme, ne font qu'un tout avec les obsessions, la magie, les miracles et nivellent ce tout sous le nom de phénomènes hypnotiques. Ainsi parle également le prof. Gaëtano Rummo, fameux hypnotisateur et hypnologue de Naples,

---

(1) « Sancte Michaël archangele, defende nos in prælio ; contra nequitiam et insidias diaboli esto præsidium. *Imperet* illi *Deus*, supplices deprecamur : tuque, Princeps militiæ cœlestis, Satanam aliosque spiritus malignos, qui ad perditionem animarum pervagantur in mundo, divina virtute in infernum detrude. Amen. » *Preces, jussu Papæ Leonis XIII, in omnibus orbis ecclesiis... recitandæ.*

dans le journal *La Riforma medica*, Naples, décembre 1887. Il nous arrive aujourd'hui un livre de plus de 400 pages in-8°, imprimé avec un grand luxe de caractères et de vignettes, qui prétend résoudre hypnotiquement et médicalement la sorcellerie, les obsessions, etc (1). Nous le parcourons et nous trouvons que l'auteur, décoré des titres de docteur, professeur, directeur, etc., ne fait autre chose que de plaisanter avec une légèreté plus que française autour des questions très graves du préternaturel et du surnaturel, falsifiant l'histoire, violant la logique, dénaturant la religion chrétienne. C'est un vrai type du genre à la mode : c'est pour cela que nous le citons. Peu de jours auparavant, nous avions reçu un livre de l'illustre Morselli qui vaut bien le livre français : « Que de prétendus miracles, dit-il, aujourd'hui la psycho-physiologie des états magnétiques n'explique-t-elle pas (2) ? » Lui aussi explique, c'est-à-dire tente de détruire la magie et les possessions par le moyen de l'hypnotisme. Nous pourrions citer dix et vingt auteurs comme ces trois-là, et leur donner pour chef de file un pauvre Monsieur Skepto, qui a écrit un factum (de 300 pages s'il vous plaît), où il se vante d'avoir balayé du monde, au moyen de l'hypnotisme, toute idée de surnaturel et de religion révélée (3). Ils posent comme fondement de leurs investigations un postulat profondément faux, contraire à la révélation et à l'histoire : « Aucun commerce n'est possible avec les êtres de l'autre monde. »

---

(1) Doct. Paul Regnard, *Sorcellerie, Magnétisme, Morphinisme, Délire des grandeurs*. Paris, 1887, date anticipée.
(2) Prof. Enrico Morselli. *Il Magnetismo animale, la Fascinazione et gli Stati ipnotici*. Turin, 1886, p. 61 ; voyez aussi p. 9, 317, 325, etc.
(3) Skepto. *L'Hypnotisme et les Religions, ou la Fin du Merveilleux*. Paris, 1888.

Et en vertu de ce préjugé qui est une hérésie formelle, ils résolvent tous les problèmes par les forces de la nature et plus spécialement par les forces de la matière, acceptant avec empressement les plus absurdes théories pourvu qu'ils ne tombent pas dans le spiritualisme abhorré. On sent dans leurs écrits une horreur aveugle et stupide de ce qui n'est pas matière ; ils craignent particulièrement le diable parce que le diable non seulement est esprit, mais encore parce qu'il rappelle les terribles châtiments de Dieu.

Les païens, avec moins de haine contre le préternaturel qu'ils confondaient avec le surnaturel, furent plus justes dans leurs appréciations. Platon, Aristote, et d'autres grands penseurs païens devinèrent l'existence des anges ou génies ; ils y furent peut-être amenés par les prestiges communs et vulgaires en tout temps, qu'ils ne pensaient pas pouvoir attribuer aux agents de la nature. On trouve les vestiges de cette croyance dans presque tous les paganismes. Mais les philosophes et le peuple païen en général errèrent dans la description de la nature et des fonctions des génies. Aristote supposa que les substances intellectuelles supérieures présidaient seulement aux corps célestes qui sont les moteurs des choses du monde inférieur. Platon au contraire approcha plus près de la vérité en les supposant aussi préposés aux choses inférieures et corporelles (1). Quelques platoniciens donnèrent aux intelligences mitoyennes entre Dieu et l'homme un corps aérien et une âme passionnée (2). Platon, usant du langage courant, les appela dieux inférieurs et les distingua en agathodémons ou génies bons et en

---

(1) Cf. S. Th. 1, q. 110, a. 1.
(2) Cf. S. Th. 1, q. 115, a. 5.

cacodémons ou génies mauvais. Sept ou huit siècles après, la fameuse école Néoplatonicienne d'Alexandrie, ennemie acharnée du christianisme, réveilla les idées de Platon et réduisit en pratique le commerce avec les génies, tant bienfaisants que malfaisants. En parcourant les œuvres des néoplatoniciens, il semble quelquefois qu'on lit une page d'Allan Kardec, le célèbre hiérophante du spiritisme moderne. Rien n'est nouveau sous le soleil.

§ 2. *De l'organisation des démons.*

Entre les esprits damnés il n'est resté aucun lien d'affection ou de vertueuse soumission. Il n'y a rien de commun entre eux, si ce n'est l'obstination et la haine qui s'en suit contre toutes les créatures, y compris leurs compagnons de damnation. Une certaine subordination d'inférieurs et une certaine autorité de supérieurs règne néanmoins dans l'enfer, réglée selon les dons naturels plus ou moins grands que chaque ange déchu a reçu au moment de sa création : de sorte que les plus grands, devenus les plus mauvais, restent les premiers ; le plus mauvais entre tous est celui qui dans l'Evangile est appelé : *Prince des démons* et que nous appelons Lucifer. Cette espèce de hiérarchie a été imposée par la divine Providence qui veut que tout être bon ou mauvais reste dans un certain ordre proportionné ; et elle est maintenue par la malignité des démons, à cause du désir commun qu'ils ont de lutter plus efficacement contre les intérêts humains et divins. C'est l'opinion des docteurs : ils la fondent sur des arguments solides (1) et spécialement sur des expressions bibliques, touchant le pouvoir de

---

(1) Cf. S. Th. 1, q. 109, a. 2.

quelques démons qui y sont appelés : *principautés, puissances, princes de ce monde, prince des démons,* etc.; et surtout sur la parole du Christ affirmant qu'il existe un *royaume* de Satan et que ce royaume ne manque pas de subordination en lui-même (1).

Cette espèce de prééminence de quelques-uns sur d'autres ne tourne pas à l'honneur ou au bien quelconque des chefs, mais plutôt à leur ignominie parce qu'elle accuse leur trahison plus grave et rend leur peine plus dure en leur faisant sentir le plus haut état qu'ils ont perdu. Les plus élevés en excellence naturelle et surnaturelle sont tombés plus profondément, et bien qu'ayant autorité sur leurs compagnons, ils sont aussi les plus sévèrement punis. De sorte qu'aucun ne jouit proprement ni du pouvoir, ni du plaisir de faire du mal à autrui, ni même de tourmenter les damnés; le résultat de leurs intentions mauvaises réalisées tourne en dernier lieu à l'accomplissement de la volonté divine qui tire sa gloire du châtiment du coupable. C'est là ce qu'eut en vue le poète théologien, lorsque, décrivant *l'Empereur du douloureux royaume*, il raisonne ainsi :

« S'il fut aussi beau qu'il est maintenant hideux,
Et contre son Créateur leva la tête,
C'est bien juste que de lui procède toute tristesse (2). »

Nous avions à peine fini cette étude sur la hiérarchie des démons, quand nous reçûmes la visite d'un vénérable missionnaire qui avait passé quarante ans chez les païens des Indes. Mis au courant de ce travail, il nous affirma que la magie noire avec tout son cortège de divinations, d'enchantements, de filtres, de maléfices, y était très

(1) *Si autem et Satanas in seipsum divisus est, quomodo stabit regnum ejus?* Luc. XI, 18.
(2) Inf., XXXIV.

commune, tant dans les temples que dans les maisons particulières, avec la visible intervention du démon. Il avait eu entre les mains le code des magiciens, *le grimoire,* comme disent les Français, le *livre du commandement,* comme nous disons ; et il y avait lu le rituel théorique de tout ce qu'il voyait faire dans la pratique par les païens et quelquefois par des chrétiens dévoyés. Il nous assura expressément que des sorciers sont appelés souvent à détruire les maléfices d'un autre et n'y réussissant pas toujours, avouent alors que le démon (ils l'appellent dieu) invoqué par le précédent magicien est plus puissant que leur démon et que par conséquent pour défaire le maléfice il faut un magicien pourvu d'un démon plus puissant encore.

Ce sentiment des païens de l'Inde nous paraît une confirmation des doctrines de saint Thomas et des théologiens au sujet de la subordination des démons inférieurs aux démons supérieurs. Cela nous rappelle aussi l'opinion des perfides Juifs qui calomniaient Jésus-Christ, en disant qu'il chassait les démons plus faibles en vertu du prince des démons, et la réponse de Jésus-Christ qui, admettant que cela fût possible, se contenta de montrer que ce n'était pas son cas (1). Nous lisons dans les *Morales* de saint Grégoire le Grand le cas de démons approuvés ou blâmés par leur chef. Saint Ignace aussi dans les *Exercices spirituels,* représente le prince des démons occupé à pousser ses sujets à tenter les chrétiens, et leur suggérant la manière efficace de les tenter.

Puisque la subordination diabolique qui existe entre les esprits mauvais est forcée, il n'est pas étonnant qu'il en résulte des luttes et des que-

---

(1) Luc. ix.

relles, comme l'observent quelquefois les exorcistes. Nous nous souvenons en avoir lu un exemple dans le célèbre procès de maléfice et obsession, débattu devant le Parlement de Provence en 1611. Dans un rapport écrit par le suprême inquisiteur Michëlis, on lit : « Est à noter, qu'avons expérimenté que les diables qui sont en divers corps, ne peuvent souffrir d'être ensemble : ils grondent l'un contre l'autre, et semblent se vouloir entremanger comme loups et pourceaux... Ce qui procède de leur superbe envie (1). » La même chose arrive encore aujourd'hui dans les assemblées spirites, où il n'est pas rare de voir des esprits parlants qui se lancent entre eux des injures atroces et se livrent à de vives démonstrations de haine réciproque.

§ 3. De l'aptitude diabolique à nuire.

Etant donnée la volonté propre aux esprits mauvais, de nuire à la créature humaine, et étant donnée la permission que Dieu leur accorde quelquefois de tenter ou d'exécuter leurs desseins, voyons quelle aptitude ils ont à nuire et quels moyens ils emploient pour mal faire. La puissance de nuire n'est malheureusement que trop grande chez le démon ; car les trésors de science naturelle dont fut ornée dans le principe l'intelligence des anges, et les autres dons naturels très élevés dont chacun de ces esprits fut largement doté, n'ont point été diminués par leur chute. Saint Augustin observe aussi que les démons possèdent les vérités des sciences, parce que la science proprement dite, a pour objet ce qui est néces-

---

(1) Richer le cite. *Etudes cliniques sur la Grande Hystérie*, p. 810 ; il attribue tout cela à l'hystérisme ! Mais les magistrats d'alors jugèrent le fait évidemment diabolique ; et c'étaient des hommes ferrés sur la science et la jurisprudence.

saire et immuable (1). En outre, par sa propre pénétration, le démon peut rechercher et apprendre beaucoup de choses par la simple intuition ou autrement, non seulement sur la nature matérielle, sur l'homme, et sur les choses humaines, mais encore sur les mystères divins. Qu'on y ajoute l'agilité de son mouvement instantané, qui lui permet de se trouver en divers lieux presque en même temps ; qu'on y ajoute l'expérience immense recueillie dans le cours des siècles, la mémoire des faits, l'intelligence d'innombrables questions ; on comprendra facilement comment le plus infime des anges mauvais l'emporte de beaucoup sur l'esprit humain le plus puissant (2). Il lui est donc très facile de connaître ce qui arrive en n'importe quelle partie de la terre et de l'annoncer en de lointaines contrées, de découvrir une maladie ignorée et son remède, de découvrir un voleur caché et de prévoir même l'avenir quand déjà il se prépare dans ses causes propres et nécessaires.

Mais l'intelligence diabolique a aussi ses limites. Comme l'ange du ciel ne peut connaître les pensées intimes de l'âme humaine si Dieu ou l'homme ne les lui révèle ; comme il ne peut prévoir avec une certitude absolue l'avenir procédant du libre arbitre humain ; ainsi l'ange de l'enfer le peut-il encore bien moins. Dieu seul lit dans les cœurs humains, Dieu seul à qui tout est présent, est prophète par sa nature. Il est vrai que le démon ne peut que trop bien contrefaire l'une et l'autre vision. Il simule la prophétie par une prudente conjecture. De là vient que les oracles païens et les divinations des hypnotistes et des spirites prédisent souvent l'avenir et qu'au contraire ils

(1) Cf. Th. 1, q. 96, a. 1.
(2) Cf. Th. 1, q. 64, a. 1.

restent parfois embarrassés et menteurs. Le démon peut conjecturer les pensées purement mentales par les moindres signes, même par ceux qu'en donne l'homme sans s'en apercevoir ; il peut les deviner par les images qui se succèdent dans l'imagination humaine, images simples oui, mais non purement spirituelles, puisque nous les partageons avec les animaux. De cette manière le démon se joue des imprudents et leur fait croire qu'il connaît l'avenir et pénètre les pensées de l'homme (1).

Il ne faut pas toutefois s'imaginer que le diable et les démons sachent en réalité tout ce qu'ils pourraient savoir par la vertu très perspicace de leur esprit angélique. Parce que, d'abord, leur nature ne les rend pas capables d'être présents en plus d'un lieu à la fois, et, en second lieu, il n'est pas à croire que la bonne Providence divine permette aux ennemis de la créature humaine d'enregistrer chacune des actions des hommes, surtout celles des justes, et encore moins les actions spirituelles et surnaturelles. Le démon peut se tromper en celles-ci, comme saint Thomas l'enseigne expressément (2).

A l'incomparable vertu intellective des démons, correspond leur faculté opérative. Ils n'usurperont certainement pas la divine puissance en changeant les lois établies par le Créateur, faisant par leur propre vertu et sans moyens naturels, qu'un corps sain devienne malade et qu'un corps malade devienne sain, ou que la glace chauffe, ou que le feu gèle, ou qu'un œil n'aperçoive pas l'objet présent, ou qu'un corps pesant monte dans l'air, etc. Cela n'est pas accordé même aux anges bienheureux ; et si jamais ils le faisaient ce serait

---

(1) Cf. Th. 1, q. 57, a. 3, 4.
(2) Th. 1, q. 58, a. 5.

un miracle opéré au moyen d'une puissance communiquée par Dieu. Malgré cela, le pouvoir des démons reste encore très grand, parce qu'ils peuvent, comme l'homme, changer de lieu les objets matériels, mais avec une force et une célérité immensément supérieures. Ainsi, se servant de causes proportionnées aux effets à obtenir, ils peuvent sans que l'homme s'en aperçoive et avec une promptitude insaisissable, poser les causes de la maladie dans un corps sain, ou préparer un remède à la maladie, mettre le feu où est la glace, et la glace où est le feu, interposer un obstacle entre l'organe de la vision et l'objet, soutenir mécaniquement un corps pesant en l'air et ainsi de suite (1). Le démon peut altérer les sens de telle sorte qu'il semble à l'homme percevoir ce qui n'existe pas ; il peut altérer l'imagination ; il peut composer des corps avec des éléments recueillis n'importe où, et avec ceux-ci prendre une ressemblance humaine ou animale et sous ces déguisements menteurs, se montrer, parler et opérer, et ainsi tromper l'imagination et surprendre les imprudents. Telle est la doctrine commune des théologiens, particulièrement de saint Thomas (2).

Ces actes diaboliques émerveillent grandement les ignorants qui les prennent facilement pour des miracles. A vrai dire, on peut les appeler *miracles* dans le sens large de ce mot, bien que leur nom propre soit *prestiges*. L'Eglise ne juge pas toujours miraculeuses les mutations préternaturelles de la matière, les guérisons, les visions, les phénomènes inexplicables des stigmates, les élévations des corps en l'air, etc., parce qu'elle sait que de telles mutations peuvent pro-

(1) Cf. Th. 1, q. 110, a. 2, 3.
(2) Th. 1, q. 94, a. 4 ; 1, q. 116, a. 4.

céder de Dieu qui peut suspendre les lois de la nature, ou de l'habileté des démons qui contrefont le miracle. Elle ne reconnait le miracle que quand l'œuvre dans sa substance et dans ses circonstances manifeste les caractères divins et qu'on peut démontrer que ni les forces de la nature, ni l'intervention diabolique n'en sont la cause. Quelquefois il arrive que les indices ne sont pas suffisants pour déterminer la sentence. Alors l'Eglise suspend son jugement. Et les simples fidèles feraient bien aussi de suspendre le leur et de ne pas être assez crédules pour juger miraculeux ou diaboliques les faits qui leur paraissent extraordinaires.

Quant à la volonté humaine, Dieu seul peut la mouvoir immédiatement. Les démons ne peuvent pas la forcer à vouloir ou à ne pas vouloir quoi que ce soit ; mais ils peuvent, par la persuasion, l'incliner à quelque chose et l'attirer en agitant les passions sensitives, émouvoir par des impressions fantastiques l'imagination jusqu'à rendre impossible le travail de l'intelligence et par conséquent du libre arbitre. Tout cela assure au démon une telle supériorité naturelle sur la créature humaine que ce serait fait des hommes si Dieu ne mettait pas des bornes à la puissante malice de ce mauvais esprit.

§ 4. *De l'intervention diabolique par voie de tentation.*

Connaissant l'aptitude des démons à nuire, on peut maintenant rechercher comment ils agissent en fait. Si l'on excepte l'intervention forcée, c'est-à-dire le cas où Dieu se sert du démon pour punir les méchants tant dans l'autre vie que dans celle-ci, il nous semble que, pour la matière qui nous occupe, on peut réduire toute l'intervention diabolique à trois principaux modes : la tentation, l'obsession et le prestige. Cette triple intervention, dans sa généralité, est de foi. Ceci soit dit pour servir aux idiots et orgueilleux à la fois qui croient quelquefois mériter la réputation d'esprits forts en affectant d'ignorer ce que Dieu a solennellement enseigné au monde.

Que le démon tente les hommes de mal faire, c'est affirmé par l'Esprit-Saint dans beaucoup de passages de l'Ancien et du Nouveau Testament. Dieu le permet quelquefois par un juste châtiment et souvent pour donner aux bons l'occasion de vaincre et de mériter la couronne. Ainsi la malice diabolique est contrainte de glorifier Dieu. Et afin que le démon ne dépasse pas les bornes par sa supériorité naturelle, la divine Providence le retient et ne permet pas que l'homme soit tenté au-dessus de ses forces; Dieu donne un secours non seulement suffisant, mais abondant à ceux qui recourent à Lui (1). Le démon peut se servir de tout pour tenter: des circonstances extérieures, des passions intérieures et des sens de l'homme, de l'imagination, et enfin de discours, d'apparitions et d'actes ou violents ou trompeurs. Ces quatre dernières formes peuvent êtres réelles et objectives : outre que les Saints Pères et les docteurs de tous les temps en parlent communément, nous en avons un exemple dans la tentation par laquelle le démon attaqua Jésus-Christ Lui-même, ne le connaissant pas encore comme le Messie (2). Ce moyen d'intervention diabolique est donc indubitable.

§ 5. *De l'intervention diabolique par voie d'obsession.*

Il est également certain qu'il y a de vrais cas

---

(1) *Fidelis autem Deus est, qui non patietur vos tentari supra id quod potestis, sed faciet etiam cum tentatione proventum ut possitis sustinere.* I. Cor. x, 13.
(2) Matth. IV.

d'obsession diabolique. L'Evangile l'atteste si souvent et si clairement que l'on ne peut en douter qu'en reniant les paroles et les œuvres de Jésus-Christ. Saint Thomas appelle infidèle, incrédule et étranger à la vraie foi celui qui nie l'obsession diabolique (1). On pourrait dire que cette possession est la tentation portée à son plus haut degré, parce que par elle le démon non seulement attire le patient par des provocations extérieures, mais habite dans son corps et se rend maître de ses facultés corporelles. L'intelligence et la volonté ne tombent jamais sous la puissance du démon et il ne peut mouvoir directement telles ou telles facultés en les forçant par exemple à admettre l'erreur ou à commettre une faute. Mais chacun voit le danger que court, bien plus que par une tentation quelconque extérieure ou intérieure, celui qui est possédé du démon, lequel peut gouverner ses mouvements physiques, ses sens et son imagination, et, en altérant celle-ci, obscurcir indirectement le raisonnement et la liberté morale.

L'expérience enseigne que, dans la possession parfaite, l'homme n'est plus conscient de ce qu'il fait ou dit, et par cela même n'est plus responsable de ses actes, ni coupable, si ceux-ci sont matériellement mauvais. Tel est l'enseignement de saint Augustin, de saint Thomas et d'autres docteurs (2). L'état inconscient a lieu aussi dans le sommeil magnétique pour les médiums spirites, et, pendant l'hypnose, pour les hypnotisés, comme nous l'avons dit au chap. IV, § I; mais les médiums et les hypnotisés doivent répondre à Dieu et à la

---

(1) Th. *Suppl.*, q. 58, a. 2, in corp.
(2) Cf. Th. 1, 2, q. 80; c. 2, 2; q. 175; a. 2, ad. 4. Voyez aussi Cardi, *Ritualis rom. documenta de exorcizandis obsessis a dæmonio*, etc. Venise, 1773, pp. 32-35.

société de toutes leurs actions, parce que c'est presque toujours de leur propre volonté qu'ils se sont exposés à perdre le guide moral du libre arbitre.

Quelquefois la possession n'est pas parfaite, mais imparfaite. Cette dernière espèce existe quand l'esprit maudit ne s'empare pas entièrement de l'homme, mais seulement l'assiège et obtient une domination telle quelle sur ses actes extérieurs. Quelques-uns l'appellent *circumsession*. Il y a aussi la possession temporaire et la possession habituelle. On voit des exemples de la possession temporaire dans l'exorcisation des possédés qui, à certains temps, souffrent de la possession diabolique, et en d'autres temps, en restent libres : précisément comme les médiums spirites et les hypnotisés qui, au gré de l'opérateur, s'endorment et se réveillent.

On pourrait ajouter une espèce de possession diabolique, que nous appellerions *spirituelle* ou *morale*, et qui est propre à ceux qui de leur propre volonté se donnent à gouverner au diable. C'est de ceux-ci que le Christ a dit : « Vous avez le diable pour père, et vous voulez effectuer les désirs de votre père (1). » On voit, en effet, certains malheureux qui veulent le mal, non pour contenter les passions humaines, mais parce que le mal en lui-même leur plaît. Même sans espérance de plaisir, de gain ou d'honneurs, ils détestent la religion, l'Eglise, l'ordre moral, la justice, l'honnêteté, et favorisent tout ce qui combat ou diminue le vrai bien de l'homme, jusqu'à changer les écoles en mauvais lieux, jusqu'à vouloir les hôpitaux entre des mains impitoyables, pour le malheur évident des malades, etc. Tout cela n'est

---

(1) *Vos ex patre diabolo estis ; et desideria patris vestri vultis facere.* Joan, VIII, 44.

plus faiblesse humaine : c'est suivre l'instinct diabolique et se livrer moralement à la merci de l'ennemi de Dieu et de l'humanité.

Cette dernière obsession, malheureusement assez commune parmi ceux qui, par des serments exécrables, se trouvent liés aux sectes, est pleinement volontaire et coupable. Les autres ne sont pas coupables. Dieu les permet pour les mêmes fins que la simple tentation, c'est-à-dire quelquefois pour châtier, d'autres fois pour éprouver, comme l'enseignent unanimement les Pères de l'Eglise. De fait, l'histoire ecclésiastique, outre les obsessions de châtiment, donne des exemples de justes possédés et d'obsessions attirées à des innocents par la malice d'autrui. De même que Dieu peut permettre que les saints soient persécutés, tourmentés et même tués par les méchants, de même il peut permettre que l'intervention diabolique leur nuise, toujours, bien entendu, pour leur sanctification temporelle et leur gloire éternelle. Il est vrai que le plus souvent l'obsession est une punition de fautes graves ; c'est particulièrement un châtiment proportionné pour celui qui tente de nouer des relations avec le diable (1). Aussi, dans le paganisme ancien et moderne, l'obsession apparaît fréquemment. Dans les assemblées spirites, elle n'est pas rare, au moins l'obsession temporaire ; et le pontife suprême de cette secte, Allan Kardec, en avertit ses sectateurs et les met en garde dans ses livres, où il enseigne également *ex-professo* le moyen de communiquer avec les esprits.

La Sainte Eglise, instruite par l'exemple de Jésus-Christ, a institué, contre l'invasion personnelle de l'esprit ennemi, les *exorcismes* ou conju-

---

(1) Cf. Cardi., op. cit., p. 40 et suiv., où sont cités une multitude de faits et d'autorités des SS. PP.

rations. Ils consistent, partie en prières adressées à Dieu pour lui demander la libération de l'énergumène, partie en commandements et en menaces contre les esprits envahisseurs de la créature humaine. L'Eglise sent qu'elle a pouvoir sur le démon, par la promesse qu'elle en a eue du divin Fondateur : « Ils chasseront les démons en mon nom (1). » De fait, saint Paul, demeurant à Tyatire, eut pitié d'une jeune fille qui faisait l'office de médium spirite près de ses habitants, en exerçant la divination. Saint Paul, touché de compassion, se tourna vers elle et dit à l'esprit : « Je te commande, au nom de Jésus-Christ, de sortir de cette jeune fille. » Et l'esprit sortit à l'instant (2) ! Dans l'Evangile nous avons aussi l'exemple d'Apôtres qui, dans certains cas, ne réussirent pas à délivrer des possédés, bien qu'ils eussent reçu ce pouvoir du divin Maître (3). Ce qui nous montre que l'action des ministres de l'Eglise contre le démon envahisseur n'est pas toujours certaine et infaillible, comme l'opération sacramentelle ; elle est seulement déprécatoire et peut quelquefois rester inefficace, pour de justes motifs, connus de la divine Sagesse.

§ 6. *De l'intervention diabolique par voie de prestige.*

Une troisième forme d'intervention diabolique est le prestige ou faux miracle. Que le lecteur se rappelle que, bien que l'ennemi de Dieu cherche à induire l'homme à tout mal, cependant il tend au plus grand mal possible, qui est de le retirer du culte de Dieu et de l'amener au culte du démon.

---

(1) *Signa autem eos qui crediderint, hæc sequentur : in nomine meo dæmonia ejicient.* Marc. XVI, 17.
(2) *Dolens autem Paulus, et conversus, spiritui dixit : Præcipio tibi in nomine Jesus-Christi exire ab ea. Et exiit eadem hora.* Act. Ap. XVI, 18.
(3) Marc. IX.

Le prestige est un moyen puissant pour y parvenir, car il donne une idée très haute et presque divine de celui qui en est l'auteur. Voilà pourquoi dans tous les paganismes et dans tous les commerces diaboliques il intervient souvent des faits merveilleux. Dans une lettre récente d'un missionnaire très sensé, écrite d'un pays où sont mêlés chrétiens, païens et musulmans, en date du 15 décembre 1886, nous lisons que le démon se montre souvent, sous une forme visible, dans certaines réunions nocturnes ; et que, non content d'exiger la profanation de la divine Eucharistie et des actes d'impureté, il y exécute des prestiges merveilleux. L'ange déchu ne peut opérer directement de vraies transmutations qui surpassent les forces de la nature, comme nous l'avons déjà dit : il peut toutefois les simuler et il peut beaucoup de choses qui ressemblent à des prodiges, parce qu'elles surpassent le pouvoir humain, comme nous l'avons exposé avec ordre un peu plus haut au § III, *De l'aptitude diabolique à nuire*. Il se sert de ces artifices trompeurs pour se concilier l'admiration et (si on voulait la lui accorder) l'adoration, comme à un véritable opérateur de miracles et au vrai Dieu.

Descendant maintenant aux prestiges particuliers, nous pouvons les distinguer (en vue de notre objet et à raison de leur but immédiat), en divination ou prévision de l'avenir, en magie ou opérations merveilleuses, en maléfices ou actions nuisibles à un troisième. A la divination appartient l'oracle du démon apparaissant et parlant sous un corps simulé, ou prononce par la bouche d'autrui ; la nécromancie proprement dite qui a une affinité substantielle avec le spiritisme moderne, était pratiquée pour rappeler, par le moyen d'enchantements, les morts à une vie feinte et pour leur demander des prophéties et des réponses. On se servait aussi de la table divinatoire que maintenant les magnétistes et les spiritistes appellent *psychographique*. L'oracle fut souvent pris d'après les étoiles : et saint Augustin confesse de lui-même qu'avant de se convertir, il était enthousiasmé de « ces planétaires qu'on appelle mathématiciens, parce qu'ils n'emploient presqu'aucun sacrifice (*au diable*) et aucun enchantement de paroles pour obtenir la divination (1). » On recourait aussi aux entrailles des victimes, au chant des oiseaux et à cent autres moyens frivoles qui varient chez les païens anciens et modernes. De notre temps, il a été imprimé à Paris un gros volume pour ressusciter l'antique chiromancie ou divination par les lignes de la main. Ainsi rentrent en enfance certains sages qui se croient en progrès en reniant la religion !

À la divination appartient la vaine observance prise pour indice sûr des choses à venir. Mais la vaine observance a un objet plus vaste, et, entendue dans sa généralité, consiste à espérer des effets certains de moyens qui n'ont ni capacité pour les produire, ni connexion avec eux : par exemple échapper à un danger par le moyen d'une amulette, recouvrer la santé par une herbe non médicinale ou par une parole, etc. Il est évident en ce cas que l'homme, s'il est raisonnable, ne fonde point sa confiance dans ces moyens disproportionnés, mais bien dans une cause efficace qui reste cachée et qui ne peut être que le démon. Il est vrai, qu'en pratique, la plupart craignent ou espèrent par cette observance vaine, sans pousser le raisonnement plus loin. C'est une superstition qui a occupé l'humanité entière,

---

(1) S. Augustin. *Confess.* iv, 3.

d'après ce que nous disent les écrivains sacrés et profanes. Même de nos jours elle est très enracinée parmi les hommes prétendument instruits, et jusque chez certains matérialistes qui y croient autant qu'un nègre dans son *grigri*. On trouve par milliers des gens qui s'épouvantent du vendredi, de la salière renversée sur la table, des treize convives, d'un faux pas en sortant de la maison, etc. Nous pensons toutefois qu'en réalité le démon ne prend pas trop souvent le soin de vérifier les pronostics pour le service de ceux qui les craignent, ni d'effectuer ce que d'autres, usant de moyens ineptes, semblent lui demander. Il interviendra tout au plus quelquefois pour maintenir les superstitieux dans leurs croyances absurdes.

L'intervention diabolique se manifeste bien plus fréquemment et d'une manière plus efficace dans la magie qui est l'art d'opérer des miracles apparents. L'antiquité en est remplie, et chez les païens d'aujourd'hui rien n'est plus fréquent comme nous l'attestent les missionnaires qui ont vécu au cœur du paganisme en Chine, dans les Indes, en Afrique, etc. Dans les pays civilisés par le Christianisme, la magie était devenue rare quand le magnétisme la réveilla et encore plus le spiritisme. Il serait superflu de passer en revue les opérations magiques. Tout le monde connaît le fait des magiciens égyptiens qui changèrent les verges en serpents par un de ces tours de prestidigitateurs dont le démon peut se servir comme nous avons observé au § III. Le fait est rapporté dans l'Ecriture Sainte (1), et saint Thomas juge que ces serpents étaient de vrais serpents, comme était vrai, d'après le jugement de saint Augustin,

---

(1) *Exode*, vii.

le feu par lequel le démon extermina la famille de Job (1). Les faits de Simon le Magicien dont on parle dans les Actes des Apôtres, qui, par ses prestiges, affolait et attirait à lui les peuples de la Samarie, étaient aussi très vrais (2). En descendant ainsi les années du monde jusqu'aujourd'hui, nous arrivons aux phénomènes vrais et dignes de foi, de l'hypnotisme et de ses frères germains, le magnétisme et le spiritisme, qui affolent beaucoup d'ignorants et beaucoup de savants.

Il n'est pas rare que l'effet merveilleux et préternaturel que les magiciens prétendent obtenir soit nuisible à autrui. De là les enchantements destinés à produire des maladies, la stérilité, des dommages dans les intérêts, les haines mortelles et spécialement l'amour criminel. Dans ce dernier cas, la magie prend le nom de filtre. En général le commerce diabolique, dans le but de faire du mal aux personnes, s'appelle maléfice. Le monde païen fut toujours plein de maléfices; il en existait chez les Israélites où la loi divine les punissait de mort (3), et le monde chrétien n'est pas exempt de ce crime énorme, même de nos jours.

§ 7. *Du pacte ou des moyens par lesquels l'homme provoque l'intervention diabolique.*

Après avoir décrit sommairement les diverses interventions diaboliques, on peut demander par quel moyen l'homme peut arriver à nouer ces relations avec l'ennemi de la nature humaine. La science chrétienne connait pleinement ce mystère d'iniquité, et elle répond que ce commerce a été

---

(1) Cf. Th. 1, q. 114, a. 4.
(2) *Attendebant autem eum* (les Samaritains), *propter quod multo tempore magis suis dementasset eos.* Act. Ap. VIII, 11.
(3) *Maleficos non patieris vivere.* Exod. XXII, 18.

et est toujours obtenu par voie de *pacte* entre l'esprit humain et l'esprit diabolique. Dans le pacte on établit un signe : ce signe posé, le démon interviendra pour produire la divination ou d'autres effets tantôt merveilleux, tantôt malfaisants. Ce *contrat*, comme l'appelle saint Augustin, n'est pas toujours explicite : il suffit bien souvent qu'il soit implicite en tant que l'homme pose volontairement le signe convenu par d'autres, par exemple, en prononçant certaines formules ou en accomplissant certains actes. Même par le pacte implicite, l'homme se rend coupable le plus souvent, parce qu'il n'ignore pas que ces moyens, n'étant pas aptes par eux-mêmes à produire le résultat cherché, le deviennent par l'intervention diabolique.

Ceci n'est pas une simple hypothèse ingénieuse, c'est une doctrine solide, fondée sur la divine révélation de la Bible, commune et constante chez les docteurs catholiques, en commençant par les Saints Pères, jusqu'aux professeurs de théologie de nos temps (1). Le Rituel romain le suppose évidemment dans ces paroles : « L'exorciste commandera au démon de dire s'il est retenu dans le corps de l'énergumène par quelque opération magique, ou par *signes maléfiques,* ou bien par des objets (2), etc. » Ceux qui le mettent en doute mériteraient donc un blâme de témérité.

Mais la certitude de cette doctrine ne doit pas cependant nous porter à croire que ce travail diabolique soit indépendant de la souveraine Providence divine, et que le démon et ses esclaves

---

(1) Cf. Th., I, q. 110, a. 4, où, en enseignant cette doctrine, il cite le texte même de S. Augustin : « *Magi faciunt miracula per privatos contractus... Magi faciunt miracula per hoc quod exaudiuntur a dæmonibus.* » Voyez aussi p. I, q. 95, a. 2 ; I, q. 114, a. 4 ; et 2, 2, q. 92 et suiv.

(2) *Rituel rom.* dans l'instruction qui précède le chap. : *De exorcizandis obsessis à dæmonio.*

soient libres de parvenir à leur but. Il est clair que l'ange rebelle ne peut rien sans la permission divine et que cette permission n'est accordée que quand et comme Dieu l'entend pour s'en servir à ses saintes fins. Dieu seul sait combien de tentatives de commerce diabolique restent vaines, parce que le Père céleste, qui aime les créatures humaines, les fait avorter. Dieu seul sait combien de fois les mauvais esprits tentent de nuire à leur prochain par les maléfices et n'y réussissent pas. Contre ces attentats, nous avons pour nous préserver la bonne conscience, la vertu, des sacrements, les sacrementaux, la prière, l'eau et des objets bénits par l'Eglise, qui suffisent bien souvent pour repousser toute magie et tout maléfice. Quand l'un ou l'autre de ces deux effets réussit, outre que ce n'est pas sans un dessein de Dieu, c'est souvent pour la punition de celui-là même qui a voulu, contre la défense divine, chercher l'amitié de l'ennemi de Dieu.

§ 8. *Des habitudes diaboliques dans l'intervention avec les hommes.*

Nous disons que Dieu permet quelquefois que l'intervention diabolique réussisse pour la punition de ceux qui la provoquent parce que, même avec ses sujets, le démon ne se montre ni agréable ni bienfaisant. Il se manifeste au contraire comme un maître cruel, et même lorsqu'il semble accorder des faveurs, il est toujours impitoyable et insupportable : nous en pourrions citer de très nombreux exemples. Son orgueil et sa jalousie le portent à rechercher (chose continuelle dans les cultes païens et dans la sorcellerie) le culte divin prostitué à lui seul. Nous connaissons, entre autres cas innombrables, celui d'une femme certainement possédée, qui, glissant des mains des assistants, monta sur le maître-autel de l'église et, de là (non pas elle, mais le démon qui parlait en elle), se mit à haranguer le peuple afin qu'il l'adorât. Nous connaissons d'autres cas, arrivés cette année et tout à fait semblables. D'ailleurs beaucoup de faits de ce genre arrivent souvent dans les assemblées spirites. A Jésus-Christ même qu'il ne connaissait pas encore pour le Fils de Dieu, le démon demanda de l'adorer, comme il est raconté dans l'Evangile (1).

Cette furieuse manie d'adoration n'empêche pas que le démon ne descende quelquefois à la légèreté, à la bouffonnerie, et pour ainsi dire à de vraies filouteries vulgaires pour se rendre agréable et familier, comme l'observe saint Thomas en plusieurs endroits. Il ne s'arrête pas devant les plus dégoûtantes vilenies ; il se plaît dans les actions abjectes, brutales, honteuses. L'Eglise lui reproche d'être « l'inventeur de toute obscénité (2) ; » et la Sainte Ecriture l'appelle, comme par antonomase, l'*Esprit immonde,* titre dont il fut solennellement qualifié par la bouche de Jésus-Christ (3).

Nous pourrions commenter longuement ces habitudes diaboliques en nous servant des doctrines des théologiens les plus graves, principalement de saint Thomas (4), et de beaucoup de documents historiques (5). Les spiritistes eux-mêmes en conviennent, et leur grand patriarche Allan Kardec avoue que beaucoup d'esprits, qu'il ne veut pas appeler démons, sont dégoûtants et

---

(1) Matth. iv.
(2) *Tu totius obscœnitatis inventor.* Dans le Rituel rom., au chap. *De exorcizandis obsessis d dæmonio.*
(3) Matth. xii, 43 ; Marc. i, 24 ; Luc. vii, 29, etc.
(4) Cf. Th., 1, 2, q. 85, a. 2 ; 1. 2. q. 89, a. 4, ad 3 ; 2, 2, q. 165, a. 2, etc.
(5) On peut en voir un exemple dans le récit de Franco : *Les Esprits des ténèbres,* (chap. 41, 45, 66, 85), vol. I, p. 298-331, et vol. II, p. 173, 328.

sales dans leurs conversations et dans leurs manières.

Une autre coutume diabolique est de chercher à régler sa conduite selon les circonstances des hommes, des lieux et des temps. Dans les lieux où le culte diabolique est admis et reconnu, il présente au public les opérations préternaturelles comme actes d'une divinité cachée ; et là où le public ne ferait pas bon accueil à un commerce ouvert avec le démon, les prestiges s'enveloppent de voiles mystérieux, d'apparences naturelles ; de sorte que ses affidés, qui semblent les opérer, ne font réellement que couvrir son intervention. On s'explique ainsi comment, dans les sociétés païennes anciennes et modernes, le culte des idoles était et est encore publiquement confirmé par des oracles, par des réponses, par des obsessions momentanées de sybilles et de prêtres, et par d'autres manifestations de divinités habitant dans les temples ou animant les statues : tellement que dans la Sainte Ecriture on dit que toutes les divinités adorées par les gentils sont des démons (1). Tandis que dans les pays où brillent les rayons de la vraie religion, l'intervention satanique fuit la lumière et cherche les ténèbres des bois et des antres.

Cette coutume diabolique, connue depuis longtemps, explique aussi comment, de nos jours, parmi beaucoup de paganisants, le commerce avec Satan revit non pas à front découvert, mais avec la précaution de se masquer quelque peu. Chez les mesméristes du siècle dernier et les magnétistes qui les suivirent, tous légers et très avides de nouveauté, il se couvrait du manteau des fluides et des phénomènes merveilleux. Avec les

(1) *Omnes dii gentium, dæmonia.* Ps. xvc, 5. Voyez S. Th. I, q. 115, a. 5.

spiritistes, déjà livrés au commerce transcendant, il cache sa fourberie au moyen de prétendues révélations de l'autre monde. Avec les hypnotistes, pour la plupart médecins ou savants, mal disposés à reconnaître les influences spirituelles et enclins au positivisme, il déguise son intervention sous des apparences qu'à première vue il est difficile de distinguer des phénomènes physiologiques et pathologiques.

Une dernière particularité des habitudes diaboliques, très nécessaire à observer pour comprendre les diverses interventions de Satan, est celle de toujours mentir et de se montrer autre qu'il n'est. Il commença à mentir avec Adam, et il ment avec les fils d'Adam qui ont des rapports avec lui en cette année 1890. L'apôtre saint Paul affirme que « Satan se transfigure en ange de lumière (1). » En réalité souvent, en parlant aux hommes, il s'annonce comme un esprit céleste, comme une âme sainte du Paradis, comme un défunt du Purgatoire, ou comme un trépassé quelconque. Ce dernier déguisement était très commun dans l'antiquité chrétienne, comme l'atteste saint Jean Chrysostome et, avant lui, Tertullien. Saint Thomas l'observe aussi, et le Rituel romain recommande à l'exorciste de ne pas se laisser tromper par ces déguisements diaboliques (2).

On voit, par là, pour le dire en passant, que les esprits qui parlent et apparaissent dans les assemblées spiritiques, et qui se nomment saint Augustin, saint Louis, Charlemagne, Napoléon, etc., ne sont point une nouveauté de notre siècle, mais une vieille et très vieille diablerie. Et il est

---

(1) *Ipse enim Satanas transfigurat se in angelum lucis.* II Cor., xi, 14.
(2) Cf. Cardi. *Ritual. rom. documenta de exorciz. obsessis*, p. 330 et les suiv., où on cite les passages indiqués de saint Jean Chrysostôme et de Tertullien.

très digne de remarque que le démon usait de cette fraude, comme dit Tertullien, pour contester le dogme de l'enfer : la même chose arrive aujourd'hui dans les synagogues du spiritisme, où il s'attaque continuellement au châtiment éternel des démons et le nie avec force par la bouche de prétendus esprits *désincarnés* (1).

A ces fraudes perpétuelles appartient encore celle de se cacher par tous les moyens possibles, et spécialement en essayant de faire croire que son œuvre est un effet d'une maladie naturelle. C'est là encore une coutume diabolique, notée par le rituel romain avec une irréfragable autorité qui équivaut à celle de l'Eglise : *Conantur persuadere infirmitatem esse naturalem* (2). Il atteint souvent son but de notre temps auprès des savants qui réputent l'hypnotisme une simple maladie naturelle, bien que tous ses symptômes accusent manifestement, en même temps que la maladie, un élément préternaturel.

Les magnétistes, les médiums, les hypnotiseurs et autres adeptes de Satan concourent admirablement à son but en mêlant au commerce diabolique des fraudes et des ruses infinies. Toute l'histoire diabolique *ab origine* peut se diviser en faits préternaturels du démon et en faits d'adresse des charlatans qui l'imitent. La nature des choses veut qu'il en soit ainsi et non autrement. Car le démon n'a pas toujours la permission de Dieu de se mettre au service des magiciens, des devins, des sorciers, des enchanteurs et de ceux qui marchent sur leurs traces, thaumaturges, spirites ou magnétistes, etc. Il peut arriver aussi que quelquefois le démon ne veut pas, pour des fins à lui,

---

(1) Cf. Franco. *Idea chiara dello Spiritismo*, chap. X, p. 44 et suiv.
(2) Rit. rom·, dans l'instruction qui précède le chap. *De exorcizandis obsessis*, etc. On peut voir la même chose dans saint Thomas, I, q. 115, a. 5.

se plier aux intentions humaines. Que feront les opérateurs en de tels cas? Ils y suppléeront par la ruse et l'adresse, pour éviter la honte et pour ne pas compromettre leurs propres intérêts. Il en fut toujours ainsi et tel étant le caractère de la passion humaine, il en sera toujours ainsi.

Il en doit être ainsi spécialement dans nos temps où, malgré la corruption, le commerce formel avec le diable fait cependant horreur. Aujourd'hui plus que jamais, il est dans l'intérêt de l'ennemi de Dieu de faire passer son intervention pour une maladie ou pour un phénomène naturel. Martin del Rio, savant auteur, quoique manquant parfois de critique, raconte d'un homme instruit que le démon l'engagea à expliquer la magie d'une manière naturelle. Quoi qu'il en soit, nous ne sommes pas loin de croire que lui-même contribue quelquefois à faire découvrir certaines fraudes de ses adhérents, pour accréditer l'opinion que les pratiques spiritiques sont au fond de simples jeux de mains, innocents comme les tours des jongleurs. C'est pour cela aussi, croyons-nous, qu'il favorise les beaux parleurs et certaines pauvres chrétiennes attiédies qui, dans les conversations bavardent de l'hypnotisme comme d'un amusement de salon; et qu'il regarde d'un bon œil les docteurs, les professeurs, les savants qui s'efforcent d'innocenter l'hypnotisme comme une étude physiologique ou un remède médical ou comme une simple maladie naturelle: *Conantur*, dit le Rituel, *persuadere infirmitatem esse naturalem*.

Il nous est pénible de devoir noter qu'un écrivain certainement catholique et dont les intentions sont droites, se trompe également ici en admettant pour cause des phénomènes hypnotiques, le fluide transmis par l'hypnotisant à l'hypnotisé (chose niée communément aujourd'hui par les physiologistes) ; il reconnaît les périls de l'hypnose, et se montre fort peu exigeant pour le reste : « Il n'y a donc, dit-il, qu'à en modérer l'usage volontaire et à prévenir le désordre et les abus. » Ainsi parle M. Ch. Vincenzo Liberali dans la *Rassegna italiana*, Rome, octobre 1886, p. 66, à propos d'un travail du doct. A. Mosso. Il admet comme licites tous les phénomènes hypnotiques que nous appellerions mineurs, pourvu qu'ils soient réglés par un médecin en son particulier. Il admet jusqu'à la clairvoyance. Il est vrai que dans une note (note nécessaire pour esquiver la condamnation de l'Eglise), il restreint la clairvoyance : « Elle peut être seulement acceptée dans le sens restreint des choses existantes et possibles et ne peut jamais s'étendre à la connaissance de l'avenir et à la divination. » Ibid, p. 72. Selon nous, cela ne suffit pas. Si un clairvoyant à Rome connaissait ce qui arrive à New-York, il serait évidemment sous l'influence diabolique, bien que ce qui arrive à New-York soit possible et existe, et il tomberait sous la condamnation de l'Eglise, de même que s'il connaissait seulement les maladies intérieures existantes et possibles de lui-même ou d'autrui. Pour les maladies, la S. Pénitencerie répondit en 1841 : *Ce n'est pas permis.* Et en 1856 la S. Inquisition a condamné comme superstitieux les prestiges du somnambulisme et de la clairvoyance et le fait de découvrir des choses ignorées et lointaines : « *Somnambulismi et claræ visionis, uti vocant, præstigiis... ignota ac longinqua detegere.* » Et le *Rituel romain* donne pour signe certain de possession diabolique. « *Distantia et occulta patefacere.* » Enfin M. Liberali conclut : « Ceux qui voient en tout du surnaturel, du spiritisme ou de la diablerie... devront se rappeler que certaines forces de la nature qui, il y a cent ans, restaient inconnues ou semblaient être des effets de magie, se sont plus tard appliquées utilement à l'avantage de l'humanité et ont pris une part très intéressante dans le champ mal défini de ce qu'on peut encore savoir. » P. 74. Or, disons-nous, il est certain que l'électricité, le magnétisme galvanique, la vapeur, le téléphone, le microphone, etc., n'ont jamais porté ombrage aux savants catholiques, qui y virent au premier coup d'œil ou des causes physiques ou la possibilité de causes physiques : tandis que les phénomènes magnétiques, spiritiques, hypnotiques ont été suspectés immédiatement par beaucoup de savants et constamment considérés comme diaboliques, et l'Eglise leur a donné raison en beaucoup de cas. L'objection des choses ignorées est apportée dans tous les traités élémentaires de métaphysique contre la cognoscibilité des miracles, et elle y est complètement réfutée. Nous-même nous en parlons dans ce traité ; et M. Liberali, qui nous a pris des phrases littéralement, sans nous mentionner, aurait pu en faire son profit ou s'ingénier pour donner une nouvelle valeur à l'objection mille fois discutée. Du reste, dans le paragraphe précédent, nous avons déclaré que nous ne condamnons pas celui qui nous contredirait sur un point où son opinion paraîtrait *vraiment* fondée ; seulement nous voudrions que nos contradicteurs apportassent de meilleures raisons pour appuyer leur dissentiment.

La théorie des interventions diaboliques ainsi résumée, il ne nous reste plus qu'à terminer notre traité par l'application de la théorie à la pratique de l'hypnotisme, pour constater s'il s'y rencontre les éléments indiqués par la théorie.

V

Application de la théorie chrétienne à l'Hypnotisme

§ 1. *Que la théorie chrétienne explique les circonstances historiques de l'hypnose moderne.*

Aucun doute ne peut s'élever à l'égard des idées que nous avons exposées jusqu'ici relativement aux interventions diaboliques ; ce sont les idées communément soutenues par les docteurs catholiques, et quelques-unes sont de foi. Nous pouvons donc les prendre pour critérium dans l'examen de l'hypnotisme et juger avec certitude s'il présente ou non le caractère diabolique. Nous ne reconnaîtrons que trop que tous ses faits, les plus inexplicables en apparence, s'expliquent pleinement par l'influence satanique, et l'hypnose, dans son ensemble, paraît n'être autre chose qu'un cas particulier parmi les cas déjà connus d'intervention diabolique.

Venons aux cas particuliers. Il semble étrange à certaines personnes que, dans les temps chrétiens, le démon soit libre de se mêler de la société humaine ; mais leur étonnement cessera si nous leur rappelons que le démon a comme une puissance naturelle sur les païens. Or, de nos jours, au sein du Christianisme, les païens, les incrédules ou les apostats, pires que les païens, ne sont pas rares : on peut y ajouter un plus grand nombre de chrétiens non renégats mais indifférents, ou coupablement ignorants, dépourvus de fortes maximes religieuses, nullement en garde contre l'influence infernale. Quoi d'étonnant si le démon, sachant le terrain si bien disposé, tente parmi eux les épreuves qui lui ont si bien réussi dans l'ancienne Grèce et lui réussissent encore dans l'Inde moderne ? S'accommodant aux temps et se cachant sous le manteau d'expériences physiques et physiologiques, de forces supposées inconnues, il réussit dans certains pays chrétiens à affaiblir l'histoire de la religion, les notions du miracle, la foi et le respect du surnaturel, et prépare la voie à une restauration du paganisme.

Il désire ardemment recouvrer la souveraineté du monde qui lui a échappé. Il n'y réussira pas, parce que l'Eglise est divine et que les portes de l'enfer ne prévaudront point contre elle. Mais rien n'empêche qu'il ne se forme une petite Inde à Paris, à Londres, à Turin, à Florence, et qu'il ne se forme çà et là des associations de véritables païens. Déjà une société adoratrice de *Jupiter optimus maximus* a été fondée : nous le savons d'un illustre gentilhomme, remarquable écrivain italien, qui a été sollicité d'y donner son nom. Déjà dans un village (très florissant en fait de civilisation maçonnique) un bon nombre de chrétiens baptisés adorent le soleil : nous le savons de celui qui fut invité à prêcher contre cette idolâtrie. Dans certaines réunions sectaires on adore Satan, avec des rites et des sacrifices exécrables : nous le savons de personnes qui y ont assisté et participé ; cela n'est ignoré que de ceux qui veulent l'ignorer ; et souvent ceux qui le nient avec le plus d'indignation sont ceux qui en sont le plus persuadés et même quelquefois ceux qui y sont engagés. Il est notoire, de par les rituels maçonniques eux-mêmes, que, dans certains grades, on est instruit dans l'office de haïr le Dieu biblique qui condamna injustement Adam et en persécute la race. On y enseigne à honorer le Génie ou Ange du feu qui s'oppose à l'Adonaï biblique et favorise la liberté et le progrès des hommes. Cet ange est connu dans les rituels sous le nom d'Eblis, qui, dans l'Orient et dans le Coran de Mahomet, désigne le diable. Ajoutez-y les journaux et les livres écrits en l'honneur de Satan et les sociétés qui en portent l'image sur leurs bannières. Aujourd'hui, pendant que nous écrivons ces lignes, nous avons sous les yeux le *Corriere di Torino*, qui raconte avec indignation comment la maçonnerie turinoise invite le public au théâtre Gerbino à applaudir l'*Hymne à Satan*, de Carducci, déclamé sur les scènes ! Il n'est donc pas étonnant que le démon, dans une société où il trouve tant d'adhérents et de glorificateurs, essaie de redevenir maître par la voie de l'hypnotisme. Il fait en pratique ce qu'il a toujours fait et ce qu'il fera toujours, selon ce que nous avons dit dans la théorie précédente.

Il paraît incroyable à certaines personnes que le démon veuille se montrer aujourd'hui ouvertement dans les cliniques des hôpitaux et sur les scènes des théâtres, tandis que par le passé il cachait soigneusement ses intrigues. Et cependant cela est conforme aux coutumes diaboliques décrites ci-dessus. Satan cacha toujours ses œuvres là où elles étaient odieuses et poursuivies par les lois ; au contraire toujours il en fit pompe là où il était honoré et sûr de son fait. Or dans les pays dominés par les gouvernements maçonniques, il peut tout ; grâce à la tolérance légale, il peut autant à Milan, à Naples, à Rome, qu'à Pékin et à Calcutta. Il est naturel qu'il en profite et qu'il exhale sa haine contre Dieu et contre l'homme, en public, en sauvant un peu les apparences pour ne pas exciter contre lui la conscience des peuples meilleurs que leur gouvernement. Il n'aurait certainement pas osé en faire autant à Rome, sous

Pie IX, et il ne l'oserait pas encore, si Léon XIII y régnait de fait.

On objecte d'un autre côté que si l'hypnotisme était dû à l'intervention du démon, il conviendrait d'admettre que l'obsession et le prestige soient de nos jours épidémiques, ce qui semble absurde. La vérité est que cette prétendue absurdité est, au contraire, un fait pleinement analogue aux faits antérieurs de l'histoire diabolique. Les obsessions, tantôt transitoires, tantôt permanentes, furent et sont encore très fréquentes dans le paganisme, comme nous le savons par la Bible et par l'histoire ; de même le prestige, la magie, les maléfices : de sorte qu'on pourrait dire que le commerce diabolique était et est encore chez les païens, épidémique et endémique. Et il n'y a que trop d'exemples de semblables épidémies, hélas ! parmi les chrétiens eux-mêmes. Quoique nous ne voulions pas affirmer ici que les faits historiques que nous mentionnons soient tous et chacun dus à l'intervention diabolique, nous pouvons dire néanmoins qu'on rencontre beaucoup d'exemples d'obsessions épidémiques. On en trouve une preuve dans les histoires des danseurs de saint Jean et de saint Guy au moyen âge, tant en Allemagne qu'en Italie. D'autres obsessions épidémiques se sont manifestées en divers monastères d'Allemagne au milieu du xvie siècle ; d'autres en France, en 1606 ; d'autres en 1632 (les fameuses possessions de Loudun) ; d'autres en 1642. Celles des Camisards, vers 1700, que les calvinistes expliquaient par des extases divines, furent célèbres ; et plus célèbres encore furent celles des Convulsionnaires, sur la tombe du janséniste, le diacre Pâris, en l'année 1731 et suivantes, que les jansénistes prétendirent miraculeuses. Dans notre siècle, nous avons eu, en 1861, les possessions endémiques de Morzines, en Savoie ; en 1880, celles de Verzegnis, dans le Frioul ; en 1881, celles de Pledran, près de Saint-Brieuc, en France, et celles de Jaca, en Espagne. Les *revivals* et *camp-meetings* des protestants, spécialement dans les Etats-Unis, sont très probablement des obsessions temporaires ; elles ont été décrites par le malheureux évêque Grégoire, par le doct. John Chapman, par miss Trollope, et nous en avons parlé plus haut, au chap. IV, § II.

Chacun peut voir ces scènes historiques, racontées çà et là dans les mémoires ecclésiastiques. Beaucoup d'auteurs les discutent au point de vue catholique, entre autres le marquis de Mirville. Divers auteurs qui ont écrit sur l'hypnotisme les rapportent, comme Figuier, Cullerre, Regnard, Richer, etc., dont nous citons les ouvrages dans le cours de ce traité. Il est vrai qu'ils dénaturent les faits et les faussent pour les réduire à la mesure d'états particuliers pathologiques, de simples névroses hystériques. Et néanmoins, ainsi défigurés, ces faits montrent toujours l'empreinte de l'intervention d'une cause préternaturelle, du moins en beaucoup de cas. Il reste donc démontré que ce fut, de tout temps, une coutume du diable, Dieu le permettant ainsi, de se manifester par des invasions épidémiques : et que, si cela se renouvelle aujourd'hui dans l'hypnotisme, ce n'est que ce qui arriva maintes et maintes fois. Il n'est pas étonnant qu'il arrive aux païens volontaires en plein Christianisme, ce qui arrive continuellement aux païens en plein paganisme.

§ 2. *Comment la théorie chrétienne explique les phénomènes hypnotiques.*

Si nous voulons analyser chacun des phénomènes hypnotiques en eux-mêmes, avec l'aide de la science chrétienne, nous verrons qu'ils s'éclairent d'une nouvelle lumière, et deviennent non seulement intelligibles en quelques manières, mais même strictement logiques, et nous pourrions dire naturels. Les savants n'ont jamais pu expliquer comment un regard fixé dans les yeux d'autrui (la prétendue *fascination*) suffit pour changer un homme sain en un abîme de phénomènes morbides : jamais il ne nous ont dit comment ce regard peut être remplacé par un tic-tac d'horloge, par le fait de fixer un objet brillant, par une aspersion d'eau, par un commandement : Dormez ! par un souffle et par une fantaisie quelconque dite hypnogénique, au gré de l'opérant, toujours avec le même effet d'endormir le patient et avec la suite accoutumée de conséquences fâcheuses qui accompagnent la léthargie. Or toutes ces absurdités inexplicables deviennent logiques pour le démonologue chrétien, qui reconnaît dans ces farces hypnogéniques, vaines et ridicules autant qu'on voudra, le *signe* conventionnel de l'influence diabolique, dont nous avons parlé dans le paragraphe précédent. Il est clair que, le signe du pacte étant posé, il doit arriver ce qui est toujours arrivé dans les prestiges, c'est-à-dire que le démon exécute le *pacte*, comme l'appelle saint Thomas, ou le *contrat*, comme le dit saint Augustin, et avec eux tous les docteurs catholiques. Et rien n'est plus facile au démon que de mettre en œuvre des causes physiques et par elles de produire le sommeil à un moment donné. Voyez ce que nous avons dit sur l'aptitude du démon à nuire par force intrinsèque et opérative : et que nos lecteurs se rappellent que c'est une ancienne et commune doctrine de l'Eglise, bien que les ignorants ne la connaissent pas et que les impies et les téméraires ne la croient pas.

On demandera peut-être comment et quand est conclu d'avance le *pacte* dans lequel on est convenu avec le démon de tel signe, attendu que souvent ni l'hypnotisant, ni l'hypnotisé n'ont songé le moins du monde à s'entendre avec l'ennemi de Dieu. Plus la demande est raisonnable, plus la réponse est facile. En effet, comme observent les docteurs, il n'est point nécessaire de faire un pacte exprès, mais un pacte tacite suffit. Ce pacte tacite existe ici : puisque l'hypnotisant, demandant à une cause impuissante (le regard, l'objet brillant, le *dormez !*) un effet très grand, c'est-à-dire la transformation de toutes les conditions physiologiques d'un corps humain, il est clair qu'*indirectement* il invoque et attend un agent capable de produire cet effet très grand. Ainsi en est-il toujours arrivé pour les œuvres prestigieuses des temps passés. Ses inventeurs ont fait usage de sacrifices ou d'invocations formelles pour pactiser avec le diable : leurs successeurs se sont prévalus de l'invention, en usant des signes qu'ils voyaient efficaces pour produire les effets préternaturels. Ce qui arriva pour les prestiges antiques, arrive pour les modernes et spécialement pour l'hypnotisme. Dieu sait qui a formé le premier pacte diabolique, si c'est Mesmer ou ses maîtres ; mais tous ceux-là l'ont approuvé implicitement, et l'ont voulu, qui ont prétendu à des effets magnétiques par des moyens ineptes : et tel est selon la doctrine catholique, le réel, bien qu'implicite, recours au démon.

Il ne faudrait cependant pas s'imaginer que tous sont également coupables. L'ignorance humaine est grande et souvent l'advertance est nulle. Il peut très bien arriver que, dans la suite des temps, on perde tellement la mémoire et l'intelligence du *pacte*, que les personnes simples se servent du signe diabolique sans en connaître la malice et en obtiennent quelquefois (Dieu le permettant) l'effet préternaturel, sans être grandement coupables ou même sans l'être du tout. Cela arrive très souvent dans ce qu'on appelle vaines observances et dans d'autres superstitions populaires; et rien ne s'oppose à ce que la même chose puisse arriver aux hypnotisants et aux hypnotisés sans malice. Cela expliquerait, selon nous, comment des médecins honnêtes obtiennent des effets hypnotiques, bien qu'ils n'entendent pas avoir de commerce avec le diable et qu'ils le détestent même du fond du cœur. Mais la genèse naturelle du prestige reste toujours la même, et tout effet diabolique, comme les phénomènes hypnotiques, spiritiques et autres semblables, s'expliquerait toujours logiquement par le *pacte* et le *signe* préétabli, comme l'ont toujours de fait expliqué les théologiens chrétiens.

§ 3. *Comment la théorie chrétienne explique les symptômes hypnotiques*

Les symptômes de l'hypnose sont, pour les physiologistes, un amas inextricable d'énigmes. Les pauvres médecins, s'ils veulent être sincères, ne savent que dire du déchaînement subit des symptômes hypnotiques, avec des désordres très profonds des systèmes vitaux, contrairement à ce qui arrive constamment dans toutes les autres affections pathologiques, qui ont toujours la période préparatoire et l'étiologie convenable. Ils ne peuvent expliquer les phénomènes à échéance : ils restent muets devant l'extravagance inouïe de phénomènes physiques qui obéissent à la volonté de l'opérant. Quelques-uns d'entre eux s'efforcent bien de balbutier quelque chose, en recourant à la suggestion et à la prédisposition ; mais ces échappatoires n'expliquent rien (voyez le chap. III, § VII), et elles-mêmes ont besoin d'explication. Que peuvent inventer les médecins pour expliquer comment l'hypnotisé, au plus fort de la crise, est guéri instantanément par un souffle ? Quelle est la maladie, la souffrance, ou le désordre physiologique qui se guérit ainsi ? Comment se fait-il qu'après le paroxysme le plus violent, le malade n'a pas besoin de convalescence ? S'il s'agit des phénomènes hypnotiques plus élevés, comme de la vue des objets cachés, de la transposition des sens, de la connaissance des choses lointaines, de la divination, de la prophétie, etc., les hypnotistes ne savent plus rien dire qui ait du bon sens : ils s'embrouillent, s'égarent dans des théories puériles et absurdes qui résolvent l'obscurité en une nuit épaisse.

Tandis que le théologien, qui connaît la démonologie telle qu'elle résulte de la Bible et de la tradition chrétienne, met facilement en ordre tout ce chaos et a une solution logique toute prête pour chaque difficulté. Pour lui, il est clair que le démon peut opérer instantanément, appliquant avec son énergie angélique les causes naturelles des symptômes hypnotiques. Il peut faire tout cela avec ou sans prédisposition de l'hypnotisé, avec ou sans la suggestion. Le théologien sait que changer la santé en maladie et la maladie en santé sont un jeu pour la puissance de l'ange, même déchu ; il est naturel qu'il en résulte ou qu'il puisse en résulter des phénomènes sanguins, musculaires, nerveux, des plus étranges. Les changements des sens et leurs erreurs, l'ange de l'enfer peut les produire, soit en présentant aux organes sensitifs des objets réels, soit au contraire en les enlevant, soit en agissant directement sur les organes mêmes et en y introduisant les modifications que produiraient les objets propres.

La difficulté la plus inabordable pour les médecins, ou plutôt l'absurdité la plus incroyable, est que les symptômes morbides dans l'hypnotisé, commencent, changent, cessent au gré de l'hypnotisant. Or, cela devient très naturel, dans la théorie chrétienne, puisque l'agent diabolique est convenu, dans le pacte avec le charlatan, de s'accommoder à ses volontés; seulement il agit avec dissimulation, comme c'est la coutume du démon qui cherche à cacher ses œuvres; il feint de laisser agir l'hypnotisé en vertu de la suggestion extérieure et il fait croire que sa guérison instantanée est due à un souffle. Saint Thomas enseigne expressément qu'il est propre au démon de se servir de la position des étoiles, des herbes, des apparences naturelles pour cacher son œuvre préternaturelle (1).

L'explication des inexplicables phénomènes à échéance est semblable et tout aussi claire : puisque le démon peut opérer, suivant ce qui est convenu, après dix jours, après vingt jours, en reprenant son influence.

Une autre étrangeté de l'hypnose est que le patient, pendant la crise, est parfaitement inconscient de ce qu'il dit, de ce qu'il fait, de ce qu'il souffre. Mais pour le raisonneur instruit des coutumes diaboliques à l'école de l'Eglise, cette étrangeté est si peu étrange que l'opposé serait beaucoup plus étrange. Saint Augustin et saint Thomas avaient déjà, il y a des siècles, remarqué

(1) Th., 1, q. 115, a.

que l'énergumène n'est pas responsable de ses actions, précisément parce qu'il n'est pas conscient de ce qu'il fait. Et c'est une autre providence de Dieu, parce que autrement certaines âmes chrétiennes ne pourraient jamais se consoler des abominations que le démon leur a imposées forcément pendant l'obsession.

C'est un mystère encore plus inaccessible pour les docteurs physiologistes qu'après l'hypnose, le patient ne se rappelle rien de ce qui s'est fait et que, le plus souvent, il revient instantanément à son état normal de santé, alors qu'aucune maladie, aucune crise pathologique profonde ne disparaît ainsi. Mais cela est tout à fait dans la nature de toute intervention diabolique, et cela n'a rien d'extraordinaire pour le docteur catholique. C'est même un effet ordinaire de la providence de Dieu que les dommages causés à la créature humaine, pendant l'obsession, soient seulement passagers. Les effets des contorsions et des douleurs, des contusions et des blessures, des chutes mêmes mortelles, sauf dans des cas très rares, se dissipent sans laisser aucune trace, lorsque arrive la trêve temporaire ou la libération définitive de l'influence satanique. Pour en citer quelques cas entre cent, le docteur Constans, après avoir raconté les fureurs diaboliques (il dit *hystériques*), des énergumènes de Morzines, auxquels nous avons fait allusion un peu plus haut, conclut ainsi : « Après le grand désordre, les mouvements deviennent un peu moins rapides, un gaz s'échappe de leur bouche et la crise est terminée. La malade (entendez la *possédée*) regarde autour d'elle un peu étonnée, met en ordre ses cheveux, rajuste sa coiffure, boit quelques gorgées d'eau et reprend son travail, si elle avait un travail entre les mains quand la crise a commencé. Presque toutes disent qu'elles ne ressentent aucune fatigue et qu'elles ne se souviennent pas de ce qu'elles ont dit ou fait (1). Un autre docteur, le docteur en théologie Jean Le Breton, après avoir décrit les tourments éprouvés par certaines possédées de Louviers durant quatre heures, dit qu'au sortir de la crise « elles se trouvaient aussi saines, aussi disposes, aussi tranquilles qu'avant, et que leur pouls était aussi fort et aussi régulier que si rien ne leur était arrivé (2).

Quant à la vision des objets impénétrablement couverts ou au travers de corps opaques, et quant à la transposition des sens, le savant chrétien ne rencontre aucune difficulté, tandis que les pauvres hypnologistes s'embrouillent dans des théories vaines et ridicules. Pour le catholique, il est clair que la puissance diabolique n'a aucune peine à produire sur la rétine ou dans le cerveau de l'hypnotisé la même impression qu'il ressentirait de la présence de l'objet visible : et voilà expliqué comment l'hypnotisé croit voir l'objet visible, bien qu'il soit couvert, et croit voir avec l'occiput tandis qu'il voit avec les yeux. Le moyen par lequel le démon effectue les prestiges de connaissances lointaines et de langues inconnues est encore plus simple. Rien ne lui est plus facile que de se rendre instantanément sur les lieux ou de suggérer ce qu'il sait par sa longue expérience des diverses langues. Ces phénomènes sont même si ordinaires et si propres au démon que l'Eglise les regarde comme des indices certains de l'obsession diabolique. « Les signes de l'obsession

---

(1) Doct. Constans. *Relation sur une épidémie d'hystéro-démonopathie*. Paris, 1863 : et dans M. Richer, ouv. déjà cité, p. 856.
(2) Jean Le Breton. *Défense de la vérité touchant la possession des religieuses de Louviers*, Evreux, 1643 ; et dans Richer, même ouv., p. 846.

démoniaque sont : de parler un langage ignoré d'une façon suivie ou de comprendre ceux qui le parlent, de révéler des choses lointaines et cachées, et autres choses semblables (1). »

§ 4. *Comment la théorie chrétienne explique la divination et les autres faits supérieurs.*

Le théologien chrétien ne rencontrerait de difficulté réelle qu'en ce qui concerne les phénomènes de vision et de communication des pensées sans signes extérieurs et dans la prévision de l'avenir dépendant de la libre volonté humaine, si ces faits se produisaient dans la mesure que supposent certains hypnotistes et que proclament certains spiritistes. Beaucoup d'hypnologues les admettent comme réels, et même quelques hypnologues matérialistes qui prétendent les expliquer par les forces de la matière. Quelques-uns, surtout parmi les spiritistes, se glorifient de leurs médiums (qui en réalité sont des sujets hypnotisés), affirmant que les médiums assistent à la formation des idées et des actes de la volonté d'autrui, même à de très grandes distances, et saisissent les plus secrètes pensées, même sous le sceau de la confession, etc., comme nous l'a écrit un savant ami dont nous avons cité les paroles au chap. I, § XI.

Les physiologistes et les médecins ne savent absolument que dire ou que penser de pareils phénomènes, et toutes leurs tentatives pour y apporter quelque lumière scientifique n'aboutissent qu'à des rêves ridicules, comme nous l'avons démontré au chap. V, § I. Le théologien au contraire regarde avec sérénité cette matière,

---

1 *Signa autem obsidentis dæmonis sunt : ignota lingua loqui pluribus verbis, vel loquentem intelligere, distantia et occulta patefacere, et id genus alia.* Rituel rom. dans l'Introduction aux Exorcismes.

qui est de sa compétence, et en trouve promptement la solution très claire, telle que la lui offre la science chrétienne. Il sait que la vision des pensées, la divination, la prophétie sont des actes supérieurs non seulement aux forces humaines, mais encore aux forces diaboliques et angéliques, et qu'ils sont la propriété de la Divinité seule, ou de ceux que Dieu élève aux œuvres miraculeuses, comme il arrive quelquefois aux anges et aux saints. Il en conclut donc avec certitude que ni les hypnotisés, ni les médiums, ni les sorciers, ni les diables ne pourront jamais produire de semblables phénomènes ; et il rit de la prétention des hypnotistes de voir la pensée d'autrui ou de prévoir l'avenir. Première conclusion qui doit tranquilliser profondément certaines âmes faibles qui craignent que l'hypnotisme ne puisse manifester les secrets de leurs familles ou de leurs âmes. Il n'y a pas d'exemples, que nous sachions, dans les histoires sacrées ou profanes, de méchants qui, avec l'aide du démon, soient arrivés à pénétrer les actes purement intérieurs des fidèles ou à violer les secrets des consciences. Et nous croyons fermement que, si même le démon le pouvait par sa nature, il lui serait toutefois défendu de le faire par la divine Providence, comme il est précisément empêché de commettre beaucoup d'autres méchancetés qui lui seraient très faciles en raison de sa puissance angélique.

Mais alors, répliqueront quelques-uns, pourquoi a-t-on dit et enseigné plus haut que, chaque fois que se produisent ces phénomènes supérieurs, l'intervention diabolique est certaine ? Comment peut-on dire que ce soit son œuvre, s'il ne peut les produire ? On répond que, si le démon ne peut connaître les pensées cachées, ni prévoir l'avenir, il peut toutefois *imiter* l'intuition et la prophétie, par voie de conjecture, d'une manière incomparablement supérieure à ce que les hommes peuvent faire, selon que nous l'avons exposé au paragraphe précédent, n° 3. Mais ces imitations suffisent pour révéler son intervention avec certitude. Ajoutez qu'il lui est facile de connaître les faits présents, mais cachés aux hommes, les faits d'un lieu éloigné et les faits futurs dépendant de causes nécessaires dont il s'aide pour simuler la prophétie. C'est par de semblables simulations qu'il a toujours trompé les hommes imprudemment confiants dans les oracles, les pythonisses, les sybilles ; et aujourd'hui il trompe beaucoup de chrétiens ignorant le catéchisme, par les réponses des médiums spirites, des magnétisés clairvoyants, des hypnotisés somnambules. Néanmoins le théologien, appelé à juger de tels phénomènes, les reconnaît à première vue comme préternaturels, et les attribue avec certitude au démon, sans que pour cela il attribue au démon la *vraie* intuition des pensées, la vraie prophétie. Satan est souvent, selon la science catholique, un *devineur* heureux, parce que souvent il bute au point ; mais il n'est jamais *prophète*. En effet le démon maintes et maintes fois s'est trompé honteusement dans ses divinations, tandis que la prophétie est par elle-même infaillible. Et voilà comment encore les phénomènes hypnotiques dits supérieurs, inexplicables par les forces de la nature, s'expliquent admirablement par l'intervention diabolique.

§ 5. *Conclusion de ce chapitre et de l'ouvrage.*

Arrivé à ce point, et regardant le chemin parcouru, il nous semble avoir très efficacement démontré que la science chrétienne, par rapport aux interventions diaboliques, présente une hypothèse évidemment propre à expliquer les mystères de l'hypnotisme. Tout mystère hypnotique cesse et disparaît complètement par la seule supposition que l'hypnotisé est un malheureux assujetti de lui-même à l'influence diabolique, ou si l'on veut, à une obsession momentanée, semblable à celle des antiques pythonisses qui rendaient des oracles et dont nous font foi les histoires profanes et la divine Ecriture ; semblable à l'obsession des modernes médiums thaumaturges, que nous connaissons par l'expérience contemporaine. Toutes les autres hypothèses ou explications, présentées par les philosophes et les médecins ne sont arrivées à rien de rationnel qui contente l'esprit; les folies de l'impiété matérialiste valent moins encore.

Donc nous sommes bien aises de cette hypothèse et nous la faisons nôtre. Nous n'avons certainement pas eu beaucoup de peine à la découvrir : nous étions aidés par beaucoup d'écrivains catholiques qui se sont occupés du magnétisme, par les théologiens moralistes et par les réponses de l'Eglise enseignant avec autorité par le moyen des Congrégations romaines. Mais il nous a paru utile de la fortifier en procédant à la démonstration avec la méthode même suivie par les savants dans l'étude et démonstration des lois cachées de la nature. Les astronomes, par exemple, cherchant les lois des révolutions des corps célestes, supposèrent d'abord que le soleil et les planètes tournaient circulairement autour de la terre. Reconnaissant que tous les phénomènes ne répondaient pas à cette hypothèse, ils la modifièrent en inventant les épicycles ; ceci ne suffisant pas encore, Copernic en revint aux idées de Pythagore, qui avaient été abandonnées, et prit le soleil pour centre du mouvement terrestre et planétaire, ce qui donnait des explications moins irrationnelles, mais pas encore exactes. Kepler découvrit les orbites elliptiques et d'autres phénomènes ; Galilée en a découvert d'autres encore avec sa grande intelligence et avec le télescope : l'astronomie était presque formée. Newton est venu qui a complété et couronné toutes les découvertes antérieures par celle de la gravitation universelle. Depuis ce jour, les mouvements célestes sont éclaircis, les exceptions apparentes elles-mêmes rentrent dans la loi ; les savants s'écrient : « Ce n'est plus une hypothèse, c'est une loi certaine de la nature ; la mécanique céleste s'est révélée à l'homme. »

En cherchant ainsi à découvrir les lois de l'hypnotisme, nous avons raconté les faits, puis nous avons examiné l'hypothèse objective du fluide mesmérique, et ensuite la théorie subjective de Braid ; après cela la fascination, la prédisposition, la suggestion, et les autres principales hypothèses, ou fondamentales, ou subsidiaires, mises en avant par la science moderne, spécialement par les médecins et par les matérialistes. Nous avons fait toucher du doigt que ces hypothèses sont imaginaires et non réelles, et qu'elles n'expliquent rien. Nous sommes revenus à l'hypothèse offerte par la science chrétienne : l'influence diabolique. Nous avons démontré (du moins nous le croyons) que cette hypothèse explique l'hypnotisme, raisonne et rend intelligibles les faits, la genèse de l'hypnose, ses symptômes, ses effets et jusqu'à ses anomalies apparentes, en un mot, tout ce qui se rapporte à l'œuvre prestigieuse. Donc l'intervention diabolique est la vraie hypothèse, c'est l'arrêt de la science, et non plus une simple hypothèse ; donc les savants chrétiens ont démontré la loi qui règle l'hypnotisme, comme les astronomes ont démontré la loi qui règle la mécanique céleste.

APPENDICE

L'HYPNOTISME ET LES MÉDECINS CATHOLIQUES

A l'occasion des Opuscules

DES DOCTEURS GUERMONPREZ ET VENTUROLI

I

Nous sommes heureux de trouver dans la publication d'un livre récent une belle occasion pour parler un peu de l'hypnotisme qui exerce d'horribles ravages dans notre société actuelle. En voici le titre : « *L'Hypnotisme et la suggestion* ;
« par le docteur F. G. Guermonprez, professeur
« à la Faculté de médecine libre de Lille. Tra-
« duction italienne du docteur M. Venturoli,
« avec des notes, un appendice et des gravures
« intercalées dans le texte. Bologne. Typ. de
« l'Archevêché 1889, un vol. in-8° de IV-104-
« 41 pp. — Extrait de la Revue de Bologne *La
« Scienza Italiana.* »

Nous saluons respectueusement les auteurs, tous deux membres de cette honorable école médicale à laquelle appartiennent les James, les Desplatz, les Ferrand, et d'autres écrivains illustres qui, sans être médecins, ont traité la question de l'Hypnotisme; comme : Méric, de Bonniot, Saei et tant d'autres. Nous n'hésitons pas à leur donner pour chef le vieux chirurgien James Braid, de Manchester, qui a inauguré l'hypnotisme thérapeutique moderne. Braid traita ce sujet dans son ouvrage fondamental : *Neurypnology*, paru en 1843 et traduit à Paris par le docteur Simon, en 1883. Son langage est digne et honnête, à part quelques erreurs on préjugés dus à son protestantisme ; on en peut dire autant de ses contemporains et compatriotes les docteurs Elliotson et Esdaile. Il nous semble remarquer que peu à peu on en vient à se former un critère commun dans l'appréciation des phénomènes hypnotiques. Nous voyons même prendre pied l'opinion que nous avons manifestée peut-être un des premiers, en condamnant une bonne partie de ces faits comme impossibles aux seules forces de la nature. Nous donnerons un aperçu des matières traitées dans les deux opuscules susdits, nous parlerons de quelques points sur lesquels sont d'accord la plupart des médecins catholiques et de quelques autres qui ne sont pas encore jugés d'une façon bien définitive.

Le docteur Guermonprez entre en matière par un essai sur les auteurs d'hypnotisme. Il ignore (un peu comme tout Français), combien d'études et de publications ont été faites en Italie sur ce sujet. Pour lui Mosso, Lombroso, Seppili, Conca, Morselli, Rummo, les deux Vizioli, etc., n'existent point. C'est peu de chose! Il consacre la majeure partie de son livre à tisser l'histoire physiologique et pathologique des phénomènes hypnotiques : il les divise en trois phases ou catégories spéciales, suivant l'habitude des hypnologues contemporains, empruntée à Charcot, à Richer et à d'autres docteurs célèbres. Ce sont la léthargie, la catalepsie, le somnambulisme. Du reste les docteurs conviennent que ces phénomènes n'ont pas de succession régulière entre eux, ni de limites précises, mais se déplacent l'un l'autre et s'enlacent souvent : parfois l'un d'eux vient à disparaître et tout à coup en surgit un autre. Quoi qu'il en soit, la description qu'en fait Guermonprez est vaste, détaillée et très claire. C'est une des plus complètes que nous ayons jamais lues quant aux phénomènes que nous avons appelés nous-mêmes ailleurs *élémentaires* et que nous comparons aux phénomènes parallèles de la léthargie, de la catalepsie, du somnambulisme se présentant spontanément chez les malades (1).

L'opuscule du savant et célèbre Venturoli trouve sa place naturelle après celui de Guermonprez : il suit une marche parallèle : il décrit les phénomènes et les explique brièvement ensuite. Inutile d'ajouter que l'auteur est philosophe et ferré sur les doctrines de saint Thomas, ce qui nous rassure sur ses sentiments catholiques. C'est peut-être pour cela qu'il se montre plus revêche à admettre l'existence de certains phénomènes surpassant quelque peu les forces de la nature. Il a l'avantage de connaître les auteurs italiens qui ont traité la matière ; il est plus concis, il s'attache à réfuter la *force neurique rayonnante* inventée ou plutôt ressuscitée par le docteur Baréty, à l'exemple des anciens magnétiseurs. Cette force neurique a été aussi enseignée avec complaisance par le docteur Desplatz, directeur de la clinique médicale à l'université catholique de Lille. On aurait

---

(1) Voir Franco. *L'Hypnotisme revenu à la mode*, chapitre V, § III.

pu lui adjoindre le regretté docteur Constantin James, de Paris, aussi illustre par sa science que par l'intégrité de ses principes et qui vient d'être ravi à sa nombreuse clientèle. Il avait inventé le *fluide hystérique* (1), mais peut-être n'avait-il pas encore publié son invention quand écrivait Venturoli.

II

Pour commencer par la première phase, le docteur Guermonprez admet les faits hypnotiques qui s'y rattachent et qui sont devenus aujourd'hui si communs et si connus. Il s'occupe avant tout de l'origine de cette maladie. Il nous énumère une centaine de moyens variés, tous efficaces pour assoupir le sujet et faire pour ainsi dire le premier pas dans l'hypnose. Le docteur ne s'étonne nullement que le même effet soit produit indifféremment par une cause quelconque, au gré de l'opérateur : phénomène tout nouveau dans les fastes de la métaphysique et de la pathologie. Le répertoire des inventions hypnogéniques est d'ailleurs si riche que, fatigué d'une longue énumération, l'auteur finit par convenir avec le docteur Grasset que : « Toutes les sensations prolon-
« gées et monotones peuvent produire le sommeil
« hypnotique comme du reste le sommeil natu-
« rel et que, dans les sujets prédisposés, les sen-
« sations brusques et intenses peuvent obtenir
« les mêmes résultats (2). » Il est difficile de donner une formule plus élastique et plus vaste des moyens hypnogéniques. Mais Guermonprez ne nous dit ni comment ni pourquoi les nourrices

(1) Doct. Constantin James. *L'Hypnotisme expliqué*, etc. Paris, 1888, p. 58.
(2) Guermonprez, p. 15.

qui, depuis tant de siècles, ont endormi leurs poupons en les berçant ou en leur chantant *dodo*, ont toujours réussi à produire le sommeil naturel et jamais le sommeil hypnotique. Bien des fils d'Adam, depuis les temps préhistoriques jusqu'à nos jours, ont demandé le sommeil au doux murmure des ruisseaux, mais jamais, que nous sachions, ils n'ont été surpris par le diablotin de l'hypnotisme. On peut croire cependant qu'il ne manquait parmi eux ni *prédisposés*, ni *hystériques*. Que de millions de prédisposés et d'hystériques ont entendu le fracas de la mine et de l'artillerie sans tomber dans l'hypnose! Mais, depuis 1843, époque que Braid a rendue mémorable, tout cela est changé. Ces causes si innocentes, si poétiques, sont devenues terriblement agissantes et nous dirions presque thaumaturgiques. Pourquoi? Ni Guermonprez ni aucun autre hypnologue de notre connaissance ne le dit.

On pourrait peut-être en chercher la raison dans la volonté de l'hypnotisant. Mais Braid fondateur de l'hypnotisme, Braid qui, au témoignage de Richer (1), a laissé très peu à inventer à ses adeptes, avoua à la fin de sa carrière qu'il n'avait jamais rien su obtenir *par sa seule volonté* (2). C'est évident : la volonté d'un homme ne peut produire des effets physiques dans un autre homme, puisqu'elle n'est pas un agent physique et matériel. Mais un fait est un fait et on ne peut le nier. Guermonprez est conduit du fait à admettre comme agents hypnogéniques les passes des mains, en touchant le patient ou en ne le touchant pas et même à distance ; la fixation du regard sur une personne ; l'acte de lui faire fixer un objet brillant, de lui donner cet ordre : Dor-

---

(1) Doct. Paul Richer. *La Grande Hystérie*, Paris, 1885, pp. 507-508.
(2) Braid. *Neurypnologie*, trad. Simon, Paris, 1883, p. 234.

mez ! et ainsi de suite. Il suffit même de la simple attente de l'hypnotisation, d'une eau bénite ou enchantée par l'hypnotiseur, du contact d'un arbre ou de tout objet charmé. Ces derniers mots font évidemment allusion aux moyens employés, peu après l'époque de Mesmer, par le fameux magnétiseur Puységur. Nous aimons à voir confondre ainsi le magnétisme avec l'hypnotisme, parce que la raison, l'expérience et l'autorité d'hypnologues distingués démontrent que, entre les deux, la différence est nulle ou simplement nominale. En somme, Guermonprez décrit tout un monde de causes différentes qui produisent le même effet et cela, bien que l'action de l'hypnotiseur, selon lui, soit absolument nulle et que toute son influence se réduise à exciter l'imagination du patient en la laissant ensuite opérer d'elle-même : « Dans « l'hypnotisme, l'imagination est tout (1). » Il faut alors avouer que l'imagination humaine est aujourd'hui fort différente de celle des temps passés : elle doit être devenue chez presque tous les hommes hyperesthétique, puisque la première cause venue, même la plus mince et la plus indifférente, suffit pour l'exciter d'une façon si anormale et si excessive.

Nous ne suivrons pas l'auteur dans son exposition vaste et limpide des phases diverses qui succèdent au premier sommeil ou assoupissement hypnotique, c'est-à-dire la léthargie, la catalepsie et le somnambulisme. Qu'il nous suffise de dire qu'il en discute habilement la production et qu'il distingue les caractères particuliers des différents phénomènes en indiquant également le souffle comme moyen de les faire cesser. Il passe aussi consciencieusement en revue les phénomènes qui

(1) Guermonprez, p. 20.

ont lieu après l'hypnose, c'est-à-dire les faits qu'on ordonne au sujet d'exécuter après le réveil ou qui doivent se reproduire de nouveau à échéance fixe. Dans tout ce chaos l'auteur met autant que possible de l'ordre et de la clarté. Nous disons : *autant que possible*, pour une raison évidente : parce que les hypnotistes eux-mêmes ne s'accordent pas trop entre eux pour reconnaître certains phénomènes qui cependant tombent nécessairement sous leurs regards, attendu qu'ils sont usuels. Par exemple, « l'hyperexcitabilité « musculaire, durant le sommeil cataleptique, est « complètement admise par Bottey, tandis qu'elle « est formellement niée par Richer (1). » Guermonprez cherche à les mettre d'accord en donnant, comme on dit, un coup de pied au cercle et un coup de pied au tonneau : « L'hyperexcita-« bilité neuromusculaire, qui est la règle dans « l'état de léthargie, peut parfois se rencontrer « dans l'état cataleptique et donne lieu à des con-« tractures musculaires plus ou moins locali-« sées (2). »

III

Sur ces descriptions de phénomènes, nous n'avons rien d'autre à faire observer que la condescendance générale des hypnologues qui, peut-être sans le savoir eux-mêmes et toujours aiguillonnés par la peur de devoir recourir à des causes latentes, arrivent à un accommodement bénin, en acceptant des faits et des explications de faits que nous, qui ne sommes pas médecins, aurions très diffi-

---

(1) Guermonprez, page 37.
(2) Ibid. p. 38.

cile à admettre. Il y a, par exemple, le fameux souffle dans les yeux qui, d'après eux, opère des effets merveilleux : souffler *légèrement* éveille du sommeil, souffler *fortement* éveille de la léthargie prolongée, souffler *faiblement* détermine la catalepsie (1). Nous n'arrivons pas à distinguer clairement le *légèrement* du *faiblement* qui, paraît-il, produisent des effets si contraires. Nous ajouterons que nous nous rappelons en toute certitude qu'il fut un temps où le souffle était de mode pour magnétiser et non pour démagnétiser et beaucoup moins pour rendre cataleptiques les sujets.

Autre exemple. Le docteur Babinski croit gaiement avoir enlevé avec un aimant je ne sais combien d'affections hystériques : l'émi-anesthésie, diverses paralysies, coxalgies et rigidités spasmodiques, et les avoir transportées d'une personne à une autre avec la même facilité dont on prend un charbon avec les pincettes, pour le transporter du foyer dans une chambre voisine (2). Guermonprez n'y trouve rien à redire, non plus que Venturoli qui le traduit fidèlement sans y ajouter aucune note. Le fait est que, si nos illustres docteurs ne font aucune difficulté d'accueillir le phénomène comme réellement existant, nous aurions grand peine pour notre part de l'accepter comme purement somatique et naturel. Il est vrai, d'après Saei, que l'expérience renouvelée plus d'une fois a réussi ; il est vrai que plusieurs hypnologues, entre autres Bernheim, voudraient voir dans l'action de l'aimant une espèce de suggestion active capable de faire cesser la maladie dans une autre personne et de la susciter dans

---

(1) Guermonprez, pp. 58, 59.
(2) Guermonprez, p. 32.

une autre. Pour nous, cette suggestion interprétative nous paraît être une cause si faible, que nous ne la regardons pas comme proportionnée à un effet aussi puissant que l'émi-anesthésie et autres maladies semblables. Mais nous sommes de l'avis de Saei quand il dit : « Le transfert d'une « maladie et l'action des médicaments à distance, « s'ils existent, semblent se soustraire à toute « explication naturelle. Toutefois nous n'oserions « pas affirmer leur caractère surnaturel (1). » Dans notre traité nous avons qualifié ces pratiques de *très probablement* impies.

Autre exemple : « Quand une cataleptique est « placée, raide comme une planche, avec les pieds « sur le dossier d'une chaise et la tête sur celui « d'une autre, on peut en levant ou en baissant « la main lui commander à distance des mou- « vements semblables qu'elle exécute en élevant « ou en baissant le niveau de son corps (2). » Si nous comprenons bien ces paroles que Guermonprez semble emprunter au docteur F. Bottey, elles signifieraient que le corps de l'hypnotisée peut se soulever ou s'abaisser en l'air dans une position horizontale parallèle. Or, nous croyons cela tout à fait contraire aux lois bien connues de la gravité et impossible aux forces de la nature. Mais pour Guermonprez, le phénomène serait explicable, bien que « la critique n'ait pas encore « dit son dernier mot sur ce point particulier (3). » Nous pourrions faire les mêmes observations sur les divers autres phénomènes de l'état somnambulique. Mais arrêtons-nous là.

(1) Prosper Saei. *Phénomènes merveilleux d'hypnotisme*, dans la *Revue générale*, Bruxelles, novembre 1888, op. 684, 685, 716. L'ouvrage qu'il cite du docteur Bernheim, a pour titre : *De la suggestion*, etc. Paris, 1888, p. 279.
(2) Guermonprez, p. 56.
(3) Ibid.

IV

Venons-en maintenant aux observations les plus importantes par rapport aux explications que les deux insignes docteurs nous donnent sur les faits exposés. Nous sommes heureux d'y reconnaître beaucoup de ressemblance avec les doctrines que nous avons professées publiquement dans notre traité. Nous distinguerons clairement en quoi nous sommes d'accord et en quoi nous ne le sommes pas.

Nous sommes d'accord d'abord sur l'existence des phénomènes hypnotiques en général. A dire vrai, celui qui s'obstinerait encore à les regarder comme du charlatanisme et rien de plus nous paraîtrait sentir l'imbécile ou habiter dans la lune. En second lieu, la division et la gradation qu'observent les deux docteurs dans l'exposition des faits a été suivie par nous comme admise communément par les médecins. Nous y avons ajouté le programme des hypnotiseurs de théâtre qui n'est que trop communément pratiqué et envahit non seulement la scène mais encore les salles des collèges et des pensionnats de jeunes filles, et enfin les cliniques de certains hôpitaux (1). Nous sommes d'accord en troisième lieu pour rejeter comme cause efficiente du sommeil hypnotique le fluide transmis par l'hypnotiseur opérant, au sujet hypnotisé. Nous en avons donné la raison fondamentale : savoir le fait de l'autohypnotisation qui n'est pas rare et qui est reconnue par les médecins. Venturoli fait valoir la même raison et d'autres encore, qu'il développe magistralement en sa qualité d'excellent philosophe et d'excellent médecin.

(1) Voir notre traité : Avant-propos, §§ I. II. III.

Il appartient à l'école dite *suggestive*, c'est-à-dire à l'école des hypnologues qui attribuent tous les faits initiaux du sommeil à l'imagination excitée ou non par l'hypnotisant. Nous ne sommes pas assez novice dans le monde historique, physiologique et pathologique pour vouloir méconnaître les prodigieuses illusions et les extravagances presque incroyables de l'imagination, surtout dans des sujets débilités par l'hystérie ou par d'autres névropathies. Nous ne nions pas que dans les autohypnotisations, c'est-à-dire quand on s'hypnotise soi-même, l'imagination concourt efficacement. Malgré cela, il est évident pour nous et pour tous les observateurs dépourvus de préjugés, qu'un nombre très considérable de sujets sont de fait hypnotisés sans le moindre effort imaginatif de leur part. Le plus souvent, ils passent de l'état de veille à l'hypnose, sur la simple invitation du charlatan ou sur la proposition que leur en fait le médecin traitant. Leur imagination reste imperturbable et tranquille. Tout au plus consentent-ils librement à l'épreuve. Mais donner son adhésion à une épreuve c'est un acte de volonté et non un effort d'imagination, qui serve tout juste et d'une façon déterminée, à préparer le phénomène de la léthargie. C'est pourquoi nous avons dit que l'imagination n'a souvent rien à voir dans la production de l'hypnose et ne peut se dire la cause, du moins la cause vraie et suffisante, qui explique la genèse du phénomène initial, c'est-à-dire du sommeil. Pour devenir cause adéquate il lui faudrait avec elle, selon nous, une autre cause concomitante que la nature ne fournit pas (1).

La volonté elle-même serait-elle cette cause efficace et adéquate? Guermonprez, suivant Braid,

---

(1) Voyez notre traité, Ch. III, § II.

répond que la volonté délibérée de l'hypnotisant peut concourir comme cause en tant qu'elle excite l'imagination, mais il ne la regarde pas comme nécessaire (1). Quant au consentement de l'hypnotisé, il l'appelle « mi-coadjuvant » et rien de plus. Les faits nous ont forcés à adopter la même opinion. Les phénomènes peuvent avoir lieu sans la volonté de l'opérant et, qui plus est, sans le consentement du patient. Il est vrai toutefois, nous l'avons dit, que le cas d'hypnotisme sans le consentement du patient n'arrive que très rarement. Nous avons cité également quelques médecins sérieux comme Braid, James, Conca, qui enseignent positivement qu'il est impossible de rien obtenir des sujets quand ils refusent d'y consentir. Nous serions heureux d'ajouter à ces autorités celle des docteurs Guermonprez et Venturoli. Puisque nous ne le pouvons pas, nous nous contenterons de rassurer ceux qui craignent d'être hypnotisés malgré eux, en leur affirmant que, pour les chrétiens qui se tiennent sur leurs gardes c'est là un danger très éloigné.

V

Nous arrivons enfin à traiter plus particulièrement un point tout à fait capital. Les phénomènes qui accompagnent la léthargie hypnotique sont-ils généralement naturels ou préternaturels ? Nous répondons : Guermonprez ne traite pas la question, mais Venturoli est d'accord avec nous pour reconnaître le caractère mystérieux et contraire à la nature des phénomènes transcendantaux et autres semblables. Nous regrettons de ne

(1) Guermonprez, p. 11.

pas avoir eu connaissance de son opuscule déjà publié dans une savante revue bolonaise, quand nous avons commencé à écrire sur ce sujet. Mais, comme de la solution de cette question dépend le critère qu'on doit se former dans la pratique touchant le licite et l'illicite, comme c'est aussi le point que nos lecteurs désirent le plus que nous traitions, nous allons en parler un peu plus au long.

Dans notre ouvrage, nous avons distingué trois classes de phénomènes hypnotiques : 1° les phénomènes supérieurs ou transcendantaux, comme : deviner l'avenir, découvrir les choses cachées, communiquer ses idées sans moyens externes, ce que quelques-uns appellent *suggestion mentale*, etc.; 2° les phénomènes très probablement suspects, comme : la vision au travers des corps opaques, la transposition des sens et d'autres hallucinations excessives ; 3° les phénomènes simplement suspects, que décrivent précisément Guermonprez et Venturoli et que nous avons appelés *élémentaires*. Or, quant à la première classe, qui, pour lui, est la troisième, nous avons déclaré et prouvé que les faits s'y rattachant montrent évidemment l'intervention d'une force préternaturelle ou diabolique et qu'il est par conséquent absolument illicite de les produire ou de s'y soumettre (1). Voyons maintenant ce qu'en dit Venturoli. A la page 90 (car à dater de la page 74, il complète l'ouvrage inachevé de son collègue), il « distingue ce qui
« lui semble explicable naturellement de
« ce qui ne l'est pas et ce qui est possible de
« ce qui ne paraît pas possible dans l'ordre actuel des choses. » Il forme trois classes à l'inverse de l'ordre que nous avons adopté : dans sa troisième classe qui est celle que nous mettons

(1) Voir notre traité, ch. V, § I, II, III.

la première, il fait entrer les phénomènes « qui « émerveillent le public ignorant et qui éveillent, « avec quelque fondement, le soupçon de fourberie ou de quelque chose de pire. » Ces derniers mots font évidemment allusion aux faits préternaturels ou diaboliques. Venturoli proteste qu'il ne veut absolument pas parler de la troisième classe et qu'il se limitera « aux phéno-« mènes vrais et légitimes qui tirent origine d'une « action exercée par une personne sur une « autre et ont leur siège dans les facultés orga-« niques et sensitives de l'homme. » Par là, il nie que les faits de la troisième classe qui éveillent *avec fondement* le soupçon, etc., soient *légitimes* et tirent origine de l'action qu'un homme exerce sur un autre. Et à la page 11 de son opuscule, il proteste qu'il ne veut pas s'embarrasser dans les phénomènes de clairvoyance, de double vue, de prescience magnétique. « En effet, dit-il, si les « faits qui se rapportent à la vue au travers des « corps opaques, à la prédiction de choses que « l'esprit humain ne peut connaître et autres « semblables, étaient certains, chacun voit qu'ils « seraient d'un ordre qui surpasse les lois de la « nature, et, par conséquent, on ne pourrait les « expliquer qu'en recourant à une force surna-« turelle. » Il les place en bloc avec les phénomènes spiritiques qui ne peuvent faire l'objet d'une étude médicale. Dans cette théorie, Venturoli se montre philosophe autant que médecin et même philosophe sévère. Nous nous contentions de déclarer *gravement suspecte* la vision au travers des corps opaques : il la déclare préternaturelle sans aucune hésitation. Nous ne nous en plaignons pas. Il est certain, du reste, qu'elle a été condamnée, au moins comme *illicite*, par le tribunal de la S. Pénitencerie.

Mais si Venturoli refuse d'admettre ces effets transcendantaux comme des phénomènes hypnotiques, d'autres médecins les admettent. Nous avons cité d'illustres docteurs qui les soutiennent à la pointe de l'épée. Il y a même des matérialistes qui non seulement les admettent mais essaient de les expliquer par les forces de la nature. Tout récemment Bernheim, par exemple, en parlant *de la suggestion purement mentale* à distance, dans son livre *De la suggestion* (Paris 1888), voudrait bien ne pas les admettre, mais à la fin, quoique à contre-cœur, il conclut : « Des hommes très éclairés et très honorables « ont observé des faits (de ce genre) qui paraissent concluants. » Ces paroles sont citées par un savant écrivain, Prosper Saei qui en conclut que l'hypnotisme reprend la tâche déjà universellement discréditée du magnétisme et rentre sur la scène et même jusque dans les académies médicales (1). Nous sommes également de cet avis. L'hypnotisme, pour nous, n'est rien d'autre que le magnétisme qu'on a voulu dépouiller de certains phénomènes plus merveilleux et, pour ainsi dire, laïciser. Saei cite des faits indubitables observés par plusieurs médecins réunis ensemble, ou par des assemblées ou conseils médicaux, de diverses nations, composés d'hommes illustres par leur science et souverainement défiants tant au sujet de la suggestion purement mentale que de la clairvoyance proprement dite et de la vision de faits qui arrivent dans des lieux très éloignés (2). Quant à en assigner la cause, Saei admet la seule explication possible de la vision de choses éloignées : « Il faut avouer que cette perception a lieu « contrairement aux lois de la nature et que la

---

(1) Prosper Saci, op. cit., p. 676.
(2) Prosper Saei, p. 685-697.

« connaissance du sujet est due à un moyen extra-naturel. » Il démontre ensuite en général que l'agent de ces phénomènes transcendantaux ne peut être autre que le démon et conclut ainsi : « La
« suggestion mentale... la clairvoyance et la vue
« à des distances très éloignées, voilà des phéno-
« mènes qui, s'ils se produisent, sont en opposition
« manifeste avec les lois de la nature. Ces faits ne
« sont explicables que par l'intervention d'un agent
« préternaturel, qui éclaire mentalement le sujet
« et présente à son imagination, comme dans un
« tableau, l'objet voulu (1). » C'est tout juste notre conviction, celle du docteur Constantin James que nous citerons plus loin et celle de Venturoli, au cas hypothétique où ces phénomènes fussent réels.

VI

Quant à la transposition des sens, Venturoli qui suit en cela Braid, la nie carrément comme une illusion. Pour lui, il n'y a là qu'un phénomène de peu d'importance, c'est-à-dire l'hyperesthésie qui peut communiquer au tact une sensibilité capable de connaître à courte distance « la figure des objets qui leur sont (aux hypnotisés) présentés de la manière susdite (2). » Réduite à ces termes, la transposition des sens ne répugne évidemment plus à la nature. Nous avons parfois nous-même éprouvé comme cent autres, quelque chose d'analogue, sans hypnotisme et sans hyperesthésie spontanée, en distinguant dans l'obscurité la présence du solide ou du vide que nous avions devant nous. Si le phénomène, appelé transposition

(1) Prosper Saci, pp. 705, 716.
(2) Venturoli, pp. 705, 716.

des sens, ne se renouvelait que dans une mesure aussi restreinte, nous ne l'aurions pas condamné comme *fort probablement* préternaturel. Mais nous pourrions citer plus de dix illustres médecins qui attestent des cas de transposition proprement dite, comme par exemple de voir avec la nuque ou avec l'épigastre (1). Nous avons parlé d'un phénomène plus étrange encore, en en donnant des exemples : la médication à distance. Ni Guermonprez ni Venturoli n'en disent mot. C'est peut-être parce que les premiers essais ne furent tentés que vers le milieu de 1885 par les docteurs Bourru et Burot, suivis par d'autres, et spécialement par Luys. Le fait est que l'existence de ces phénomènes, fut absolument démontrée par de multiples expériences, même en présence d'une commission déléguée par l'Académie médicale de Paris. En Italie, nous les avons entendu affirmer par l'illustre docteur israélite Lombroso, contre le docteur Morselli, devant le Congrès médical de Pavie, en 1887. Saei qui rapporte plusieurs cas indéniables et les discute d'une façon très remarquable, se contente de conclure à peu près comme nous-même : « En fin de compte,
« si cette action médicinale à distance existait,
« faudrait-il recourir à une cause étrangère pour
« l'expliquer ? Nous ne savons. Il est vrai que les
« phénomènes observés semblent se soustraire à
« une explication naturelle; mais l'impossibilité
« absolue d'une interprétation naturelle ou d'une
« intervention manifestement *extranaturelle* est-
« elle prouvée ? Jusqu'à ce que ces deux points
« soient tranchés, il convient de suspendre son
« jugement (2). » Pour nous, nous croyons ces deux

(1) Voir notre traité, ch. V, § II, 2.
(2) Saci, op. cit., ch. I, § III et ch. V, § II.

points suffisamment tranchés pour affirmer que les phénomènes de cette espèce sont *très probablement* préternaturels (1). Entre notre opinion et celle de Saei, il y a peu de différence, mais elles divergent légèrement néanmoins.

Nous nous étions bornés à noter la difficulté d'expliquer, par les forces de la nature, le fait de la soumission absolue de l'hypnotisé envers l'hypnotiseur, soumission si exclusive que toutes les suggestions de ce dernier opèrent efficacement et que les suggestions égales ou même plus énergiques des autres tournent à rien. Ce fait, disions-nous, accuse un lien secret, mystérieux et suspect, parce qu'il est clairement contre les lois physiques qu'une cause réelle n'opère pas également, quelle que soit la personne qui la pose (2). Nous remarquons que Venturoli arrivé à ce point qu'il appelle *exclusivité* s'y arrête peu et avoue : « Qu'ici, à
« dire vrai, nous entrons sur un terrain où, en
« supposant que le fait fût vraiment comme on
« l'affirme, il serait difficile, si pas impossible, de
« l'expliquer par les seules raisons physiques et
« psychologiques. Mais, d'un autre côté, l'expé-
« rience et l'histoire du *magnétisme* appelé *ani-
« mal* nous obligent à nous arrêter. C'est ici que
« même les personnes éclairées ont bien de la
« peine parfois à se défendre des illusions et des
« erreurs qui entrent de toutes parts dans les
« faits de cette nature. Aussi renonçons-nous à
« suivre les *impressario* de ces sortes d'expé-
« riences dans une voie si trompeuse et si peu
« sûre (2). »

Pour ce qui est de la *clairvoyance* improprement dite, c'est-à-dire celle qui révèle l'état pathologique

(1) Franco, op. cit., ch. I, § III et ch. V, § II.
(2) Id.   ib.   ch. V, § II.
(3) Venturoli, p. 30.

interne, il cite l'opinion du docteur Desplatz, directeur de la clinique médicale à l'Université catholique de Lille. Celui-ci distingue trois degrés de somnambulisme hypnotique : le premier est celui des somnambules *passifs*, qui ne peuvent ni parler ni opérer sans en recevoir l'ordre ; le second est celui des *quasi-lucides* qui voient le remède thérapeutique utile à leur propre guérison ; le troisième est celui des *lucides* qui voient leurs propres maladies cachées et celles des autres. De ces derniers, le docteur Desplatz ne sait trop s'ils ne sont pas charlatans ou hallucinés. Mais Venturoli n'admet que le premier degré, d'accord « avec toutes les célébrités médicales du jour. » Quant aux semi-lucides il les admettrait, « mais à « condition que les faits qu'on rapporte fussent « bien certains et bien vérifiés. » Des lucides parfaits, des clairvoyants parfaits, il ne dit rien ici (1). Mais s'il n'en dit rien, c'est évidemment parce qu'il les regarde comme du charlatanisme ou quelque chose de pire. En effet, quelques pages auparavant, il affirmait qu'il regardait la *clairvoyance* et la *lucidité* hypnotiques comme préternaturelles et étrangères à la science médicale. Il pouvait se montrer ici plus coulant, pour en admettre l'existence, car il est certain qu'il ne manque pas de somnambules lucides ou clairvoyants, et certes ce n'est pas comme chimériques qu'ils ont été condamnés par le Saint-Siège. La S. Congrégation de l'Inquisition en 1856, déclara *superstitieux* ces phénomènes : « *Somnambulismi* « *et claræ visionis, uti vocant, prestigiis... ignota* « (voici les maladies personnelles et celles d'autrui) *et longinqua detegere.* » Et la S. Pénitencerie en 1841, avait explicitement condamné comme illicites les diagnostics de maladies oc-

(1) Venturoli, pp. 30, 31.

cultes tentés, par voie de magnétisme et par des personnes ignorant la médecine. Mais Venturoli a pour système de se tirer de ces controverses en disant que, si ces phénomènes se présentent, ils sortent de la compétence des médecins, parce qu'ils sont hors de la sphère des sciences purement physiologiques.

Il est beaucoup plus explicite en parlant des phénomènes dits à *échéance,* c'est-à-dire des actes ordonnés pendant l'hypnose, pour s'exécuter ensuite à un autre moment et à point nommé. Nous avons rapporté quelques-uns des nombreux cas attestés par Lombroso, Richet, Richer, Bernheim, Liégeois, Vizioli, Bottey, Seppili, Conca, Bufalini, etc. Venturoli, après avoir examiné ces phénomènes, voudrait les réduire à des cas *accidentels* ou à des *fictions* de malades, etc., et puis, comme un médecin devenu philosophe, il perd pied et s'écrie : « Si on prétend affirmer que ces
« hystériques, sans savoir ce qu'elles font, après
« une semaine et même un mois, à une heure fixe
« suggérée, s'en vont, par exemple, pour donner
« un coup de couteau à leur propre mère, suivant
« ce que l'opérateur leur aurait imposé par sug-
« gestion durant le sommeil ; si on admet que
« cela n'arrive pas par hasard, mais d'une manière
« prévue et sûre ; nous répétons alors ce que
« nous avons dit des paralysies dites suggestives
« en temps de veille : c'est un fait qu'il est im-
« possible d'expliquer selon les lois de notre na-
« ture (1). » Les paralysies auxquelles il est fait ici allusion sont celles qui sont imposées, à l'état de veille, à des personnes prédisposées. Venturoli les admet comme des cas rares et accidentels. « Mais,
« dit-il, que ni Bernheim, ni Dumontpallier, ni
« Richer ne viennent nous dire que ces paralysies

(1) Venturoli, pp. 101, 102.

« suggestives, à l'état de veille, sont un fait com-
« mun. Nous serions obligé de leur dire qu'en ce
« cas, on devra y voir autre chose qu'un fait na-
« turel et relatif à l'hypnotisme (page 100). »
Nous sommes d'avis, pour nous, que ces faits existent et se renouvellent souvent dans les expériences hypnotiques, quoique Venturoli en doute. Mais nous sommes d'accord avec lui pour y voir « autre chose que des faits naturels, » c'est-à-dire des faits *très probablement* préternaturels.

A notre grande satisfaction, nous sommes donc du même avis que le docteur Venturoli, même par rapport à la seconde classe des phénomènes hypnotiques que nous avons jugés gravement suspects de préternaturel. Il nous semble même que cet illustre médecin est un tant soit peu plus absolu et plus ferme pour les condamner. Nous pourrions lui adjoindre le célèbre docteur Constantin James, ancien disciple du fameux Magendie et membre de beaucoup d'académies de France et d'ailleurs. Après avoir discouru sur les phénomènes hypnotiques, il conclut : « Tout bien
« considéré, ma conviction intime est que le vrai
« préservatif contre l'hypnotisme est une éduca-
« tion profondément chrétienne. Celle-ci nous
« enseigne à nous défier de nous-mêmes et à nous
« confier, dans les luttes qu'on rencontre, en
« Celui à qui nous devons l'existence. Il nous
« avertit lui-même de nous tenir en garde contre
« les puissances occultes. Nous en avons un
« exemple dans le *Pater noster*, ce bréviaire des
« petits. Il y est dit sur la fin : *Et ne nos inducas*
« *in tentationem*, c'est-à-dire ne nous laissez pas
« dominer par l'Esprit Tentateur. » Qui est cet esprit tentateur ? Ne serait-ce pas le même que celui qui préside à l'Hypnotisme (1) ?

(1) Docteur Constantin James, p. 31 dans : *L'Hypnotisme expliqué dans sa*

VII

Reste la troisième classe : les phénomènes que nous avons appelés *élémentaires;* ce sont précisément ceux que Guermonprez et Venturoli décrivent en détail. Ils les croient explicables naturellement : pour nous, nous ne les avons jugés ni *certainement* illicites, ni *très probablement préternaturels*, mais simplement *suspects.* Il y a là une divergence d'opinion, mais peut-être pas aussi grande qu'il pourrait sembler à première vue. Venturoli, pour donner aux phénomènes élémentaires une explication naturelle, recourt à l'analogie qu'ils ont avec d'autres phénomènes certainement naturels et spontanés. « Il faut être « médecins et avoir eu l'occasion d'observer des « sujets hystériques pour savoir quelles analo- « gies, etc. (1). »

Outre ce motif, il s'appuie, en plusieurs endroits, sur la disposition requise du patient ; il arrive à dire que l'hypnotisme « ne produit des effets « extraordinaires que quand il trouve un en- « semble de circonstances entièrement favo- « rables (2). » Guermonprez admet cependant qu'un « grand nombre d'hommes parfaitement « sains sont facilement hypnotisables. » Bottey en rapporte des exemples, Liégeois également, Venturoli qui traduit Guermonprez n'ajoute pas la moindre note pour le contredire sur ce point (3).

Quel a été notre avis à ce propos ? « Tous ces « phénomènes et ces symptômes, avons-nous dit, « sont pour nous naturels dans leur substance, à

---

nature et dans ses actes, etc. Paris, 1888, in-8, 92 p. L'auteur nous avait gracieusement offert cet opuscule, mais nous n'eûmes pas le temps de l'en remercier : la mort moissonnait peu après cette précieuse existence.
 (1) Venturoli, p. 92.
 (2) Ibid., p. 93.
 (3) Guermonprez, pp.

« cause de deux raisons très fortes (1). » Celles-ci nous paraissent s'appuyer sur l'analogie : « Nous
« les voyons apparaître de temps en temps,
« comme symptômes naturels, dans d'autres mala-
« dies, comme dans l'ivresse du vin, de l'absinthe,
« de l'alcool, de l'haschich, de l'opium, dans
« les fièvres putrides, dans la folie, dans la haute
« hystérie, dans la catalepsie, dans l'épilepsie,
« dans le somnambulisme spontané, etc. » Nous avons aussi accordé une juste part d'influence à la prédisposition. « Nous ne croyons pas impro-
« bable, avons-nous dit, qu'un cerveau affaibli, un
« fou, une hystérique de haut degré, grâce à une
« petite secousse ou à une légère pression sur les
« points que nous appelons maintenant zones
« hystérogènes, hypnogènes, etc., puissent être
« jetés dans l'épilepsie, dans la catalepsie, dans le
« somnambulisme : la médecine en fournit des
« exemples (2). »

En regardant donc les phénomènes hypnotiques comme naturels *dans leur substance*, nous sommes pleinement d'accord avec Venturoli et d'autres célèbres docteurs en médecine et en théologie. Prosper Saei, dans son savant et profond traité, cite plusieurs de ces noms et s'y rallie en disant que cette thèse est généralement admise aujourd'hui (3).

Il est vrai qu'après avoir marché d'accord jusqu'ici avec les hypnologues honnêtes, nous avons démontré ensuite que les phénomènes élémentaires eux-mêmes de léthargie, de catalepsie, de somnambulisme, quoique naturels dans leur substance et leur matérialité, laissent, toutefois soupçonner l'intervention préternaturelle, à cause des

(2) Franco, op. cit., ch. III, § IV et ch. V, § III.
(3) Franco, ib., ch. III, § IV.
(2) Prosper Saei, op. cit., p. 674.

circonstances et du mode d'emploi. Nous en avons donné raisons sur raisons. L'hypnotisme, de l'aveu des médecins, est une maladie, mais c'est une maladie étrange que celle qui n'a ni cause, ni étiologie propre possible, puisque la première cause venue la produit au gré de l'hypnotiseur ; l'imagination qui, pour beaucoup de docteurs, est le producteur tout-puissant de l'hypnose, souvent n'y est pour rien ; la fascination et la prédisposition très souvent n'existent pas, ce dont convient Guermonprez avec beaucoup d'autres docteurs que nous avons cités ; la suggestion peut certes agir jusqu'à un certain point sur les somnambules, mais ses effets sont lents, incertains, faibles, tandis que la suggestion dans l'hypnose en produit de subits, de tranchés, de foudroyants. Or, cette *manière* excessive d'opérer ne peut s'expliquer naturellement, parce que la nature opère par degrés variés, tandis que l'hypnotisme opère par des faits soudains et précis, contrairement aux lois physiologiques. La suggestion, si elle était la cause physique de ce phénomène, opérerait, quel que fût le suggérant, tandis que dans le sommeil hypnotique, le sujet est insensible à la suggestion qui ne lui vient pas de l'hypnotiseur. Le sommeil, les mutations musculaires, le désordre des sens, les hallucinations mentales, etc., selon la volonté de l'opérateur se produisent, changent, se rompent : ce qui indique une cause non-physique, parce que la volonté humaine ne peut rien sur le corps ni sur l'âme d'autrui. Enfin nous avons ajouté six nouveaux motifs de *suspecter* de préternaturel les phénomènes hypnotiques. Le plus fort d'entre tous, c'est que ces phénomènes, même les plus faibles et les plus élémentaires, ceux qui semblent plus naturels à Guermonprez, à Venturoli et à d'autres dignes disciples d'Hippocrate, sont cependant produits par la même force qui produit (quand l'hypnotiseur le veut), les phénomènes transcendantaux, c'est-à-dire ceux que Venturoli juge ne pouvoir s'expliquer naturellement. Donc, la cause de ces faits élémentaires étant la même, ceux-ci aussi sont au moins *suspects*.

Pour tous ces motifs il nous semble que l'éminent docteur Venturoli ne dit pas assez quand il conclut qu'on ne doit pas recourir à l'hypnotisme « sans une raison grave, et jamais par manière de « jeu ou de plaisanterie (1). » Il aurait pu, croyons-nous, se montrer plus ferme, attendu que lui-même convient en cet endroit que l'hypnotisme est un agent thérapeutique incertain et que « l'ex-« périence est encore trop jeune pour qu'on puisse « prononcer maintenant une parole d'approbation « ou de condamnation. » Dans ces lignes, il nous semble entendre l'écho de Paul Richer, un des plus illustres hypnologues modernes, qui, écrivant d'après les innombrables expériences faites par lui et ses collègues parisiens, conclut de la même façon (2). Nous ne voulons pas toutefois condamner Venturoli pour sa condescendance dans la pratique. Nous avons dit dans notre traité qu'on pouvait en toute liberté différer d'opinion avec nous quant aux phénomènes élémentaires et en permettre l'usage, avec certaines précautions déterminées, si on venait à découvrir des raisons démonstratives de leur licéité, alors que nous n'en voyions aucune. Mais nous protestions que nous ne voulions nullement en assumer la responsabilité, et nous renouvelons ici cette protestation.

---

(1) Venturoli, p. 104.
(2) Richer. *La Grande Hystérie*, Paris, 1885, pp. 794, 795.

VIII

Enfin, pour terminer cet article, nous observerons que Guermonprez et Venturoli auraient dignement couronné leur remarquable travail, en adressant un blâme solennel aux magistrats éclairés qui permettent encore les séances publiques d'hypnotisme, tandis que la plupart des peuples civilisés les ont proscrites comme nuisibles à la santé des spectateurs qui viennent s'y amuser. Tout récemment, aux académies qui les ont condamnées, se sont jointes celle de Bruxelles, en Belgique et celle du Conseil d'hygiène à Vienne, en France, comme nous l'apprennent les journaux. Nous voudrions qu'on les exclût impitoyablement des maisons d'éducation où elles sont introduites trop souvent par des hommes sans pudeur et sans bon sens. Nous avons lu, à ce propos, un bel exemple dans l'*Univers* (Paris 1er mars 1889). Il nous *fait* voir combien cette plaie est profonde en France et quel en serait le remède. Voici la substance de cet article : « Le conseil cen-
« tral d'hygiène et de santé de Vienne a exprimé
« l'avis suivant : Le conseil émet le vœu que les
« séances d'hypnotisme soient interdites, en
« raison des nombreux accidents qu'elles pro-
« voquent. Le recteur de l'Académie, en présence
« de cet avis, a prohibé toute représentation de
« ce genre, dans les écoles communales, pri-
« maires et supérieures, dans les écoles normales,
« dans les collèges et lycées de garçons et de filles,
« placés sous la juridiction de l'Académie de Poi-
« tiers. Cette disposition bien que tardive, n'en
« est pas moins bonne. »

Mais nous voudrions un blâme plus solennel encore pour le charlatanisme qui, chassé des théâtres et des collèges, s'établit dans les cliniques d'hôpitaux. C'est, selon nous, une intolérable infamie que le refuge sacré de l'infortune et de la douleur devienne une scène théâtrale, où les acteurs sont des malades, des névropathiques, de malheureuses hystériques surtout, tous guidés et mis en mouvement par des docteurs hypnologues transformés en *impressarios* de ces tristes spectacles, devant un auditoire de désœuvrés qui en rit et s'en amuse. En Italie jusqu'aujourd'hui, que nous sachions, ces extravagances d'une science barbare n'ont pas encore eu lieu. Mais à Paris, si nous en croyons James qui les décrit avec une profonde indignation, elles sont devenues fréquentes et usuelles. Saint Paul accuse les infidèles de son temps, d'être *sans affection*, ce que nous expliquerons en disant *sans cœur*, et encore sans sentiment d'humanité, sans dignité, sans pudeur.

Résumons-nous. L'hypnotisme et son usage sont condamnés par l'éminent Venturoli dans tous les phénomènes transcendantaux de divination, de vision de choses cachées et éloignées, de clairvoyance, de réponses médicales données par des somnambules lucides, de vision au travers de corps opaques et choses semblables, parce que ces phénomènes, surpassant les forces de la nature, accusent l'intervention d'un agent préternaturel. Avec lui sont d'accord de sérieux écrivains, médecins et théologiens. Nous leur donnons cent fois raison. Les autres phénomènes, c'est-à-dire les élémentaires, peuvent s'expliquer, selon Venturoli, par les forces de la nature et partant, il n'est pas absolument illicite de s'en servir, pour des raisons graves et avec les précautions nécessaires. Pour nous, nous doutons même de ces faits élémentaires et nous persistons à les appeler *suspects*. Nous ne voudrions pas que le vulgaire en lisant les belles pages d'un docteur si autorisé, médecin et philosophe à la fois, y trouvât une occasion de faire un faux pas. On pourrait tenir, en effet, ce raisonnement grossier : si les phénomènes sont naturels, pourquoi ne pas s'en servir, à notre idée et à notre gré, pour guérir, pour s'amuser, pour se récréer, même dans les soirées et dans les collèges ? Ce serait aller contre les intentions de Venturoli : mais le vulgaire raisonne et déraisonne si souvent de la sorte !

Telle est notre opinion, tant que notre Mère la Sainte Eglise ne nous aura pas fourni d'autres lumières.

DEUXIÈME APPENDICE

PICKMAN ET LOMBROSO A TURIN

ou

L'Hypnotisme clairvoyant

I

THÉATRE DES FAITS

Vers le milieu de mars dernier, un nommé Pickman, tombé à Turin comme un bolide, dressait ses tréteaux au théâtre Scribe et, pendant dix à douze jours successifs, donnait au public des soirées d'autohypnotisme dit *clairvoyant*. Ce spectacle attira un concours immense de citoyens de toutes classes : on y vit surtout des personnages que leur position publique aurait dû en écarter. Ce grand événement était annoncé au peuple par d'innombrables affiches placardées aux coins des rues. Les journaux de la ville, comme autrefois les roseaux de Midas, répétaient chaque jour le nom de ce jongleur thaumaturge ; la *Gazetta Piemontese* était son chroniqueur en titre ; le professeur Lombroso était son paranymphe pour le présenter au public et son docteur choisi pour anatomiser dans son laboratoire les veines et le pouls de l'hypnotique par l'excellence, et expliquer par des oracles scientifiques les mystérieux phénomènes, à *l'ignorant vulgaire*, comme dirait Cellini.

C'est la seconde édition des parades charlatanesques de Donato, ou, si on veut, le second acte de la même comédie. Pickman est Belge comme Donato ; comme lui, il est apparu à Turin à l'improviste ; comme lui, il a ouvert sa boutique au théâtre Scribe ; comme lui, il a vu accourir le monde ; comme lui, il y a ramassé de l'argent. Il ne lui manque aucun trait de ressemblance, pas même celui de s'être rendu de Turin à Milan comme Donato, puis dans la capitale lombarde, puis malheureusement à Venise, où il a vu traîner dans la fange les lauriers dont les Turinois l'avaient couronné.

Or pourquoi les hâbleurs descendus des Alpes choisissent-ils Turin de préférence comme terrain pour y planter la vigne ? Ce ne sont certes pas des motifs géographiques qui ont déterminé Pickman, mais bien certaines autres raisons qu'il est intéressant pour notre sujet de rechercher. Turin était, entre cent autres, la ville qui aurait dû se montrer la moins empressée à ces spectacles. On y conservait encore très vif le souvenir de Donato, qui y laissa la coupable semence d'une épidémie hypnotique, nuisible à la santé et à l'hygiène, comme l'affirment les médecins, et, à leur tête, Lombroso. Quand y arriva Pickman, on entendait encore l'écho du fameux procès et de la condamnation de Filippa et de ses pythonisses somnambules, prononcée quelques jours auparavant. Le tribunal y déclarait que « la science actuelle « n'a nullement prouvé encore qu'une personne « dans l'état hypnotique puisse voir au travers des « corps. » Cela aurait dû suffire, semble-t-il, pour mettre en garde les bonnes gens et les empêcher de courir tête baissée au spectacle de l'hypnotiste clairvoyant. Mais quoi? dans la patrie de Gianduia, il suffit qu'on entende un petit roulement de tambour pour qu'on y coure voir. C'est ainsi que, peu de temps auparavant, on avait vu, toujours à Turin, rendre des honneurs publics, à n'en pas finir, à Jean-Baptiste Bottero. Quelques roulements de tambour avaient mis en branle la foule bruyante des admirateurs. Là se rencontrait l'aristocratie politique, municipale, judiciaire, administrative, financière, académique. On y vit courir ceux qui auraient dû le moins s'y trouver et qui le voulaient le moins; des gens qui, fouettés autrefois par le journal de Bottero, ne laissaient soupçonner à personne qu'on les trouverait là, baisant ses verges. Nous en connaissons qui y sont allés comme le serpent vers l'enchanteur, un peu par stupidité, un peu par curiosité, un peu par respect humain, un peu par peur de la secte régnante, et qui s'en retournèrent en se mordant les doigts et se disant: Ah! si je l'avais su plus tôt. Nous voudrions compter parmi ces derniers le syndic commandeur Melchior Voli, qui, certes, n'avait pas été élu par les conservateurs turinois au conseil municipal pour qu'il allât se confondre en salamalecs aux pieds de Bottero. Il pouvait y laisser aller les juifs, les francs-maçons, les anti-cléricaux, etc. Mais quoi? on voyait littéralement s'y empresser à l'envi des personnages haut placés, trois ministres en personne, un flot de sénateurs et de députés, etc., dont les noms remplissent plusieurs colonnes de la *Gazetta del popolo*. Le syndic ne sut pas arrêter cette fougue, et il fit queue au cortège. C'était naturel, mais les gens d'esprit et de cœur le désapprouvèrent. Nous savons que le sénateur Eula, dans le discours officiel (pour dire ainsi) où il expliqua la vraie idée de cette fête, prétendit n'y voir qu'une manière de féliciter Bottero pour ses quarante années de labeur dans la presse. Mais nous savons aussi que l'idée en fut mieux expliquée par le cadeau symbolique qu'on lui offrit et qui fut le clou de la fête. C'était une statue de bronze représentant la Presse en acte de fouler aux pieds la Religion. L'invention est d'une obscénité révoltante : une Vénus de carrefour, empruntée de la loge maçonnique (1) ou de la déesse Raison de Robespierre. L'orateur s'évertua à donner le change ; il prétendit que cet objet foulé aux pieds par la Presse est un chapeau de jésuite et par conséquent l'obscurantisme, le pharisaïsme, la superstition. Mais il ne trompa que qui voulut bien l'être ; il ne trompa même pas la *Gazetta del popolo*, qui, donnant la relation de la fête (30 déc. 1889), écrivait : « Comme « il était naturel, ayant à développer et à expri- « mer plastiquement l'œuvre du journaliste Bot- « tero, le sculpteur, comme Tabacchi, choisit le « thème le plus caractéristique de la vie du doyen « des journalistes italiens : l'anticléricalisme. » Tout le monde sait que, dans les initiations rituelles des maçons, il y a le 30e∴ ; celui de chevalier Kadosch, où l'on doit donner plusieurs coups de poignard à une tête ceinte du diadème royal et à une autre couronnée de la tiare papale. Les profanes comprennent clairement le sens de cette cérémonie, quoiqu'on dise aux badauds

---

(1) « Entre l'autel des serments et le trône et du côté du sud, sera une « colonne, sur laquelle parade la statue de la Vérité. Cette statue se repré- « sente sous la forme d'une femme nue. » Page 17, du *Guide des frères francs-maçons* dans les travaux du Grand Pontife, ou 19e degré du Rite Ecossais ancien et accepté, à l'usage des membres de la respectable L∴ M∴ Nationale, *La Sebezia*, à l'Or∴ de Naples. Naples, 1868, sans nom d'imprimeur ; mais probablement de l'éditeur Fibreno qui publia beaucoup d'autres rituels maçonniques vers la même époque.

qu'elle symbolise la haine à la tyrannie et à la fausse religion.

En somme, Bottero reçut des honneurs qui auraient été excessifs, même pour Dante ou Galilée ressuscités ; il les reçut parce qu'il était anticlérical, parce que sa plume, durant quarante ans, fit la guerre au clergé. Voilà des faits qui expliquent les succès merveilleux de Pickman à Turin. Donato et Bottero expliquent Pickman. Faisons-nous comprendre.

D'où vient qu'à Turin des faits de cette nature sont toujours assurés d'un si heureux succès ? Doit-on croire qu'au confluent de la Dora et du Pô, le sang italien coule plus mollement dans les veines ? que les curés au baptême sont plus avares de leur sel ? que les Turinois prennent plaisir à exciter la compassion des cent villes sœurs ? ou que la religion n'est plus rien à Turin, si bien que tout voyageur qui y passe, pour peu qu'il sente son anticlérical, y trouve la Cocagne, le beau pays de Bengodi ? Rien de tout cela, selon nous. Le ressort caché qui met tout en mouvement, sans se montrer, c'est le tambour, la fidélité au roulement du tambour. Et malheureusement, celle qui bat le tambour, c'est la Maçonnerie toute-puissante à Turin. Tandis que tous les Grands Orients ou les centres maçonniques autonomes de Florence, Milan, Naples, Palerme, etc., baissèrent pavillon devant le Grand Orient de Rome, Turin se débattit avec rage pour ne pas se laisser absorber et prétendit être le seul centre *régulier* et *légitime* d'Italie. Son très puissant grand Maître, le docteur Timoteo Riboli, ne s'est rendu que dans ces dernières années. La Maçonnerie à Turin, est, un peu comme partout, alliée étroitement à la Juiverie. Juifs et Maçons ont planté leurs griffes dans le Municipe de Turin, dans l'Université, dans les Œuvres de bienfaisance, dans la Finance, dans l'Industrie, dans le Journalisme. Aussi, quiconque propose des manifestations préjudiciables à la religion ou à la morale, est sûr d'éveiller les tambours en sa faveur : le peuple se met en file et *marche*... Les gens de toute condition accourent sans défiance, sans renier en rien leurs principes, sans s'apercevoir que ce spectacle fait de leur religion une vraie salade, un mélange déraisonnable, une fricassée indigeste de bien et de mal. Après-demain, ce sera le Jeudi-Saint ; et le peuple, sans avoir besoin de tambour, suivant simplement ses habitudes religieuses, et avec une sincère piété, remplira les rues; on verra les dames en habits de deuil, l'office divin à la main, faisant leur pèlerinage aux *monuments*.

L'action du tambour nous apparaîtra clairement dans les faits suivants.

II

LE PRESTIDIGITATEUR

Qu'y avait-il à voir au théâtre Scribe ? un bouffon qui paraissait lire les pensées d'autrui, sans aucun signe extérieur qui les manifestât. Voilà quel était le genre du spectacle, agrémenté de divers tours, mais toujours le même dans sa substance. Spectacle effrayant, s'il était vrai qu'un homme peut, au moyen de l'hypnose, pénétrer dans la conscience d'autrui ; farce de bateleur ambulant, si le fait n'est pas réel. Mais n'anticipons pas notre opinion sur le phénomène. Ecoutons d'abord de sang-froid le récit qu'en fait la *Gazetta Piemontese*

(11 et 12 mars 1890), laquelle a toujours été le héraut et le confident de Pickman ; écoutons les détails qu'y ajoute Lombroso, après l'avoir étudié avec un soin digne d'une meilleure cause. En citant leurs propres paroles, nous dissiperons tout soupçon d'avoir accommodé les faits de façon à y trouver ensuite place pour nos observations. Au reste, ce ne sont pas seulement le susdit journal et César Lombroso qui nous les racontent ainsi, mais encore d'autres témoins oculaires et dignes de foi.

« Pickman, avant de se présenter au public tu-
« rinois, voulut faire quelques expériences devant
« une assemblée de personnes des plus sérieuses
« et des plus instruites de la ville. La séance
« extraordinaire a eu lieu hier soir au foyer du
« théâtre Scribe.

« La salle regorgeait de monde. Il y avait bien
« cent à cent cinquante personnes. On y voyait
« des personnages des classes les plus élevées,
« représentant les conseils administratifs, le
« barreau, la science, la médecine, l'armée et la
« presse. L'Université y comptait Naccari, d'Ovi-
« dio, Lombroso, Mattirolo, Cognetti, de Martiis,
« Fileti, Giacosa, d'Ercole, Carle, Bozzolo, Ferro-
« glio, Fusinato, Spanna, Castellari, Brusa, Nani,
« Garelli della Morea, Graf, etc. On distinguait
« les commandeurs Corsi, Gamba, Berruti, et
« d'autres nombreux personnages de marque.

« Pickman se présenta à ce public qui four-
« nissait, comme on voit, toutes les garanties
« les plus sérieuses. C'est un homme d'une
« quarantaine d'années, aux cheveux blond-
« fauve, aux yeux bleus ; barbe à la nazaréenne,
« taille moyenne et svelte. Il est natif de Liège.
« Il parle le français d'une voix peu élevée. Il se
« présente bien et son attitude n'a rien d'affecté.

« C'est un névropathe, un hystérique : il le dé-
« clare. Il est resté un certain temps dans une
« maison de santé avec la camisole de force ; et
« aujourd'hui encore, il lui arrive de tomber dans
« des attaques de nerfs de forme épileptique.

« Ce n'est donc pas un homme normal. Il subit
« la suggestion d'autrui avec la plus grande faci-
« lité et se trouve continuellement à l'état névro-
« pathique. Il lui suffit de prendre la main d'une
« personne et de la porter à ses tempes, pour en
« deviner clairement la pensée. Les expériences
« d'autohypnotisme sont faites au son d'une ci-
« thare allemande. On sait que la musique est un
« coefficient favorable pour produire l'état som-
« nambulique chez les personnes névropathes.

« Ce que fait Pickman dans l'état hypnotique
« est simplement merveilleux : il faut le voir pour
« le croire. Même après l'avoir vu, on reste
« comme stupéfié. On se perd dans l'océan des
« inductions et des problèmes les plus extraordi-
« naires relatifs aux phénomènes d'hypnotisme, à
« la double conscience, à la clairvoyance, à la
« suggestion, à la transmission de la pensée, etc.,
« etc.

« Lombroso ne s'étonne pas, comme les pro-
« fanes, de tous ces phénomènes. Il explique la
« transmission de la pensée par le moyen de la
« suggestion, comme un phénomène naturel,
« simplement mécanique. Avec sa théorie, on en
« revient au matérialisme. Nous ne voyons pas
« comment on puisse expliquer la manière dont
« cette transmission s'opère. Pickman lui-même
« n'en donne aucune explication ; il dit que son
« système nerveux est très sensible et qu'il le
« rend plus sensible encore par l'usage de certains
« excitants. «

Telle est la relation de la *Gazetta*. Le docteur

Lombroso a eu la fantaisie de nous décrire plus minutieusement la personne physique et morale de Pickman dans la *Gazetta letteraria* de Turin, 22 mars. Il remplit trois colonnes des observations que Pickman lui laissa faire sur soi avec le thermomètre, le sphygmomètre, le dynamomètre, le pléthysmographe et tous les instruments de précision dont s'arme la science moderne pour scruter les dispositions physiques et de l'organisme humain. Souvent ils servent également à broder avec de grands mots de nécromancie certaines diagnoses de saltimbanques. C'est comme une résurrection des *diapopuleon*, des *diatriontonpipereon* dont les esculapes du siècle passé ornaient leurs recettes. Pour résumer le tout en peu de mots, le pauvre Pickman commença par le métier d'hercule de foire, puis il se fit jongleur au service de l'hypnotiste Donato. Dans les expériences hypnotiques, il s'aperçut de sa nouvelle faculté de lire les pensées d'autrui ; il s'adonna à ce nouveau truc et devint chef de boutique et même fou furieux au point de devoir endosser la camisole de force. Deux ans après, il était devenu plus sage : il se maria ; aujourd'hui, il a un petit garçon qui marche déjà sur les traces de son père. De ses aventures passées il lui reste comme conséquence une sensibilité extrême, un état nerveux, épileptique, névropathique et *hystérique*, comme le dit Lombroso, par une triste catachrèse ; il est souvent sans mémoire, parfois mélancolique à l'excès ou joyeux hors de mesure, toujours porté à la religiosité. Dans l'exercice de sa profession, il est assoupi et comme inconscient de ses actes, à l'instar d'un somnambule. Lombroso jure *pro aris et focis* que, pour deviner, Pickman s'hypnotise lui-même. Pickman le nie expressément, dans une lettre publiée à Turin par la *Gazetta Piemontese*, déclarant que toute sa puissance réside dans une simple mais énergique exaltation nerveuse. Mais les phénomènes qui accompagnent son action, donnent, à notre avis, pleinement raison au docteur. Il n'est pas toujours nécessaire en effet que l'hypnose se manifeste avec tous les symptômes qu'elle peut avoir, ni qu'elle détruise absolument le raisonnement et le libre arbitre chez l'hypnotisé (1).

En voilà assez en fait de renseignements sur le magicien, comme dit la *Gazetta Piemontese*; venons-en à la magie, c'est-à-dire à ses opérations merveilleuses. Que le lecteur cependant n'oublie pas de remarquer combien il est vrai que le bruit excité par Pickman et tout le concours de ses spectateurs a été préparé et facilité avec beaucoup d'art par cette première assemblée. Cent à cent cinquante ont été les privilégiés, invités gratuitement; cent à cent cinquante tambours, ou si on, veut changer de métaphore, autant de trompettes, préparées à sonner dans la ville et à rassembler le peuple.

III

LES PRESTIGES

Nous les rapporterons fidèlement en citant les propres paroles de leurs admirateurs pour la raison que nous avons dite un peu plus haut.

« Venons-en aux expériences d'hier soir. Ainsi

---

(1) Franco. *L'Hypnotisme revenu à la mode*, ch. IV, § I. Voir aussi au ch. I, (III, le cas d'un médecin évidemment magnétisé et réduit malgré lui à une impuissance absolue de se mouvoir, et pourtant pleinement conscient de lui-même et raisonnant.

« s'exprime la *Gazetta* déjà citée, en parlant de la
« première séance d'essai, accordée aux futurs
« porte-voix des merveilles préparées au public.

« La séance commença par quelques tours pres-
« tigieux d'une simplicité mais aussi d'une beauté
« merveilleuse. Pickman sait vous dire la carte
« que vous avez pensée, sans s'aider d'aucun moyen
« mécanique ; du moins apparemment. Après ces
« tours, on passa aux expériences hypnotiques
« proprement dites.

« Pickman prit par la main le professeur Guido
« Fusinato et lui dit de lui ordonner mentalement
« de faire telle action. Dans l'entre-temps, on vit
« Pickman tomber dans l'état hypnotique ; puis
« courir, tenant toujours par la main Fusinato,
« vers un Monsieur assis de l'autre côté de la
« salle et lui frapper cinq petits coups sur la tête.

« C'était ce que le prof. Fusinato avait pensé
« de faire exécuter !

« L'hypnotisé frappant les coups sur la tête du
« Monsieur, arrivé au troisième, eut un instant
« d'hésitation, ensuite frappa également les deux
« autres. Fusinato dit que, précisément au troi-
« sième coup, sa pensée subit un moment d'hési-
« tation. Il lui paraissait le voir trop souffrir et il
« aurait voulu abréger l'expérience, puis, par la
« pensée, il insista sur le nombre cinq.

« Après cette expérience, le capitaine-médecin
« Ferrero de Cavallerleone et un jeune sous-
« lieutenant d'artillerie se retirèrent dans une
« salle contiguë.

« Là le sous-lieutenant écrivait sur une feuille
« de papier que, après avoir tracé sur le parquet
« une ligne à la craie, Pickman devait la suivre et
« à un certain point s'arrêter devant lui, s'age-
« nouiller, lui prendre de la main son bonnet et
« lui faire le salut militaire. Le billet fut plié et

« mis dans la capote du capitaine. Alors celui-ci
« se mit en communication avec Pickman qui
« exécuta exactement ce que le sous-lieutenant et
« le docteur Ferrero avaient pensé et écrit.

« Notez que, durant les expériences, Pickman
« a toujours les yeux rigoureusement bandés avec
« du coton et de nombreux mouchoirs. Hier soir
« assistèrent au bandage les invités eux-mêmes,
« entre autres Lombroso. Tout subterfuge était
« donc impossible.

« Avec M. Pictet de Fernex, Pickman fit cette
« autre expérience. De Fernex se rendit dans une
« autre salle, écrivit un nombre de plusieurs
« chiffres, mit le papier dans la caisse d'une hor-
« loge et, bien enveloppé dans sa pelisse, il ren-
« tra dans la pièce. Mis en communication avec
« lui, Pickman reproduisit sur une ardoise le
« nombre écrit et caché.

« En voici une autre avec le doct. Rodina.
« Pickman fut conduit hors de la salle. Il avait
« été convenu que quelqu'un prendrait un cou-
« teau parmi plusieurs autres, qu'il en frapperait
« une personne, qu'il lui prendrait un objet et
« irait le cacher; après cela, il replacerait le cou-
« teau au milieu des autres, en y laissant un petit
« signe à peine perceptible. Pickman rentré, se
« mit en contact avec Rodina, et, les yeux bandés,
« trouva le couteau, trouva la personne qui avait
« simulé le coup, la personne frappée (le docteur
« Bozzolo), l'endroit précis de la blessure, le lieu
« où avaient été placés les objets volés.

« C'est ce qu'on appela l'expérience de l'assassi-
« nat.

« Voici la dernière. Un Monsieur mis en con-
« tact avec Pickman, pensa que celui-ci devait
« aller prendre les lunettes du docteur Gancia et
« les mettre sur le nez du docteur Bozzolo. Le

« magicien, toujours les yeux bandés, exécuta le
« commandement avec une obéissance et une
« exactitude merveilleuses.

« Pendant le sommeil, Pickman a des moments
« de titubation. On dirait qu'il ne discerne pas
« bien l'objet qu'il cherche. Alors, il recourt à
« ceux dont il reçoit la suggestion ; il leur prend
« la main et la porte à ses tempes. Pickman nous
« disait hier soir que, après ces expériences, il est
« dans un état de prostration, il souffre ; il a des
« explosions de pleurs qui toutefois le soulagent.
« Il dit qu'il éprouve des plaisirs et des joies que
« les autres ne connaissent pas.

« Nous ne parlons pas des applaudissements et
« des commentaires. Au sortir du théâtre Scribe,
« tout le monde se pressait autour de Lombroso
« pour savoir ce que lui-même en pensait. Lom-
« broso pense que Pickman est un vrai névro-
« pathe qui subit la suggestion hypnotique, sans
« apporter la moindre fourberie à ce qu'il fait.

« Le public turinois peut maintenant aller voir
« de ses propres yeux. La première séance pu-
« blique au théâtre Scribe aura lieu demain soir. »

Tel est le compte rendu de la *Gazetta*. Après cette première scène, dite d'essai, on pourrait baisser le rideau sur tous les spectacles des soirées suivantes. Ils ne sont que la reproduction de la première ; l'échantillon vaut la pièce entière. Cependant glanons encore. Dans une des séances subséquentes, Pickman hésite, il ne voit pas clairement la pensée qu'il devrait deviner, il dit sentir une force inconnue qui l'empêche de comprendre l'ordre mental qu'il reçoit. L'opéré avoue en effet qu'il ordonnait bien, mais avec une grande défiance. Or, Pickman exige des ordres sûrs, déterminés, énergiques. Il éprouva encore une autre fois un semblable mécompte. Mais toujours, quand il avait obtenu le commandement de la manière requise, il finissait par le deviner. Dans le laboratoire du doct. Lombroso, il fit d'autres essais de divination fort heureux, comme le rapporte le docteur lui-même (*Gazetta Letteraria*, n° cité), mais que le prestidigitateur ne reproduisit pas en public, parce que le résultat en était incertain : il avait échoué quatre fois sur dix.

Il faut remarquer l'importante observation de Lombroso sur les limites étroites du champ de vision laissé à Pickman.

« Excité par le jeûne et de très fortes doses
« de café, ainsi que par les applaudissements qui
« accueillent ses vulgaires tours de prestidigitation,
« il peut se mettre en communication avec le
« premier venu (à moins que celui-ci n'éprouve
« pour lui une grande antipathie ou une grande
« défiance). On peut alors lui commander, mais
« en le pensant avec beaucoup d'énergie ; et, notez
« bien, toujours en français et pas autrement, quel-
« ques séries d'actes circonscrites, comme de de-
« viner certains nombres, certaines paroles, de
« parcourir les yeux fermés un tracé très compli-
« qué, d'accomplir certains actes sur telles per-
« sonnes : comme de leur donner autant de coups
« sur la tête, de leur mettre des lunettes sur le
« nez et surtout de deviner qui a assassiné tel spec-
« tateur, quel est le couteau choisi parmi douze
« autres semblables, qui a donné le coup, quel
« est l'endroit frappé, quel est le lieu où on a
« enseveli en cachette le cadavre imaginaire et ses
« vêtements ; et tout cela, avec les yeux bandés,
« les oreilles bouchées, et, tandis que des per-
« sonnes à l'abri de tout soupçon prennent les pré-
« cautions les plus rigoureuses pour empêcher
« la supercherie. »

« Sa lucidité est certaine. Mais elle paraîtra

« moins merveilleuse si on réfléchit qu'elle tourne
« toujours dans un cercle restreint et égal de
« faits qui se répètent : deviner un tracé fait par
« le suggestionneur, un groupe de nombres ou de
« lettres, une carte choisie, une scène d'assassinat ;
« rarement (comme dans le laboratoire de Bern-
« heim), reproduire le dessin d'un parc tracé par
« un autre ; ajoutons que souvent il recourt à des
« pressions et à des contacts répétés sur la main
« de son cornac, ce qui peut l'aider dans sa lec-
« ture avec la perception de ses mutations vaso-
« motrices, et qu'il a besoin qu'on pense en fran-
« çais et avec une grande intensité. »

Ainsi parle le docteur Cesare Lombroso. Pour nous, pesant ses expressions et le récit de la *Gazetta piemontese*, conformes tous deux aux dépositions communes des témoins oculaires recueillies à Turin, nous concluons que le grand événement qui a ému cette populeuse cité et d'autres encore, réduit à ses véritables termes, peut se résumer ainsi : Un charlatan névropathe, sous l'influence de l'hypnose initiale ou avancée, devine parfois quelque idée des assistants ou quelqu'un de leurs actes cachés (l'assassinat, un tracé marqué, un nombre écrit, etc.), idée ou acte qui se limitent dans un cercle restreint d'objets. Nous disons *parfois*, parce que les relations publiques attestent que parfois il se brouillait et n'arrivait pas à comprendre nettement l'idée d'autrui ; et Lombroso affirme que certaines expériences accomplies dans son laboratoire privé, Pickman n'osa pas les répéter sur le théâtre, parce qu'elles échouèrent quatre fois sur dix. De plus, le fameux Luigi Stefanoni lui ayant offert trois mille francs, s'il était capable de lire un nombre de cinq chiffres enfermé dans une enveloppe, il accepta d'abord, puis se rétracta, comme le raconte l'*Unità Cattolica* d'après le *Corriere della Sera*, dans son numéro du 12 avril 1890 ; Stefanoni lui-même le raconte plus en détail dans une lettre à la *Tribuna*, de Rome, le 15 avril.

Or, un phénomène si minime, si vulgaire, a éveillé en beaucoup, en même temps que l'étonnement, le vif désir de connaître le moyen par où le prestidigitateur arrivait à découvrir l'intérieur des spectateurs et leurs actes. Nous croyons facile et sûre la solution du problème. Toutefois arrêtons-nous d'abord à examiner quelques solutions données par d'autres : elles nous paraissent mépriser les notions les plus élémentaires de l'histoire et de la philosophie et même contredire les principes des sciences physiques, y compris expressément la physiologie et la médecine.

IV

ECLAIRCISSEMENTS GÉNÉRAUX SUR LES FAITS DE PICKMAN

La divination des pensées ou des actes d'autrui, attribuée à Pickman, avant tout, nous ne la croyons pas trop bien prouvée. Nous voyons du louche dans ses bronchades et ses tâtonnements, pressant et pressant encore la main du client dont il devrait voir clairement l'intérieur. Notre soupçon augmente quand nous le voyons réussir parfois et parfois échouer. Et ce qui nous fait encore craindre davantage, c'est son hésitation après avoir accepté le défi de Stefanoni : nous croyons y remarquer le peu de confiance que met Pickman lui-même dans sa propre vertu divinatoire. Et s'il ne se croit pas entièrement lui même, pourquoi devrions-nous le croire ? Ce qui motive encore notre doute, ce sont les limites restreintes de son champ de vision : cela fait naturellement penser à une entente préalable et au concours de quelque compère, comme le remarque très bien Stefanoni, qui se montre aussi raisonnable dans la lettre susdite qu'il était déraisonnable dans ses attaques injurieuses contre la Divinité, en d'autres écrits précédents. Partant, nous n'oserions affirmer, avec la même assurance que l'illustre docteur Cesare Lombroso : « que dans ce que fait Pickman il n'y « a pas l'ombre de tromperie. »

Quoi qu'il en soit, en supposant vraie et réelle la divination, circonscrite dans les limites que nous avons vues, nous commençons par nous étonner de l'ébahissement des gens du peuple et des gens instruits, en présence de ces faits. Il n'y a là aucun phénomène nouveau, ni rare, mais renouvelé cent mille fois dans tous les temps. Dans les séances hypnotiques et magnétiques modernes et dans les assemblées spirites, la divination de la pensée est du pain quotidien. Les fakirs mahométans, les brahmanes hindous, les sorciers chinois, les féticheurs nègres, au rapport des missionnaires, font un métier de ces divinations. En remontant dans le passé et nous bornant à la seule Europe, nous en trouvons d'innombrables exemples dans les assemblées des Mesméristes, soit au commencement de ce siècle, soit sur la fin du siècle passé. Vers 1738 et dans les dix années suivantes, les Convulsionnaires jansénistes en offrent d'autres, et de même les Camisards calvinistes vers 1709. En tout temps, les énergumènes ont compris les commandements internes des exorcistes, et souvent aussi ils ont découvert les actions cachées des assistants. A ce propos, nous nous rappelons que, il y a quelques années, dans une ville d'Italie, on exorcisait une malheureuse pos sédée. On vit accourir un zélé délégué pour examiner avec sa sagesse cette superstition et y mettre fin avec son autorité. Mais la possédée (femme grossière et idiote) se mit à lui rappeler certains petits faits de sa vie, tout à fait intimes et secrets, et à le faire rougir malgré lui, de façon qu'il ne savait plus par où s'enfuir pour échapper à la honte. Il ne recommença jamais plus l'expérience. On pourrait ajouter aux cas susdits les théories de l'école néoplatonique d'Alexandrie, illustrée par des philosophes fameux, et les réponses des oracles, si célèbres dans les histoires. Il faut avouer que ce fatras de divinations est souvent accompagné d'un fatras de charlataneries, de fraudes, de supercheries, de tours d'adresse. Mais les savants conviennent et doivent convenir qu'en passant les faits au crible d'une bonne critique et en rejetant ceux qui sont faux ou douteux, il faut cependant en admettre beaucoup de réels et d'indubitables, historiquement démontrés. En somme, les annales de l'humanité, en commençant par les temps les plus reculés, jusqu'aux modernes magnétisés lucides, hypnotistes clairvoyants, médiums spirites, liseurs de pensées (*leggipensieri*, *gedenk-leser*), rapportent des cas de divination, soit de pensées, soit de faits occultes. Aucun pays, aucune époque n'a manqué de ses Hansen, Donato, Camazon, Zanardelli, Dax, Cumberland, Verbeck, Bischoff, Pickman et leur compagnie, tantôt dévote, tantôt théâtrale.

Mais il y a une grande différence entre les contemporains des Pickman anciens et les contemporains des Pickman modernes. Les premiers expliquaient les divinations en les attribuant à une révélation divine ou du moins à une influence préternaturelle d'un agent supérieur de l'autre monde, tandis que, au cours du dernier siècle, beaucoup se sont évertués à les expliquer d'une façon naturelle. A notre avis, les anciens ont montré là cent fois plus de sens que les modernes, une intelligence beaucoup plus métaphysique de l'âme humaine et une connaissance plus profonde des forces de la nature. Nous le démontrerons au chapitre suivant. En attendant, voyons l'inanité des efforts tentés par les modernes.

La clairvoyance, autrement dite lucidité, de certains mesmérisés (et on peut en dire autant de la race semblable des spirites, des hypnotiques, des liseurs de pensées), est certainement un phénomène qui, à première vue, se présente comme extraordinaire et fait penser à une cause en dehors des forces humaines, à une intervention préternaturelle. Jusque vers la fin du dernier siècle, les savants examinant les faits de divinations, soit de pensées, soit d'actions, les résolvaient unanimement, ou bien en niant la réalité du cas proposé comme insuffisamment prouvé, ou bien en avouant une intervention hors de la nature, c'est-à-dire divine ou diabolique.

Mesmer, avec ses disciples et partisans, s'entêtèrent à trouver aux divinations et aux autres phénomènes mesmériques une cause naturelle. Leur cerveau se mit en frais et trouva plusieurs douzaines d'agents, jusqu'alors inconnus dans l'histoire et la science. On recourut au fluide magnétique, au fluide zoomagnétique, au fluide nerveux, au fluide vital, à la chaleur animale, à l'éther ou fluide éthéré, à la force nerveuse transmissible, au fluide odique et spirodique, à la réverbération des idées, au privilège adamique et à je ne sais combien d'autres engins pour supplanter l'intervention communément admise d'esprits de l'autre monde. Même de nos jours, l'invention n'est pas passée de mode. Baréty a imaginé le fluide neurique rayonnant, James le fluide hystérique, Bérillon a ressuscité la dualité du cerveau déjà inventé par l'Anglais Grégory (1).

Mais toutes ces inventions sont contredites inexorablement par le sens commun des médecins modernes, surtout parce qu'il y a beaucoup de cas d'autohypnotisme où il est impossible de reconnaître un fluide transmis du magnétisant au magnétisé, attendu que le magnétisant fait totalement défaut quand le sujet se magnétise ou s'hypnotise lui-même.

Alors, qu'est-ce qu'on insinue ? On veut faire accepter, les yeux fermés, les plus ineptes explications, avaler les absurdités les plus extravagantes, les plus ridicules, les plus monstrueuses pourvu qu'on ne recoure pas à une intervention spirituelle ni de ce monde, ni de l'autre. On va jusqu'à nier l'existence de Dieu, la spiritualité de l'âme, le libre arbitre, la nature des esprits. Il faut voir les inventions des savants de l'école matérialiste, panthéiste ou positiviste, pour se faire une idée des gymnastiques académiques, par lesquelles ils cherchent, comme des hercules forains, à maintenir en équilibre leurs insensées théories, sans aucune base solide empruntée aux sciences naturelles et contredites par leurs collègues dans l'art d'inventer. Nous avons donné un aperçu des principales inventions de ce genre et nous les avons réfutées brièvement (2). Mais pour nous borner à notre sujet et au cas présent, écoutons seulement Pickman et son aide de camp, le docteur Lombroso.

(1) Cf. Franco. *L'Hypnotisme revenu à la mode*, ch. III, II.
(2) Franco, *ib.*, ch. V, § I.

V

EXPLICATIONS ERRONÉES DE PICKMAN ET DE LOMBROSO

Pickman, dans une lettre en date du 12 mars à la *Gazetta Piemontese* (*Gaz. Piem.*, 13-14 mars), dit : « Je dois..... déclarer que je n'agis sous au-
« cune influence hypnotique et que je ne suis
« nullement hypnotisé. » Il affirme qu'il possède « toujours toute sa conscience et la faculté de « raisonner. » Et il conclut : « Toute la solution « du problème ne peut consister que dans mon « système nerveux excessivement exalté et qui, « à un moment donné, comprend les ordres de « celui qui me commande mentalement. » Or, cette explication revient à celle-ci : Je lis la pensée, parce que je la lis. De fait, l'excitation nerveuse n'ajoute rien à la vigueur de l'esprit et, si elle ajoute quelque chose en disposant les organes qui servent au travail intellectuel de l'esprit, à agir avec plus de promptitude et d'énergie, elle reste cependant un phénomène subjectif dans le voyant, elle n'éclaire nullement l'objet visible ; elle ne communique au voyant aucune image, aucune idée, aucune connaissance de ce qui se passe dans l'esprit d'autrui. Donc elle n'explique pas comment la notion d'un objet passe d'une tête à l'autre. C'est ce passage qu'il faut nécessairement démontrer, si on veut expliquer quelque chose : autrement le fait reste complètement obscur, le problème n'est pas résolu, il n'est pas même effleuré, pas même touché. Cela ne vaut pas la peine de nous arrêter plus longtemps à cet enfantillage. Lombroso a bien compris la néces-

sité d'assigner un moyen ou un instrument à la divination ; il s'est efforcé lui aussi de donner son explication du phénomène.

Lombroso, dans la *Gazetta letteraria*, citée plus haut, revient aux théories déjà exposées par lui dans ses livres et réfutées par nous (1), en leur temps. En général, on peut dire qu'il ne fait que rééditer la fable de l'onde *dynamique* imaginée par Huxley, fable devenue à la mode par désespoir de rien trouver de mieux. Il suppose que l'hypnotisé (mettons un Pickman quelconque) est pris par la main par un tel qui pense (supposons un Fusinato), et est invité à deviner sa pensée. Fusinato conçoit alors fortement son ordre et Pickman aiguise le nerf de son intelligence pour le découvrir. Quel est le pont par où passera l'idée de l'esprit de Fusinato à celui de Pickman ? Le docteur Lombroso se recueille en lui-même et prononce cet oracle : Le pont par où passe l'idée, c'est un mouvement que Pickman remarque et sent dans Fusinato. Car vous devez savoir que l'idée qui s'agite dans l'esprit de Fusinato, n'est pas un acte simple et spirituel de l'âme, mais bien un mouvement mécanique de la matière ou, si on veut, de la cellule pensante. Ce mouvement primitif ébranle naturellement l'air ambiant et y produit une onde vibrante, l'onde dynamique. L'onde se propage et se répand dans tout l'organisme et au dehors, comme une onde lumineuse ou une onde sonore. Il est clair que, si on applique sa main sur la main du penseur ou sur sa nuque, et qu'on ait le sens tactile très développé, on sentira l'impulsion de l'onde qui arrive à la peau

---

(1) Et même, si nous ne nous trompons, Lombroso dans sa *Réponse aux objections* (p. 99), semble viser celle que nous tirions de l'obstacle opposé à l'onde dynamique par l'épaisseur de l'os crânien. Mais il ne reproduit pas l'objection complètement. Voir Franco, *L'Hypnotisme, etc.* (endroit cité).

et avec l'onde la pensée qui lui donne origine ; et voilà comment Pickman est informé de l'idée de Fusinato !

Pas plus malin que ça! dirait un Français. Il est vrai que cette marche d'une idée passant d'une tête à l'autre par un moyen mécanique, nous l'avons réduite à sa plus simple expression, aux termes les plus stricts, mais c'est bien là ce que nous sert Lombroso, flanqué de nomenclatures techniques et embelli d'ornements oratoires qui n'ajoutent rien au poids de son argumentation. Il insiste sur les monstrueuses formules matérialistes. « Que la pensée est un phénomène de « mouvement, l'effet d'une vibration des molé-« cules des cellules nerveuses corticales. » De plus : « Ces faits (les transmissions de pensées) « attestent qu'il se produit dans le procédé « d'idéation, dans la cellule corticale qui pense « un mouvement parfaitement analogue à celui « qui se produit, en de semblables circonstances, « dans l'expansion rétinienne ou acoustique. » Il prétend également que la suggestion hypnotique produit dans le sujet une espèce de *polarisation psychique*, par laquelle Pickman se tourne mentalement vers la pensée du suggestionneur. Il s'égare ensuite à nous raconter beaucoup de cas de transmission de pensées, chose connue, hors de la question, et qui ne prouve rien ; puis il revient à l'unique vraie tentative d'explication qu'il avoue n'être pas toujours applicable aux faits de Pickman. La voici telle que nous l'extrayons de ses paroles : « Quand on a suivi de près « Pickman, on a pu remarquer combien rarement « il jouissait d'une lucidité suffisante pour lire « dans la pensée, à une courte distance. La plupart « du temps, il avait besoin de toucher la main du « suggestionneur, et même de la presser fortement

« et à plusieurs reprises contre sa joue et contre
« sa nuque, comme pour y faciliter le passage de
« ses vibrations psychiques. »

Examinons à notre tour cette prétendue explication des faits de Pickman et voyons combien elle est contraire à la philosophie naturelle et à la physique connue. À un philosophe chrétien, nous ferions remarquer que toute cette explication croule, parce que la base en est impie, hérétique, blasphématoire ; au docteur Lombroso, israélite, disons seulement qu'elle est absurde. Elle est absurde parce que, si la pensée se réduisait à un mouvement mécanique, ce serait un mouvement rectiligne, ou curviligne, ou rotatoire, ou vermiculaire, ou lent, ou accéléré, ou quelque chose de semblable. Or, aucun mouvement concevable n'est proprement une image et surtout ne peut être une pensée abstraite, universelle, telle que l'homme en forme souvent en pensant à la beauté, à l'ordre, à la vertu, au bien, au mal. Nous ne pouvons ici, et ce n'est d'ailleurs pas le lieu, nous enfoncer dans une démonstration complète de l'immatérialité de la pensée. Mais que Lombroso veuille bien l'observer : sa définition le mènerait directement à reconnaître qu'une montre parfaitement organisée pourrait penser et à admettre comme vraie cette thèse absurde et ridicule, défendue il y a peu d'années dans une académie de France: « Il n'est pas démontré qu'une locomotive n'a pas conscience du service qu'elle rend au chemin de fer. »

Lombroso affirme qu'en admettant sa définition de la pensée mécanique, on supprime la difficulté qu'il y aurait à admettre la transmission de la pensée d'âme à âme, sans signes extérieurs, par simple mouvement imprimé. Certes, de l'absurde naît l'absurde. Mais dans notre cas, de la première absurdité ne naît pas la seconde, comme il le voudrait. En admettant toutes les cellules corticales, qui vibrent dans Fusinato, il ne s'en suit pas que Pickman connaisse sa pensée rien qu'en touchant sa peau. Nous voulons bien concéder tout ce que Lombroso prétend sans le prouver : c'est-à-dire que la pensée produise dans le pensant une contraction musculaire, de légers mouvements dans le larynx, une respiration accélérée, une altération du calorique, un développement d'électricité, etc., et que tout cela se manifeste par une impression à la périphérie ou superficie du corps humain. Malgré tout cela, cette impression est si faible, que personne ne peut la sentir. Que nos lecteurs essayent de découvrir des mouvements semblables en d'autres personnes, qu'ils essaient mille fois, et, hormis le cas d'une forte fièvre ou d'une altération puissante produite par une violente passion, ils ne surprendront jamais aucune variation sur la peau d'autrui, aucun flux ni reflux de l'irrigation cérébrale, comme l'affirme Lombroso. De semblables mouvements sur la peau, s'ils existent, seraient presque comparables à des mouvements infinitésimaux, physiquement égaux à zéro et, par conséquent, imperceptibles pour la main la plus délicate au toucher. Pour parler du cas présent, Pickman a du reste, la faculté tactile imparfaite, comme dit Lombroso ; Pickman lui-même le confirme aux journalistes de Rome.

Mais allons, soyons généreux, et, pour faire plaisir à Monsieur Lombroso, supposons que les mouvements de Fusinato soient perceptibles et que la main de Pickman, à raison de l'hypnose, devienne hyperesthétique et aussi sensible qu'un pléthysmographe du docteur Mosso : supposons qu'elle puisse sentir l'onde dynamique qui se fait jour et vient heurter la périphérie de son corps. Comment Lombroso expliquera-t-il les cas *foudroyants* (c'est son expression) de divination de la pensée, alors que Pickman ne touchait ni Fusinato, ni aucun autre ? Comment explique-t-il les divinations à distance et à des distances énormes, dont il rapporte tant d'exemples? Dans ces cas, l'onde dynamique ne se sent d'aucune façon. Pour se faire sentir, la pauvre onde devrait accroître immensément son amplitude et par conséquent diminuer d'intensité (comme l'enseigne la physiomathématique) en raison des carrés ; ainsi affaiblie, elle devrait voyager jusqu'à ce qu'elle trouvât son lointain sujet, Pickman ou un autre ; l'ayant trouvé, elle devrait pénétrer sous sa peau et de la peau monter au *pensoir* ou à la cellule pensante pour y faire sentir la secousse du mouvement mécanique né au loin dans la cellule pensante du penseur. Ces belles théories doivent s'avaler les yeux fermés, si nous voulons suivre Lombroso qui nous les sert. Elles découlent en droite ligne comme conclusion logique de ses prémisses et sont absolument nécessaires pour expliquer le phénomène dans l'hypotèse matérialiste ; mais en même temps elles sont physiquement absurdes.

Il a beau recourir à la polarisation psychique de Pickman qui se dirige, comme vers son pôle, vers l'âme de Fusinato pour s'aboucher avec elle: tant que cet abouchement n'arrive pas, tant que ne s'effectue pas le passage de l'idée de la cellule pensante de Fusinato à la cellule de Pickman ; l'attente ou la polarisation la plus énergique de celui-ci reste sans effet, la pensée ne se devine pas. Sans compter que ledit Pickman devrait déjà connaître la pensée dudit Fusinato, pour s'y appliquer comme l'aimant tourne vers son pôle, sans quoi ce serait une polarisation sans pôle fixe, un aimant toujours oscillant. En un mot, l'absurde entre de toutes parts. On dirait presque que Lombroso en est persuadé lui-même. Supposons que tous ses admirateurs se rassemblent sur la place Castello et se polarisent psychiquement vers lui, tandis qu'il se tiendrait debout sur le balcon du palais Madame ; supposons qu'ils veuillent tirer de lui l'explication secrète des faits hypnotiques en lisant dans sa pensée, nous sommes sûrs qu'il leur ferait un beau pied de nez et qu'il leur dirait comme à autant de ramollis: Si vous voulez connaître le tic-tac de ma cellule pensante, lisez la *Gazette littéraire*. Et ainsi il reconnaîtrait la nécessité des signes externes pour faire passer la pensée d'une âme humaine à une autre. Nous regrettons beaucoup de ne pouvoir admettre la polarisation psychique comme véhicule de la pensée. Déjà, supposer un *psycho...* est ridicule quand on nie la spiritualité de l'âme : ce *psycho...* ne serait qu'un ressort de montre. De toute façon, la polarisation serait chose fort commode à beaucoup de braves gens. Les députés au parlement n'auraient pas à bâiller de longues heures sur la *Pajassa elastica D'i can baboç* (comme chantait le député Brofferio) (1), il leur suffirait de se polariser vers l'orateur, et Crispi et Imbriani auraient révélé leurs profondes pensées. Les juges, au lieu de s'acharner à tirer un aveu du coupable, avec les tenailles de cent stratagèmes, se polariseraient vers lui psychiquement et auraient le *confitentem reum*. Quel dommage que la polarisation psychique reste à l'état de lubie dans le cerveau de Lombroso !

(1) Dicton piémontais : *Funghire sulla pajassa d'i can baboç* : mot-à-mot : végéter comme des champignons (*funghi*) sur la couchette élastique de chiens barbets ; en français : bâiller sur la basane parlementaire et aboyer de temps en temps un coup.

Mais encore une fois poussons la condescendance à l'extrême. Passons intrépidement sur cette longue série d'absurdités ; supposons que l'onde dynamique existe toujours, qu'elle produise un mouvement dynamique à la superficie corporelle du pensant, que cette onde, par un contact immédiat ou médiat et même de loin, puisse être perçue par le devineur de la pensée : tout cela n'explique pas encore comment Pickman et les hypnotistes clairvoyants lisent cette pensée ondoyante et vibrante. Non, cela n'explique rien ! Sentir un mouvement, n'est pas sentir une pensée. La pensée, l'idée, l'imagination, emporte nécessairement avec elle, suivant les philosophes, et même suivant les matérialistes et suivant Lombroso, une représentation ou une figure telle quelle de l'objet pensé. Or, toute représentation d'objet est individualisée par ses particularités. Si Pickman ne connaît pas ces particularités, il ne connaît pas la pensée. L'idée d'un chien n'est pas l'idée d'un chat ; l'idée du nombre dix n'est pas l'idée du nombre cent ; l'ordre de toquer sur la caboche d'un professeur n'est pas l'ordre de lui enlever ses lunettes : il y a des millions d'idées. Pour lire donc la pensée, Pickman devrait, au moyen du mouvement perçu par sa main ou de l'onde dynamique arrivée à son *pensoir*, distinguer clairement l'espèce d'idée, l'idée individualisée par le mouvement. Pour cela, il faudrait qu'il y eût, *in rerum naturâ*, des millions de mouvements différents, propres chacun à une idée particulière, sinon le pauvre devin Pickman saurait seulement que Fusinato pense, mais il ne saurait pas ce qu'il pense. Est-ce possible, Monsieur le docteur Lombroso ? Non, c'est absurde, crieront, devant l'évidence, les hommes sensés. Il n'existe pas de mouvements différents à l'infini, non plus que ces ondes dynamiques ainsi particularisées. Et s'ils existaient, Pickman ne pourrait pas les distinguer.

Car voilà encore une autre absurdité. Si ces ondes ou ces mouvements, variés suivant les idées, existaient, comment le devineur les distinguerait-il et les approprierait-il aux idées qu'ils représentent? Qui lui a enseigné à les distinguer? Dans quel vocabulaire a-t-il appris que tel mouvement signifie ceci et tel autre cela? Il serait dans le cas de celui qui entend parler par un autre une langue qu'il ignore. Il entend bien des sons, mais il ne sait quels objets ils représentent. Ainsi l'hypnotisé clairvoyant sentirait les mouvements et les ondes de diverses natures, mais ne saurait à quels objets les rapporter. Si percevoir le mouvement est d'une difficulté presque infinie, le distinguer et l'approprier parmi des millions de mouvements semblables, est la même difficulté portée au carré, au cube. Donc absurdités sur absurdités. La prétendue explication des faits de Pickman donnée par Lombroso n'en est qu'un long tissu. Et dire que c'est là le suprême effort, non seulement de ce docteur, mais d'Huxley et de la fleur des matérialistes, pour donner une explication quelconque à la clairvoyance hypnotique!

Sortons enfin de là et donnons brièvement l'explication vraie de ces phénomènes, selon la philosophie chrétienne et la philosophie du bon sens.

VI

Nous avons hâte d'arriver à une conclusion. Nous élargirons et généraliserons la question, laissant de côté Pickman dont les faits ne sont qu'un cas très vulgaire entre des milliers de semblables. Le philosophe chrétien sait que les phénomènes de vision de l'intérieur d'autrui et de découverte de faits insaisissables par la science humaine, sont signalés maintes fois dans les histoires sacrées et profanes. Il procède à la première investigation qu'on doit faire dans toute enquête philosophique régulière : *Utrum sit*; il se demande d'abord si le fait existe. Et immédiatement, entre mille cas de fourberie évidente ou seulement douteuse, il en découvre beaucoup qui résistent à la plus sévère critique. Il fait ainsi un premier pas dans l'acquisition de la vérité ; il admet non seulement la possibilité de ces faits, mais leur existence réelle.

Il procède ensuite à la recherche de leur cause efficiente. La connaissance des forces de la nature, de l'organisme et de l'âme de l'homme le persuadent que, autant les phénomènes en question sont disproportionnés aux causes connues et répugnent aux lois invariables de la physiologie et de la psychologie, autant ils sont proportionnés à Dieu et aux esprits séparés. Voici donc comme il raisonne : Aucun effet ne va sans sa cause suffisante : ces effets n'ont pas de cause suffisante dans la nature, donc ils l'ont hors de la nature.

Après cela, il passe à l'explication. Mais il y a certains faits, parmi ceux dont nous avons parlé, qui, au témoignage de la science et de la foi, non seulement sont possibles à Dieu et aux bons esprits quand il le leur permet, mais peuvent encore procéder des mauvais esprits imitant l'action divine. Voilà comment le penseur chrétien distingue tout de suite deux grandes classes de faits préternaturels possibles : 1° Les divinations par vertu divine, surnaturelles, constituant de vrais miracles ; 2° les divinations improprement dites, imitations plutôt que divinations, qu'on pourrait appeler préternaturelles et qui se nomment prestiges.

Il reste à les distinguer dans les cas particuliers, pour ne pas confondre l'action divine avec l'action diabolique et *vice-versâ*. Le philosophe sait que tout effet porte les traces de sa cause et que tout *opérant* imprime en quelque sorte sa marque sur l'*opéré*. Le philosophe regardera donc comme surnaturelles et divines les divinations marquées de caractères divins et comme diaboliques celles qui sont marquées de caractères diaboliques. Il reconnaîtra les divines à leur nature, laquelle surpasse non seulement les forces du divinateur mais encore parfois les facultés des esprits mauvais ; il les jugera plus facilement encore par les circonstances. Il cherchera s'il s'y trouve une fin digne de la divine Providence : car Dieu ne déroge pas aux lois de la nature sans un motif proportionné, c'est-à-dire pour la gloire de sa divine Majesté ou pour le bien raisonnable de la créature. Il étudiera le mode de la divination pour voir s'il est convenable à la divinité qu'on veut y faire intervenir, il voudra la voir exempte de toute vanité humaine, de tout gain sordide, de tout truc charlatanesque. La divination est un miracle, une espèce de parole du ciel qui doit briller d'une lumière manifeste et souvent servir à indiquer la volonté divine. Au moyen de ces critères et d'autres semblables, le philosophe regardera comme divines les visions de l'intérieur d'autrui, et d'autres choses cachées que nous raconte l'Evangile comme œuvres de Jésus-Christ, et tout fait de cette nature que Dieu accorde le plus souvent à ses serviteurs doués d'une insigne vertu. Nous disons à dessein, *accorde*, parce que, sans lumière divinement communiquée, aucun saint, même déjà glorifié dans le ciel, ne pourrait par sa propre puissance connaître l'acte purement intellectuel de l'homme, ou le pur acte de sa volonté, lorsqu'ils ne sont manifestés par aucun signe. Les Anges eux-mêmes ne le pourraient pas. Dieu seul, créateur de l'homme, peut voir par intuition ces actes. Il arrivera parfois à l'observateur chrétien de ne pas reconnaître clairement le miracle, dans telle ou telle divination, ou de ne pas savoir en évaluer avec certitude les caractères. Dans ce cas, il doit suspendre son jugement. L'Eglise elle-même, quoiqu'elle soit juge souverain et autorisé du surnaturel, n'a pas coutume de prononcer sa sentence, si les preuves du fait miraculeux ne sont pas certaines et elle laisse aux particuliers le soin d'en juger, selon les principes de l'histoire et de la science humaine.

A côté des visions de pensées et d'actions clairement divines, le philosophe en observe beaucoup d'autres qui dépassent aussi les forces humaines, mais non pas celles de l'ange déchu, soit dans leur substance, soit dans le mode de leur production. C'est ce qui arrive non seulement dans les visions de choses cachées, mais aussi dans les prévisions ou prophéties, dans les guérisons de maladies et dans cent autres œuvres merveilleuses que le vulgaire baptise facilement du nom de miracles. Mais nous n'en parlons pas maintenant, pour ne pas allonger outre mesure notre dissertation. Or, que fera le philosophe en présence des visions douteuses ? Il les étudiera avec défiance et précaution, pour s'assurer qu'il ne prend pas l'œuvre de l'esprit malin pour celle de Dieu, attendu que dans les visions, plus facilement que dans aucune autre œuvre, le démon peut faire prendre le phénomène pour divin. Rien n'est plus facile à un esprit (mais non à une âme humaine séparée du corps) que de connaître matériellement les faits lointains ou secrets, et de les suggérer mentalement au magicien, et il y a toujours danger pour les témoins du spectacle de confondre ce phénomène avec une vraie intuition miraculeuse. Dans la vision même des pensées d'autrui, quoique le sanctuaire de la conscience reste ferme et impénétrable à l'esprit mauvais, tant que l'homme se renferme purement dans sa pens'e, cependant il y a bien des manières pour l'homme de la manifester indélibérément ; il en donne parfois des indices suffisants pour la laisser sinon connaître, du moins deviner, par un esprit d'une intelligence incomparablement plus élevée que celle de l'homme. Cet esprit peut la deviner par les indices que Lombroso lui-même déclare accompagner la pensée, quoiqu'il exagère de beaucoup dans ses dires : cet esprit peut la deviner avec beaucoup de probabilité (pas avec certitude) du fantôme même qui sert à former la pensée, mais qui n'est pas encore la pensée, n'étant qu'un simple acte de l'imagination, faculté organique que nous partageons avec les brutes. *Il peut la deviner*, disons-nous, de par sa capacité naturelle comme esprit. Mais qu'on ne croie pas cependant que le Créateur permette toujours à l'esprit malin de faire l'usage qu'il veut de son aptitude. Au contraire, il est certain que Dieu en arrête souvent les funestes desseins, spécialement en faveur des justes. Sans cette bienfaisante Providence, des maux infinis seraient occasionnés au monde physique et moral par la méchanceté de cet esprit ennemi de Dieu. D'un autre côté, dans ses desseins infinis, Dieu permet parfois au diable d'user quelque peu de son pouvoir, surtout pour châtier ceux qui tentent de commercer avec le Maudit. Le philosophe donc, scrutant la nature des visions de pensées ou d'actions, n'aura pas de peine à noter celles qui doivent substantiellement s'attribuer à un esprit hors de la nature mais ne sont pas évidemment œuvre divine ; parfois il verra du premier coup qu'étant pernicieuses en elles-mêmes, elles doivent nécessairement s'attribuer à l'esprit mauvais. Il era souvent plus facile encore à en juger par les circonstances qui accompagnent ces visions et par leur fin : il verra clairement combien elles répugnent à la bonté divine et aux bons esprits qui opéreraient sous l'impulsion de Dieu ; il lui suffira de jeter un coup d'œil sur la condition morale de ces miracles prétendus et sur le théâtre des faits : de remarquer cette atmosphère de blasphèmes contre la foi chrétienne qui se respire dans certaines réunions spirites ; de voir le prophète s'aider, pour prononcer ses oracles, des ressources de l'histrion : comme l'excitation produite par le café, etc.; et il pourra conclure avec certitude : la vision, s'il y a vision, s'opère par le concours préternaturel d'un esprit mauvais. Que si, après avoir bien pesé la chose en elle-même et dans ses accidents, il n'arrive pas cependant à se faire une idée claire de sa nature préternaturelle ou naturelle, le philosophe doit alors ne prendre aucun parti et pencher à la tolérer comme phénomène naturel plutôt qu'à la condamner comme diabolique.

Ces règles, comme chacun le voit, sont dictées par le bon sens ; nous pourrions les confirmer encore par des arguments solides et de graves autorités, si l'espace nous le permettait et si nous ne l'avions déjà fait spécialement dans notre traité sur l'Hypnotisme(1). Avec ces règles, le philosophe chrétien est armé de toutes pièces pour juger des cas innombrables non seulement de visions de pensées internes et de choses cachées, mais aussi de faits merveilleux de tout genre. Il n'hésitera pas à reconnaître l'intervention du diable dans

(1) Cf. Franco. *L'Hypnotisme*, etc, ch. V, §§ I, II, III, IV.

les divinations des oracles païens anciens et modernes, dans les prestiges des mages égyptiens du temps de Moïse, dans les prodiges de Simon le magicien, dans les merveilles des sorciers, dans les œuvres étranges de certains possédés, dans les prétendus miracles des Camisards et des Convulsionnaires et dans beaucoup de phénomènes inexplicables par les forces de la nature qui arrivent journellement dans les assemblées des Mesméristes, des Magnétistes, des Spiritistes, des Hypnotistes.

L'âme raisonnable se sent éclairée et à l'aise dans ces doctrines; elle peut s'y complaire en toute sécurité. Ce ne sont pas des doctrines nouvelles, mais elles font partie du commun dépôt de la science chrétienne. L'Eglise elle-même s'appuie sur elles, pour juger des miracles, dans la canonisation des saints. Elle a condamné comme « su-
« perstitions, les prestiges de la divination, du
« somnambulisme magnétique (*du moins le som-
« nambulisme lucide*), de la clairvoyance et de la
« découverte de choses ignorées, lointaines et
« autres semblables (1) !» Au contraire, les explications que nous donnent de ces phénomènes les philosophes et les médecins, qui n'osent pas recourir à des causes préternaturelles, sont insuffisantes, ineptes, contradictoires, tellement que si cette science dont ils font montre était la *science*, on devrait souhaiter, comme un moindre mal, d'être ignorant.

(1) Decr. S. R. Inquisit., anno 1856.

NOTES SUPPLÉMENTAIRES (1)

Nous lisons dans *Le Travailleur*, n⁰ du 2 Août 1890. — *Transfert des maladies par l'aimantation.* — Je n'aime pas les causeries purement scientifiques ; mais je crois pouvoir déroger aujourd'hui à ce principe, tant les faits dont je me propose de parler sont intéressants et surprenants. Les lecteurs du *Travailleur* m'en sauront d'autant plus gré, qu'aucune gazette quotidienne n'en a encore fait mention, à ce que je crois ; seuls les journaux de médecine ont relaté ces expériences. — Il ne s'agit rien moins que d'une révolution complète dans l'art de guérir : on peut à volonté se décharger d'une maladie sur un ami complaisant ; s'il y consent, vous pouvez échanger dorénavant votre mal contre sa santé. C'est ce qu'on nomme le *transfert*.

Il n'y a rien de neuf sous le soleil ; et l'on croirait voir un pressentiment des découvertes d'aujourd'hui en lisant ce sophisme exprimé dans un ouvrage de médecine du siècle dernier : « Jusqu'à ce jour on croyait que seules les maladies se communiquent d'un corps dans un autre. Mais pourquoi donc la bonne santé ne se communiquerait-elle pas aussi d'un corps dans un autre ? Et s'il suffit qu'une personne communique par la respiration avec une personne poitrinaire pour que la première prenne à la seconde de son mal, — pourquoi ne suffirait-il pas qu'une personne affaiblie communiquât avec d'autres personnes saines pour que la santé de celles-ci infiltrât celle-là ? Pourquoi la santé ne serait-elle pas contagieuse ? »

Nos découvertes bactériologiques répondent à ce raisonnement qui pèche par la base.

---

(1) Nous croyons être agréables à nos lecteurs en donnant ici, à titre de curiosités, quelques extraits de journaux qui n'ont pu trouver place dans le corps de l'ouvrage.

Deux mots d'explication d'abord sur l'opération du *transfert*. Depuis longtemps, on avait remarqué que l'aimant jouissait de propriétés particulières chez les personnes atteintes de paralysies nerveuses (hystériques), et chez les personnes magnétisées chez qui on provoquait des paralysies expérimentales : supposons qu'il s'agisse d'une paralysie du côté gauche ; plaçons un aimant en regard du bras paralysé, et voyons ce qui va se passer. Après quelques minutes, au niveau du point d'application de l'aimant, la sensibilité reparaît et gagne de proche en proche tout le membre ; peu après, (quelques minutes chez certains malades, plusieurs heures chez d'autres), le bras récupère ses mouvements, en même temps que le tact, la douleur, le chaud et le froid y redeviennent perceptibles. Si nous plaçons l'aimant sur la figure, nous constatons que l'ouïe, la vue, le goût, l'odorat, abolis jusqu'alors du côté gauche, recouvrent leur jeu régulier. — Mais, au fur et à mesure que les mouvements et les sensations font leur réapparition du côté gauche, le côté droit se paralyse parallèlement. La paralysie s'est, de toutes pièces, transportée d'une moitié du corps dans l'autre ; il y a eu *transfert*, comme on dit.

Je l'ai dit plus haut, ces expériences ont été faites, et toujours avec succès, chez les hystériques et chez les magnétisés.

De cette épreuve à celle de transférer une paralysie d'un sujet magnétisé dans un sujet sain, également magnétisé, et relié tous deux par l'aimant, il n'y avait que la différence d'une déduction. Déduction hardie, je le veux bien, mais logique.

Cette déduction établie, on fit des expériences. Et c'est ainsi que le docteur Babinski de la Salpêtrière à Paris, put transférer d'un sujet dans un autre les paralysies du mouvement et de la sensibilité et les tremblements dont l'un est atteint.

Voici maintenant le côté pratique de toutes ces expériences, et leur application au traitement des maladies :

Le docteur Luys de la Charité à Paris, transfère tous les symptômes des maladies nerveuses, et non plus seulement des paralysies expérimentales. Il a remarqué de plus que, tandis que le malade donnait de sa maladie à l'autre sujet, celui-ci lui donnait de sa force ; et qu'après plusieurs séances, la force transférée du sujet dans le malade augmentait et durait un temps de plus en plus long. Le docteur Luys cite le cas d'un de ses confrères qui, atteint d'attaques nerveuses, les a transférées à un sujet, et est aujourd'hui, depuis six mois, complètement guéri.

Ajoutons que le sujet, dès son réveil, n'offre plus aucune trace du mal transféré. Mais pendant le sommeil magnétique (ou hypnotique, comme on dit aujourd'hui), il a la paralysie, la mélancolie, l'épilepsie du malade en traitement. Il en exprime tous les symptômes, se plaint, pleure, bave où ne sent aucune piqûre. Il prend la personnalité entière de son coopéré et parle de *sa* paralysie, de *sa* crise d'hier, des causes de *sa* mélancolie. Ce changement est réciproque.

Pour terminer cette causerie, laissons la parole au docteur Georges Robert racontant une visite à cet hôpital de la Charité où opère le docteur Luys :

J'ai vu, dit-il, une jeune femme épileptique, amenée par son mari, qui vint dire au chef de clinique :

« Monsieur j'ai peur d'avoir une crise, je vous prie de la transférer. »

On la mit en contact avec un sujet. Le sujet, pendant tout le temps que dura l'opération, manifesta tous les signes extérieurs d'une attaque d'épilepsie. Et la jeune femme, soulagée, déclarait se trouver mieux et ne plus sentir, de sa courbature générale, qu'une oppression à l'estomac.

En ce moment même, tous les matins, vient à cette clinique un prêtre, missionnaire d'Orient. Le malheureux est atteint d'un tremblement qui, je vous assure, émeut douloureusement. La tête, les jambes, les bras, les mains remuent, sans qu'il puisse se servir logiquement d'aucun de ses membres. La conscience même semblerait avoir disparu, si ce pauvre prêtre ne vous regardait avec des yeux qui témoignent que son intelligence a survécu à la débâcle de ses forces. J'ai vu, à côté, un homme allant, venant, se servant de ses mains comme vous et moi, et qui, il y a six mois, était dans l'état de cet abbé. Il l'avoue avec fierté et ajoute :

« Dans six mois, monsieur l'abbé sera comme moi. »

Cet homme était venu, profitant d'un voyage à Paris, remercier son docteur. Je sors de l'hôpital avec lui. Il me raconte comment on le soignait. On l'asseyait sur une chaise en face d'un fauteuil dans lequel prenait place un sujet qu'on endormait. Malade et sujet se prenaient les mains. Un aide passait un aimant sur toutes les parties dont le malade souffrait, et aussitôt le sujet se mettait à trembler, tandis que le malade peu à peu se calmait.

Mais ce n'est pas tout. Et l'on ne transfère pas seulement la personnalité pathologique, mais même la personnalité psychique. Il suffit de mettre en communication par l'aimant deux personnes à ce consentantes, pour que l'état d'âme de l'une infiltre celui de l'autre. Je ne puis entrer dans le détail de ces épreuves, dont je n'expose que le fait. Mais ce que je puis affirmer, c'est que, par cette opération de transfert, des mélancoliques deviennent gais, et des exaltés se calment.

Je sais bien qu'il est des gens railleurs qui, peu crédules par ignorance, jugent de deux seules manières les médecins. Quand ceux-ci échouent, ce sont, disent-ils, des ânes; et quand ils réussissent, ce sont des farceurs.

Mais là, dans ces étonnantes épreuves, je suis aussi certain qu'on peut l'être de leur sincérité. Les sujets ne savent pas avec qui on les met en communication, et cependant ils expriment la maladie de leur transféré et non une autre.

Enfin, j'ai vu de braves gens, sans malice, qui, amenés là par un ami étudiant, s'en vont guéris. Et la guérison me semble être encore le meilleur critérium d'une expérience médicale.

Dr U.

Nous lisons dans le même journal, n° du 11 octobre 1890.

De tout temps, l'homme a eu conscience de l'influence que sa volonté peut exercer sur son corps. Qui d'entre nous ne se souvient de ces expériences qu'on raconte dans les cours de psychologie : on fait coucher un condamné dans un lit absolument neuf, mais on lui persuade que la veille ce lit a vu mourir un cholérique, et on l'oblige à y passer la nuit. Le malheureux dont l'imagination est fortement frappée, succombe après avoir montré tous les symptômes du choléra.

C'est surtout depuis qu'on pratique l'hypnotisme qu'on est parvenu à comprendre dans une certaine mesure le mécanisme mystérieux de cette influence du moral sur le physique.

J'avoue que j'ai été fortement impressionné en lisant une

brochure toute récente où le savant M. Delbœuf expose le résultat de quelques expériences qu'il a tentées, de concert avec M. le professeur Nuel et M. le docteur Leplat, sur des personnes dont la vue était fortement compromise.

Un jour on lui présente un jeune homme presque aveugle qui, dans un vestibule, ne pouvait se guider qu'en tenant la main à la muraille, incapable de trouver autrement la porte d'un appartement. Il distinguait le jour venant par une fenêtre, mais n'aurait pu dire si la fenêtre était ronde ou carrée.

Depuis quelque temps une idée hantait son cerveau; c'est que peut-être l'hypnotisme pourrait améliorer sa vue.

M. Delbœuf ne connaissait ni l'origine ni la nature de son mal; néanmoins sa requête lui parut insensée.

Il n'avait nulle confiance dans l'efficacité de l'hypnotisme contre une maladie des yeux. L'œil est, en effet, dit-il, un des organes en apparence les plus indépendants du reste de l'organisme. Il peut demeurer sain quand le corps est malade et il peut être malade sans que le reste du corps en souffre. Son ablation même est des plus faciles et des plus inoffensives.

Le savant professeur était porté à croire que l'hypnotisme serait impuissant ou ne procurerait qu'une amélioration insignifiante; mais il n'est pas, dit-il, dans les habitudes de son esprit de rien nier *à priori*, et il ne peut qu'admirer Darwin qui, raconte-t-on, ayant entendu parler de l'influence de la musique sur la germination des plantes, chargea quelqu'un de jouer du basson, pendant plusieurs jours consécutifs, devant des graines de haricots mises en terre.

Aussi, autant en vue de contenter son aveugle que de se contenter lui-même, M. Delbœuf procéda immédiatement à une expérience grossière. Il lui demanda de compter les bougies d'un piano dont chaque girandole en porte deux. Le sujet n'y parvint pas, même d'assez près, à un mètre de distance. Il l'hypnotisa et le malade put les distinguer et en deviner le nombre. Il pensa dès lors que le cas pouvait être intéressant et se détermina à poursuivre l'expérience.

Pour la rendre instructive et pouvoir suivre pas à pas l'amélioration, si elle se marquait, il était indispensable, après avoir au préalable déterminé la nature du mal, de mesurer l'étendue actuelle des altérations. La collaboration d'un spécialiste lui était imposée. Il s'adressa à son collègue, M. Nuel, professeur d'ophtalmologie à l'Université de Liège, qui accepta son offre avec empressement. Les premières expériences furent faites dans le cabinet de ce dernier. Les expériences subséquentes l'ont été à l'hôpital avec l'aide, en outre, de M. le docteur Leplat, assistant de M. Nuel. Le rôle spécial de M. Delbœuf a consisté à hypnotiser le malade et à imaginer les suggestions à lui donner.

La vue du sujet était gravement atteinte, M. le docteur Mohren de Dusseldorf avait déclaré le cas incurable. En décembre 1886, d'après les notes de la clinique à l'hôpital, l'œil droit ne comptait plus les doigts, l'œil gauche ne les comptait qu'à 30 centimètres. Après la strychine, l'iodure et le mercure, on essaya l'électricité ; rien n'y fit.

Il vint encore à l'hôpital le 16 février 1887 ; on constata une nouvelle aggravation de son état ; il cessa tout traitement et des idées de suicide s'emparèrent de son esprit ; seul l'amour qu'il portait à sa vieille mère le retint. Néanmoins, la première chose qu'il réclama de M. Delbœuf, fut de le débarrasser de ses pensées sinistres. Une seule suggestion suffit ; un autre jour, il lui demanda de lui faire perdre le goût du tabac, ce que M. Delbœuf fit sans peine.

L'espace me manque pour rendre compte des intéressantes expériences auxquelles procéda M. Delbœuf ; je dirai seulement que ces tentatives furent couronnées d'un succès très sérieux. Le malade voit aujourd'hui relativement bien. M. Delbœuf l'a revu, il y a quelques six mois : il était heureux et se félicitait de son état ; il pouvait faire convenablement le commerce qu'il avait entrepris. Il ne pouvait pas lire, mais il pouvait prendre des notes. Un jour il passa sur le même trottoir que M. Delbœuf : il le reconnut et l'aborda.

M. Leplat et M. Delbœuf sont allés le revoir le 28 février 1890. Sa vue n'a pas baissé sensiblement. Il continue à distinguer le bleu, le violet et le rouge. Il lit l'heure sur une montre à fines aiguilles. Comme on lui montrait un jardin par une fenêtre, il discerna les arbres, les arbustes et les parterres. Il dessina, lui qui ne sait pas dessiner, une espèce de femme, avec chapeau, parapluie, ceinture, souliers.

Ce cas intéressant méritait certainement d'être signalé. M. Delbœuf est convaincu que l'hypnotisme a été ici le véritable agent curatif ; ce qui le lui prouve, c'est qu'il a fait, avec le même succès, d'autres expériences sur d'autres sujets. M. Delbœuf livre ses expériences aux méditations, non seulement des sceptiques et des médecins qui pratiquent scientifiquement l'hypnotisme, mais surtout des penseurs qui ne dédaignent pas de demander aux sciences la clef des mystères de notre double organisation.

Quelque opinion qu'on puisse avoir sur ces graves questions, on lira la brochure de M. Delbœuf avec le plus vif intérêt.

Nous lisons dans le *Patriote: Les Guérisseurs de Braine l'Alleud.*

Les frères Vandeweyre et le prévenu Detrée avaient ouvert un cabinet de consultations médicales à Braine-l'Alleud, dans des conditions bien étranges. Sylvain Vandeweyre se laissait hypnotiser par Detrée, et, dans un sommeil somnambulique, dictait aux malades le régime à suivre. Il prétendait lire dans l'intérieur des corps, recevoir ses inspirations d'une puissance surnaturelle. Si le patient était hors d'état de se rendre lui-même à sa clinique, il suffisait de soumettre au guérisseur quelque objet, un linge lui appartenant. Le remède était indiqué avec autant de conviction.

L'association qui traitait ses malades au taux peu exagéré de dix sous par consultation, eut le plus grand succès : la foule assiégea le local où se tenaient les séances d'hypnotisme médical ; des patients se déclarèrent bientôt guéris radicalement... et la commission médicale s'émut de ces cures merveilleuses.

Après une très longue procédure, l'affaire vint devant le tribunal de Nivelles, qui condamna nos gens : Sylvain Vandeweyre à six mois, Detrée à 3 mois et 15 jours, Gustave Vandeweyre à 1 mois de prison du chef d'*escroquerie*.

Nous avons revu ce matin les prévenus devant la cour d'appel, et cette affaire a donné lieu à des débats intéressants sur la suggestion et l'hypnotisme.

M. Masoin, professeur à l'Université de Louvain, que le parquet avait chargé d'étudier les actes des prévenus, est d'avis que le premier prévenu simulait le sommeil hypnotique ; l'insensibilité constatée sur lui peut n'être que le résultat de sa force de volonté. Nombre de patients ne trahissent la douleur par aucune manifestation extérieure-

lorsqu'ils subissent des opérations excessivement douloureuses. L'honorable professeur n'a rencontré chez le prévenu, qui a opposé d'ailleurs beaucoup de mauvais vouloir à ses expériences, ni les phénomènes nerveux, ni les diverses phases de sommeil hypnotique, ni la suggestion.

Tout autre est l'avis de M. Delbœuf, professeur à l'Université de Liège. Il soutient que les signes que son collègue signale comme caractéristiques de l'état d'hypnotisme n'ont aucune valeur. L'école de la Salpêtrière et M. Charcot enseignent la théorie de M. Masoin; mais celle de Nancy, qui est tout aussi renommée, proclame la thèse contraire. M. Delbœuf signale que tous ses sujets ont conscience après leur réveil des expériences auxquelles ils ont été soumis, qu'ils présentent les mêmes caractères dans leur sommeil que S. Vandeweyre. Bref, pour lui il n'y a pas de doute : le prévenu était réellement endormi, il a pu être de bonne foi...

Et une longue discussion s'étend sur ce sujet.

Mais où les experts sont d'accord, c'est sur ce point que les prescriptions dictées par Vandeweyre, pendant son sommeil, sont « hors de toute appréciation. »

Il ordonnait des substances n'existant pas : du goudron en poudre, par exemple ; ou encore des doses ridicules : « un gramme de sirop de guimauve », ou, ce qui est bien pire, des poisons. Il signalait un malade comme atteint de maux de ventre, alors qu'il souffrait de laryngite, et attribuait à une maladie des poumons l'impossibilité de marcher où se trouvait une servante affligée d'un mal au pied.

Aussi, les efforts de la défense visent-ils devant la Cour ce résultat d'obtenir l'acquittement des prévenus du chef d'escroquerie, en prouvant qu'ils se sont crus de bonne foi en possession d'une science supérieure. Peu importe qu'on les condamne du chef d'infraction à la loi de 1818 sur l'art de guérir.

L'Hypnotisme dans les hôpitaux de Paris. — Nous lisons dans le *Tablet*, n° du 14 juin 1890 :

Je reviens de Paris où, durant un mois, j'ai pu étudier de près la question qui excite aujourd'hui un intérêt si passionné : « l'Hypnotisme. » Je pense qu'un rapide compte rendu de

ce que j'ai vu dans le fameux hôpital de la Salpétrière ne déplaira pas à vos lecteurs. Le samedi, 10 mai, le docteur Voisin, attaché à cet hôpital, m'invita à l'y accompagner, dans l'après-midi, pour assister à l'hypnotisation de quelques-unes de ses clientes. Il ajouta que ce serait un jour très favorable pour une visite, car il attendait deux ou trois autres anciens malades de la campagne qui avaient été guéris par l'hypnotisme et renvoyés. Il m'expliqua que lorsqu'il les renvoyait ainsi, il ne perdait pas de vue ses malades, mais que durant quelques mois, il les revoyait et les hypnotisait de temps en temps, jusqu'à ce qu'il considérât tout danger de rechute disparu. J'acceptai sa proposition et nous arrivâmes à l'hôpital entre deux et trois heures. Dans la salle d'attente, deux malades de la campagne attendaient le docteur. Je m'entretins avec elles quelques minutes et elles me racontèrent leurs anciennes souffrances et leur guérison obtenue par le médecin, « qui les faisait dormir . » « Nous allons commencer, » dit celui-ci, et accompagnés de la garde-malade et d'une des deux femmes, nous passâmes dans la salle voisine, tandis qu'il me contait le cas présent. Cette femme avait éprouvé des douleurs atroces dans la tête, des attaques de catalepsie et des troubles nerveux. Il n'avait réussi à l'hypnotiser qu'à la seizième tentative. « Eh bien, comment
« allez-vous depuis que je ne vous ai vue, la dernière fois ?
« dit le docteur à la malade pendant que celle-ci s'étendait
« sur un lit. — Monsieur le docteur, j'ai eu une ou deux fois
« de légers maux de tête. — Cela ne peut pas être ; je ne
« puis permettre cela, » et se penchant sur sa cliente, il commença à l'hypnotiser. Il la regardait fixement entre les yeux pendant qu'elle le regardait à son tour : en une demi-minute ses paupières se ferment et la voilà endormie. Le docteur lui dit qu'elle n'aurait plus de douleurs ni d'attaques. « C'est fini, tout cela ; c'est fini, » répétait-il avec emphase en lui mettant la main sur la tête. « Maintenant levez-vous,
« allez vous asseoir à cette table et écrivez votre nom et
« votre âge. Vous trouverez là du papier et un crayon. » Elle se mit sur son séant, mais s'étendit de nouveau de tout son long. « Vous pouvez ployer les jambes parfaitement, vous pouvez
« marcher. Levez-vous, allez. » Elle se leva, alla se mettre à table, trouva du papier et un crayon. C'était curieux de la suivre, écrivant, les yeux fermés, lentement et d'une main raidie, mais sans s'arrêter : « Zulma ; âge : 30 ans. » Alors,

sur le désir du docteur, elle se recoucha et nous la laissâmes dormir en paix, pour passer dans une salle longue et étroite remplie de lits vides où la seconde campagnarde que nous avions vue avait été amenée. Elle avait souffert d'une paralysie partielle d'un seul côté, y compris le bras et la jambe, et avait été sujette à des hallucinations. Elle était toujours triste et mélancolique. Sa guérison était complète, sauf un léger engourdissement dans le bras et la jambe, quoiqu'elle pût s'en servir parfaitement. On la conduisit se coucher sur un lit, au coin de la salle. « Dites-moi, » demanda le docteur, (en me donnant du coude pour attirer mon attention sur cette question), « vous avais-je dit de venir me voir avant
« de vous envoyer un message pour vous inviter au-
« jourd'hui ? — Non, Monsieur. — Ne deviez-vous pas venir
« me voir un autre jour de ce mois ? — Non, Monsieur. —
« Dormez ! » et avant que je crusse la chose possible, elle était endormie. Après lui avoir suggéré qu'elle eût à se bien porter et à garder bonne humeur, sans plus retomber dans ses imaginations mélancoliques, le docteur lui répéta la question qu'il lui avait faite. Elle répondit immédiatement :
« Oui, le 11 mai. — Quand sera-ce ? — Demain.
« — A quelle heure ? — A onze heures. » Le docteur ordonna tout bas à la garde-malade d'aller chercher la carte d'invitation : le jour était juste, mais il ne se rappelait pas l'heure. C'était également exact. « Je dois lui dire de ne pas venir, murmura le docteur, ou bien elle reviendra demain à la minute précise. » Il lui ordonna donc de ne plus revenir avant le 13 juillet, à onze heures. « Maintenant, » dit-il, faisant semblant de lui mettre quelque chose en main, « voici un plumeau, allez épousseter les trois lits d'en face, époussetez-les bien. » Elle se leva vivement et se mit apparemment à épousseter les lits, sans plumeau, en y mettant tous ses soins. Je me demandais si elle allait continuer au quatrième lit, mais le troisième ayant été épousseté bel et bien, dans tous les sens, elle s'arrêta tout court. « Recouchez-vous sur votre lit, » dit le docteur. Sans la moindre hésitation elle retourna à son coin, se mit lestement sur sa couchette et reprit sa première attitude. M. Voisin lui ouvrit les paupières, ses yeux étaient roulés en haut et ne laissaient voir que le blanc.
« Vous dormirez jusqu'à ce que je revienne vous toucher au front. » Sur ces mots, nous la laissâmes plongée dans un profond sommeil.

Le cas suivant demanda plus longtemps pour arriver à l'hypnotisation : environ deux minutes. *Dormez, dormez*, répétait doucement le docteur et, à la fin, les yeux se fermaient. La malade était une fille de 19 ans environ. Le médecin lui ordonna de ne plus rien ressentir de sa soif brûlante. Celle-ci ne pouvait plus revenir, elle était entièrement disparue. A l'avenir elle ne toucherait plus à la boisson. Elle serait dégoûtée de l'eau-de-vie et des spiritueux et s'en éloignerait. Elle n'avait pas l'air d'une ivrognesse. Quand nous la quittâmes, je demandai qui elle était. Le docteur me dit que la pauvre fille avait une maladie incurable qui lui causait une soif terrible et insatiable. Elle avait pris l'habitude de boire jusqu'à l'ivresse et restait parfois des heures entières dans cet état, étendue sur le plancher. L'hypnotisme, bien qu'impuissant à guérir une maladie organique, avait complètement guéri le besoin de boire. Elle était maintenant d'une parfaite sobriété, se détournait à la vue des liqueurs, n'y touchait plus et ne les désirait nullement. Sa vie était complètement changée. Elle habitait Paris : le docteur ne l'hypnotisait plus que par occasion et par précaution contre une rechute.

Le quatrième cas auquel nous assistâmes, ce fut celui d'une jeune fille qui avait été paralysée dans les bras et dans les jambes. Elle était presque guérie et arpentait la chambre d'un pas joyeux pour me montrer combien elle allait mieux. Elle marchait prestement, quoiqu'en boîtant un peu ; mais elle ne pouvait encore faire usage de ses mains, même pour coudre. Les autres pensionnaires de la salle paraissaient personnellement fiers de l'expérience. Groupés ensemble, ils la contemplaient d'abord, puis ils se tournèrent vers moi, souriant et faisant des signes de tête. Je me mis à sourire également et à répondre à leurs signes, exprimant mon étonnement qui aurait sans doute été aussi grand que le leur, si j'avais vu la malade quand on l'amena la première fois à l'hôpital.

Nous traversâmes ensuite un corridor et nous arrivâmes à une porte que la garde-malade ouvrit et referma sur nous. Elle donnait accès à une large et charmante cour plantée d'arbres. Il y avait là un grand nombre de femmes. Quelques-unes se promenaient çà et là avec un air inconsolable, d'autres causaient ensemble, d'autres restaient seules debout, d'autres étaient tranquillement assises sur une chaise se chauffant

24

aux rayons du soleil. Je vis une vieille femme que je n'oublierai jamais. Il me semble que je l'entends encore. Elle était assise dans un grossier fauteuil de bois et faisait entendre un gloussement perçant et continuel qui, sauf la force exagérée du ton, imitait à s'y méprendre celui du dindon. « Fait-elle *toujours* ce bruit extraordinaire ? » demandai-je au docteur. « Toujours, répondit-il. Je ne puis que plaindre « les autres habitués de la cour. — Mais qui sont donc ces « gens à l'air si étrange ? — Ce sont les folles, » me fut-il répondu. J'en fus quelque peu vexé, car je ne m'attendais pas à me trouver tout à coup au milieu de lunatiques. Le docteur dut remarquer mon embarras, car il ajouta : « Vous êtes parfaitement en sûreté avec moi. »

Une vieille se jeta sur le docteur en criant : « *M. Voisin, vous êtes ma Providence !* » Une autre se mit à danser devant nous et à faire des sauts de joie. Une troisième voulut à toute force nous serrer la main. Mais la vieille qui occupait le fauteuil ne nous remarqua point et ne fit que glousser. A la fin, nous avions traversé la cour et nous étions arrivés au bâtiment opposé, où nous entrâmes en passant sous une véranda en bois.

Dans une vaste salle se trouvaient les malades, en compagnie de plusieurs femmes que le docteur venait visiter. Il y avait là une fille en traitement pour des attaques d'hystérie. Elle en eut une en se levant de son siège : elle tomba sur une femme qu'elle cogna dans sa chute, criant et se débattant. On l'assit sur un banc et deux femmes la soignèrent. Le docteur eut vite fait de l'hypnotiser. Il lui dit d'abord qu'elle ne devait plus chercher à escalader les murailles quand il y avait un orage. Elle devait s'éveiller quand nous reviendrions et quand je lui prendrais la main droite. En attendant, nous la laissâmes dormir tranquillement, son bras sur le dossier du banc, sa tête sur sa main.

Nous visitâmes ensuite une fille de 22 ans, qui avait été hypnotisée trois jours auparavant et devait rester dans cet état quelques jours de plus. Elle avait parfois des attaques de spasmes si effrayantes, qu'elle se démenait, disait-on, *comme un diable*. Il y a, à un bout de la cour, trois ou quatre salles détachées, en forme de cabines, avec des lits. C'est dans une de ces salles que se trouvait cette personne. Elle était tranquillement couchée, mais, quand nous entrâmes, elle tourna la tête et, appelant le docteur par son nom : Monsieur Voisin, elle se mit à lui parler avec volubilité ; elle ferma bien vite les yeux. Elle se plaignait de devoir attendre si longtemps le sommeil et d'éprouver une grande soif; elle vida une tasse de tisane que le docteur fit apporter par la garde-malade. Elle lui dit qu'elle savait bien qu'il considérait son cas comme un cas très intéressant et répondit à toutes mes questions quand le docteur le lui disait. « Elle ne peut pas dormir, » dis-je au docteur, « les autres dorment, mais pas celle-ci. — Ne dort-elle pas ? » dit-il. Et il se mit à enfoncer des épingles dans ses bras, dans ses mains, dans son cou, dans ses épaules. Je le priai de cesser : ce spectacle me faisait mal. « Il n'y en a pas de plus sage, » répondit le docteur en souriant. De fait, c'était ainsi.

Elle ne s'aperçut nullement de ce que faisait le docteur; elle n'y fit pas la moindre attention, car elle bavarda tout le temps de choses et d'autres. « Maintenant vous devez être « bien tranquille et bien obéissante, manger quand vous « avez appétit et faire ce qu'on vous dit ; bonjour, dormez-« bien. — Bonjour, Monsieur le docteur, » et nous la laissâmes goûter une nouvelle semaine de repos. La garde-malade disait qu'elle n'avait aucun embarras avec elle. « Je ne « puis rien y comprendre, dis-je, elle paraissait pleinement « consciente à l'encontre des autres, qui vous murmuraient « simplement leurs réponses. — Non, dit-il, c'est un cas tout particulier. » Il ajouta qu'elle allait mieux et qu'il espérait la guérir, mais avec le temps.

Le dernier cas fut celui d'une femme qui avait été paralysée des deux bras d'une façon si triste que la garde-malade me disait qu'il lui était impossible de porter la main à la bouche. Elle avait également perdu l'usage de la parole. Mais maintenant elle pouvait parler très bien, sa prononciation était peut-être un peu pesante, mais je ne dus lui faire répéter aucun mot. Elle pouvait user entièrement de ses bras et, grâce à l'hypnotisme, elle pouvait presser dans ses mains avec une force étonnante tout ce qu'on y plaçait. Le docteur Voisin assurait qu'elle guérirait complètement.

Il s'agissait maintenant d'éveiller les hypnotisées : les femmes qui avaient écrit leur nom et celle qui avait épousseté les lits. Elles se levèrent à l'instant sur leur séant et déclarèrent qu'elles se sentaient délassées. La dernière répondant à une question du docteur, lui affirma qu'elle n'avait pas quitté son lit, qu'elle n'avait pas bougé depuis qu'il l'avait mise là pour dormir. L'idée contraire semblait l'étonner. Elle ajouta que le docteur ne lui avait certainement fixé aucun jour pour une nouvelle visite. « Eh ! bien, bonjour ; dites bien des « choses pour moi à votre mari. » Et en partant, il me dit que quand le 13 juillet arriverait, elle reviendrait le voir sans aucun doute. Je demandai : « Se souviendra-t-elle du jour, « quand il arrivera ? » Il répondit : « Elle se sentira poussée « à venir. » Il continua alors à éveiller les dormeuses, touchant les unes au front, les autres à la tête. Je retournai près de la fille hystérique et lui pris la main. Elle ouvrit les yeux. « Comment allez-vous maintenant ? » lui dis-je. « Mieux, je vous remercie, » répondit-elle. Nous ne revîmes pas, et pour cause, la femme loquace dont j'ai parlé. Mais en repassant la cour pour la dernière fois, je dis au docteur : « Pourquoi n'hypnotisez-vous pas toutes ces malheureuses « pour les guérir de leurs illusions ? » Il se mit à rire, et secouant la tête, déclara que *cela* était au-dessus de ses forces. Elles sont folles depuis longtemps, ajouta-t-il. Quand nous arrivâmes à la porte, une femme qui nous avait suivis avec des démonstrations de colère, lança quelques mots au docteur sur un ton vif, mais il lui répondit d'une façon très aimable. Je jetai un dernier regard autour de la cour. La femme qui considérait M. Voisin comme sa « Providence » était assise la tête dans ses deux mains, se balançant en avant et en arrière. Celle qui avait dansé devant nous dansait maintenant toute seule dans un coin. La vieille femme assise dans le fauteuil en bois, gloussait plus fort que jamais. Je n'étais pas fâché de quitter cette société. « Qu'est-ce que cette personne vous disait ? » demandai-je au docteur, « elle paraissait bien irritée. — Elle « me dit qu'elle avait essayé pendant de longues années de « se tuer, mais qu'elle n'y avait pas encore réussi. » La femme qui avait été paralysée poussa quelques cris en s'éveillant. « Elle le fait toujours, c'est sa manière » dit la garde-malade.

Ma visite était finie. Je retournai à mon hôtel, ayant certes de quoi rêver la nuit.

Cet *hypnotisme* n'est qu'un simple procédé. Il n'y a là aucun « pouvoir mystérieux » qui ne puisse être enseigné à d'autres. Le patient peut s'hypnotiser lui-même, si on lui en montre la manière.

Les objets dont se sert le docteur Voisin pour ses expériences sont : une boule de verre, un petit miroir, le centre d'un verre transparent, la lumière de magnésium, le bout d'un étui à crayon en argent brillant, des disques tournants. Au fait, peu importe l'objet, du moment que l'attention est fixée et concentrée sur cet objet : mais on obtient plus facilement ce résultat avec quelque chose de brillant ou d'étincelant.

Avec un nouveau patient, le docteur essaye d'abord un de ses instruments, puis un autre, jusqu'à ce qu'il découvre celui qui semble faire le plus d'effet. Je l'ai vu laisser une malade, avec la boule de verre suspendue au-dessus de ses yeux. Il lui dit : « J'attendrai jusqu'à mon retour, d'ici à dix « minutes, que vous vous soyez hypnotisée vous-même et que « vous soyez prête à ce que je vous suggère votre guérison. » C'était de cette manière, me dit-il, qu'il avait réussi, à la 16e tentative, avec la première malade que je lui vis hypnotiser à l'hôpital. Quand le patient a succombé une fois, le procédé d'hypnotisation devient généralement rapide et facile. Il suffit de lui faire fixer attentivement le bout du doigt, l'œil ou le nez de l'opérateur, pendant une minute ou moins encore, tandis que celui-ci se penche sur lui et le regarde entre les deux yeux. Il va sans dire que l'un des objets que j'ai mentionnés pourrait toujours être employé à la place, mais cela demande un peu plus de temps.

Voici comment on explique l'effet curatif de l'hypnotisme : durant l'hypnose, l'esprit du patient est dans un état particulièrement impressionnable et sensible ; l'hypnose est une préparation physique à la suggestion, la suggestion produit plus d'effet alors que si elle s'exerçait quand le patient est dans un état normal.

Je sais que Sir Andrew Clarke, entre autres, a élevé la voix contre l'hypnotisme. Il croit que ce phénomène provoqué chez la femme lui est « gravement nuisible, tant mo- « ralement qu'intellectuellement, » mais peut-il citer un seul cas semblable de sa connaissance ? Je ne parle pas de ceux qui auraient consenti à se faire opérer par des charlatans ou des hypnotiseurs de foire (ceux-là doivent subir toutes les conséquences de leur choix), mais je parle des malades qui ont été traités par des médecins responsables et dignes de confiance. Sir A. Clarke oserait-il affirmer que la malade de la Salpétrière guérie d'effrayantes hallucinations, ou la jeune ivrognesse changée en une fille sobre et utile à la communauté, avait subi une grave atteinte au point de vue moral et intellectuel ? Tant que cela ne sera pas prouvé, je crois que nous pouvons confier nos personnes et nos maladies, non seulement avec une entière sécurité, mais avec une profonde reconnaissance, aux mains de praticiens de la trempe du docteur Voisin de Paris (1).

(1) A la suite de cette note, nous engageons les lecteurs à revoir les chapitres IV, V et VI du présent ouvrage. Quoiqu'en dise le correspondant du *Tablet*, ils verront sur quelles raisons graves et capitales s'appuye l'auteur, pour conseiller les précautions les plus scrupuleuses dans l'usage de l'Hypnotisme. (N. du T.)

FIN

TABLE DES MATIÈRES

Un mot au Lecteur 5
Avant-Propos 7
   I. — Pourquoi ce traité 7
   II. — Doctrines et théories récentes de l'Hypnotisme 9
   III. — Programme des Hypnotiseurs 17
   IV. — But que se proposent les Hypnotiseurs 24

CHAPITRE I

LES FAITS

   I. — Faits hypnotiques de Donato à Turin et à Milan 29
   II. — Faits hypnotiques de Zanardelli à Rome 40
   III. — Divers faits hypnotiques remarquables 42
   IV. — Faits hypnotiques des médecins italiens 48
   V. — Faits de suggestion persistant après le sommeil magnétique 52
   VI. — Faits de suggestion *à échéance* 55
   VII. — Faits de suggestion dans une intention criminelle 58
   VIII. — Faits de suggestion qui modifient les idées dans le sujet 62
   IX. — Faits de suggestion purement mentale 68
   X. — Faits de guérison par voie d'hypnotisme 72
   XI. — Faits dits supérieurs 75
      1° Clairvoyance magnétique 78
      2° Comment les médiums voient la pensée d'autrui 79
      3° Comment les médiums peuvent agir sur l'esprit et sur le corps d'autrui 79
      4° Comment les médiums peuvent communiquer leur miroir simultanément à une multitude de personnes 80

CHAPITRE II

DISCUSSION HISTORIQUE

I. — L'Hypnotisme n'est pas nouveau, car il a été préparé depuis plus d'un siècle............	81
II. — L'Hypnotisme n'est pas nouveau, puisqu'il était pleinement formé en 1843............	87

CHAPITRE III

L'HYPNOTISME DEVANT LA SCIENCE

I. — L'Hypnotisme est certainement une maladie.	96
II. — L'Hypnotisme a quelque chose de contraire à la nature dans ses causes.................	103
§ 1. La cause n'en est pas le fluide infusé...	103
§ 2. Ce n'est pas non plus l'imagination du sujet.............................	108
§ 3. Ce ne sont pas les actes hypnogéniques..	110
§ 4. Ce n'est pas la fascination............	113
§ 5. La prédisposition souvent n'existe pas...	114
§ 6. Donc l'hypnose n'a pas de cause proportionnée.............................	118
III. — La maladie hypnotique accuse l'élément non naturel dans ses symptômes parce qu'ils sont imprévus.......................	120
IV. — Que la suggestion n'explique pas les symptômes hypnotiques, qu'au contraire elle montre qu'ils ne sont pas naturels........	123
V. — Que les symptômes hypnotiques ne sont pas naturels, parce qu'ils dépendent de la volonté.............................	129
VI. — Que la maladie hypnotique n'est pas naturelle dans sa prognose ni dans sa cure....	138
VII. — Que l'Hypnotisme nuit à la santé : on le prouve par la doctrine des médecins......	144
VIII. — Que l'Hypnotisme nuit à la santé : on le prouve par les faits....................	150
IX. — Que l'Hypnotisme nuit à la santé : on le prouve par les avis des commissions sanitaires...	157

CHAPITRE IV

L'HYPNOTISME DEVANT LA MORALE

I. — L'Hypnotisme est profondément immoral..... 165
II. — L'Hypnotisme est encore plus immoral pour la jeunesse et pour la femme............... 178

CHAPITRE V

L'HYPNOTISME DEVANT LA FOI

I. — *Certaines pratiques hypnotiques sont certainement impies.*................................. 188
    § 1. Cette seconde partie est pour les chrétiens seuls.................................... 188
    § 2. Quelles sont les pratiques les plus irréligieuses................................. 190
    § 3. On prouve que les phénomènes supérieurs sont certainement préternaturels...... 191
    § 4. Vaines explications et objections des hypnotistes........................... 194
    § 5. De quelques autres erreurs moins graves sur la transmission de la pensée...... 202
    § 6. Du phénomène de divination en particulier..................................... 207
    § 7. On conclut que les phénomènes supérieurs dénotent l'intervention diabolique..... 210

II. — *De certaines autres pratiques hypnotiques très probablement impies.*........................... 213
    § 1. De la vision au travers des corps opaques. 213
    § 2. De la transposition des sens........... 216
    § 3. Des phénomènes à échéance et d'autres faits hypnotiques excessifs............ 224
    § 4. Conclusion pratique sur ce qui est licite ou illicite............................ 226

III. — *Tous les phénomènes hypnotiques même les plus innocents en apparence sont suspects.*................ 228
    § 1. Etat de la question.................... 228
    § 2. Première raison de soupçonner : l'hypnotisme fait partie du spiritisme......... 230
    § 3. Seconde raison : tous les phénomènes dépendent d'une même cause préternaturelle................................ 232

§ 4. Troisième raison : même les plus simples phénomènes portent des traces du préternaturel.................................... 233
§ 5. Quatrième raison : ces phénomènes ont de plus deux caractères diaboliques...... 234
§ 6. Cinquième raison : l'hostilité de l'hypnotisme contre la Religion.............. 236
§ 7. Sixième raison : supposé l'intervention diabolique, tout l'hypnotisme s'explique clairement.............................. 239
§ 8. Ce qui est licite et illicite dans les phénomènes élémentaires.................... 240

IV. — *Théorie chrétienne sur l'intervention diabolique*..... 245
§ 1. Nature et état des démons............... 245
§ 2. De l'organisation des démons........... 251
§ 3. De l'aptitude diabolique à nuire........ 254
§ 4. De l'intervention diabolique par voie de tentation 258
§ 5. De l'intervention diabolique par voie d'obsession 259
§ 6. De l'intervention diabolique par voie de prestige................................ 263
§ 7. Du pacte ou des moyens par lesquels l'homme provoque l'intervention diabolique. 267
§ 8. Des habitudes diaboliques dans l'intervention avec les hommes............. 269

V. — *Application de la théorie chrétienne à l'hypnotisme*.. 277
§ 1. Que la théorie chrétienne explique les circonstances historiques de l'hypnose moderne. 277
§ 2. Comment la théorie chrétienne explique les phénomènes hypnotiques.......... 281
§ 3. Comment la théorie chrétienne explique les symptômes hypnotiques........... 284
§ 4. Comment la théorie chrétienne explique la divination et les autres faits supérieurs.................................. 289
§ 5. Conclusion de ce chapitre et de l'ouvrage. 291

PREMIER APPENDICE

L'Hypnotisme et les médecins catholiques a l'occasion des opuscules des docteurs Guermonprez et Venturoli. 295

DEUXIÈME APPENDICE

Pickman et Lombroso a Turin ou l'Hypnotisme clairvoyant	323
I. Théâtre des faits	323
II. Le Prestidigitateur	328
III. Les Prestiges	332
IV. Eclaircissements généraux sur les faits de Pickman	338
V. Explications erronées de Pickman et de Lombroso	343
VI. L'explication vraie et générale	351
Notes supplémentaires	359

FIN DE LA TABLE

Imp. Cathol. Saint-Joseph, à Saint-Amand (Cher). Fond. : l'abbé J. Pailler.
Régénération de l'Ouvrier par l'Atelier chrétien.

Pape

es,
le
ore
An-

avec
qui l'a
ompre,
es.

res et

le

www.ingramcontent.com/pod-product-compliance
Lightning Source LLC
Chambersburg PA
CBHW060607170426
43201CB00009B/924